权威·前沿·原创

皮书系列为
"十二五""十三五""十四五"时期国家重点出版物出版专项规划项目

BLUE BOOK

智 库 成 果 出 版 与 传 播 平 台

海南蓝皮书
BLUE BOOK OF HAINAN

海南高质量发展报告（2023）

ANNUAL REPORT ON HIGH QUALITY DEVELOPMENT OF HAINAN PROVINCE (2023)

主　编／熊安静　许　玟
执行主编／孙继华　罗　璠

社会科学文献出版社
SOCIAL SCIENCES ACADEMIC PRESS (CHINA)

图书在版编目（CIP）数据

海南高质量发展报告 . 2023 ∕ 熊安静，许玫主编；
孙继华，罗璠执行主编 . --北京：社会科学文献出版社，
2023. 11
（海南蓝皮书）
ISBN 978-7-5228-2623-3

Ⅰ.①海… Ⅱ.①熊… ②许… ③孙… ④罗… Ⅲ.
①区域经济发展-研究报告-海南-2023 Ⅳ.
①F127.66

中国国家版本馆 CIP 数据核字（2023）第 194743 号

海南蓝皮书
海南高质量发展报告（2023）

主　　编∕熊安静　许　玫
执行主编∕孙继华　罗　璠

出 版 人∕冀祥德
组稿编辑∕周　丽
责任编辑∕张丽丽
文稿编辑∕李惠惠　张　爽　王　娇
责任印制∕王京美

出　　版∕社会科学文献出版社·城市和绿色发展分社（010）59367143
　　　　　地址：北京市北三环中路甲 29 号院华龙大厦　邮编：100029
　　　　　网址：www.ssap.com.cn
发　　行∕社会科学文献出版社（010）59367028
印　　装∕三河市东方印刷有限公司

规　　格∕开　本：787mm×1092mm　1/16
　　　　　印　张：22.25　字　数：334 千字
版　　次∕2023 年 11 月第 1 版　2023 年 11 月第 1 次印刷
书　　号∕ISBN 978-7-5228-2623-3
定　　价∕138.00 元

读者服务电话：4008918866

主要编撰者简介

熊安静　海南省社会科学院副院长、省社会科学界联合会副主席，《南海学刊》主编，海南省委讲师团成员。曾任省政府研究室副主任、海南大学经济学院硕士生导师。主要研究方向为公共政策、公共管理、区域经济与产业发展。主编和参编著作 10 余部，30 余篇报告获得省级以上领导批示，5 次获得省级社科成果奖，5 门课程入选省理论宣讲精品课。

许　玫　经济学博士，教授。海南师范大学党委书记，兼任中国高等教育学会思想政治教育分会第九届理事会理事，海南省中国特色社会主义理论体系研究中心副主任、海南省廉洁文化研究基地主任。曾任上海科学社会主义学会副会长、首届上海市高校思想政治理论课"形势与政策"分教学指导委员会委员。主要研究方向为政治经济学、思想政治教育等。出版专著及主编教材 12 部，发表学术论文数十篇，主持教育部人文社科基金项目、上海市人民政府发展研究中心决策咨询项目等课题 20 余项。

孙继华　管理学硕士，二级研究员，硕士生导师，海南省社会科学院自贸港研究所所长，海南省南海名家，海南省高层次领军人才，海南省"哲学社会科学研究领域"有突出贡献优秀专家。主要研究方向为公共政策、农业信息。在省级以上报刊发表学术论文 100 余篇，出版著作 10 余部，授权实用新型专利 8 项，研究报告和政策建议获得省级以上领导批示 20 余次，主持和参与各级各类课题 80 余项，获得省级成果奖 5 项、市级优秀成果奖 1 项。

罗　瑶　文学博士，教授、研究员，博士生导师，海南师范大学比较文学与世界文学学科负责人，海南省高层次领军人才。海南师范大学人文社科处处长，兼任海南省比较文学与海岛文化研究基地主任、海南省比较文学与世界文学学会会长。主要研究方向为比较文学与文化、中外文艺思潮，在省级以上学术期刊发表论文 60 余篇，出版学术专著 2 部，主编教材 1 部，主持完成国家社科基金项目及省部级项目 10 余项，获得省级科研与教学奖励 4 项。

序

党的二十大报告把实现高质量发展作为中国式现代化的本质要求之一。2022 年 4 月，习近平总书记在海南考察时强调，海南要在高质量发展上走在全国前列。2023 年 5 月 26 日，中国共产党海南省第八届委员会第三次全体会议审议通过了《中共海南省委关于全力推进自由贸易港建设　加快推动海南高质量发展的意见》。

海南省社会科学界联合会、海南省社会科学院联合海南师范大学等省内高校和科研院所，充分发挥智库专家咨政建言作用，以历史主动精神勇于担当作为，立足海南自由贸易港建设发展实际构建研究框架，对海南高质量发展开展深入调研，最终形成这本力图多维度反映 2022 年海南经济社会高质量发展状况的蓝皮书——《海南高质量发展报告（2023）》（下文称《报告（2023）》）。《报告（2023）》系统梳理了 2022 年海南高质量发展的现状、存在的问题及其原因，并有针对性地提出了改革思路和建议，具有重要的理论和实践价值。

第一，高质量发展是中国式现代化的本质要求。中国式现代化涵盖政治、经济、社会、文化和生态文明等各方面内容。《报告（2023）》立足于中国式现代化的内涵，建立了可量化的指标体系，衡量和评估海南经济社会发展水平，为推进海南高质量发展提供指引方向。

第二，凝心聚力打造海南四大主导产业体系是海南高质量发展的战略基点。旅游业、现代服务业、高新技术产业、热带特色高效农业是海南四大主导产业，海南以调结构、增动能为重点，不断完善主导产业体系结构，成绩可圈可点，推动经济实现质的有效提升和量的合理增长。

第三，夯实公共基础和优化营商环境是海南高质量发展的坚强保障。高质量发展内涵不仅指经济层面，还包括文化、教育、医疗卫生、就业、生态保护和社会保障等领域的高质量发展。夯实公共基础，大力发展社会事业，可增强人民群众政策红利获得感，也可为经济长足发展提供重要的要素资源和外部条件。建设一流营商环境，助力海南自由贸易港政策落地见效，促进市场主体活力有效迸发，可以有效加快海南高质量发展进程。

第四，利用政策优势发展海南特色经济是海南高质量发展的重要抓手。为加快海南自由贸易港建设，国家各部委和海南省委、省政府近年来纷纷出台各项优惠政策。如何发挥政策优势将企业做大做强、培育更多的"龙头企业"以带动经济的整体发展，如何结合海南实际在数字经济、康养产业、"南繁硅谷"高新技术产业等领域彰显特色，这些都是当前海南迫切需要研究和解决的重大现实和理论课题。

《报告（2023）》以大量文献资料和调查研究材料为基础，积极为海南自由贸易港建设提质增效献计献策，集中展示了海南社会科学专家为推动海南自由贸易港高水平建设和高质量发展贡献的智慧和力量。衷心希望本书能给读者带来诸多益处，于党政机关提供决策的依据和参考，于学者有较强的学术和专业启发，于企业有一定的实用性，于社会提供多维的观察视角，为奋力谱写中国式现代化的海南篇章发挥积极作用。

编　者

2023 年 7 月 12 日

摘　要

　　本书提出，海南应以高质量发展推进中国式现代化。当前，海南现代化的总体水平还不高，应更加注重全面协调推进现代化建设，把高质量发展作为首要任务，统筹推进经济现代化、社会现代化、生态现代化以及人的现代化。

　　产业方面，要大力推动主导产业提质增效。海南应推动高新技术产业实现跨越式发展，推动数字经济做大做优做强，加大科技投入，进一步凸显创新赋能作用，加快完善园区配套建设，促进金融普惠向纵深发展；应完善海南农产品贸易设计，深度融入全球农产品价值链，构建多元化的农产品贸易格局等以提升农产品贸易水平；应通过多技术手段提升旅游产业高质量发展共享基础、多场景构建共生共荣环境、多渠道营销扩大共需平台、多主体参与实现共治智慧，促进海南旅游产业高质量发展；应对标国际一流服务业，彰显海南特色，突出现代服务业的战略地位，发挥有效市场与有为政府的协同作用，提升现代服务业资源配置效率。

　　公共资源方面，应着力提升公共服务水平。海南应努力挖掘优秀文化资源，弘扬非物质文化遗产的时代价值，在加强顶层设计、搭好非遗保护"四梁八柱"、写好分类保护大文章等方面，推进海南非遗保护、传承、创造性转化和创新性发展；应解决教育资源总量不足问题，优化教育资源布局，深化教育国际交流合作，搭建国际教育平台，加快海南国际教育创新岛建设，推进教育高质量发展；应提高基层卫生健康服务能力，加强机构运营管理，强化共建共享意识，加大人才引进和培养力度，推进医疗卫生高质量

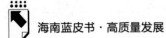

发展；应注重制度创新，共享发展成果，强化就业优先政策，确保高质量充分就业；应持续提升营商环境法治化水平，对标国际高标准经贸规则制定营造国际化一流营商环境行动方案，抓重点、补短板、强弱项，快捷高效为民为企提供全方位服务。

特色发展方面，应加快推进并做优做强海南特色品牌。海南应加快推动数字经济与实体经济深度融合，以高质量的数字经济内循环促进经济外循环，以数字经济为发力点推动构建新发展格局；应完善配套政策，确保传统行业上市公司稳健发展，非传统行业上市公司"百花齐放"，推进海南"上市企业"健康培育；应建立健全康养产业发展管理机制，加强康养产业链建设，引导国有企业加入康养产业，加快康养服务业发展及设施配套，推动全域性康养产业高质量发展；应从政策、规划、产业、治理四个维度推动改革，加快推进"南繁硅谷"高质量发展。

关键词： 高质量发展　产业提质　公共基础　特色发展　海南

目 录 ⏎

Ⅰ 总报告

B.1 海南以高质量发展推进中国式现代化进程评估报告

.... 杨忠诚 熊安静 陈雨若 / 001

一 中国式现代化概念的提出 .... / 002

二 中国式现代化水平评价指标体系的构建 .... / 008

三 2021 年海南中国式现代化水平评估结果 .... / 014

四 坚持以高质量发展加快推进海南中国式现代化进程的

对策建议 .... / 025

Ⅱ 产业提质篇

B.2 2022年海南高新技术产业高质量发展报告

.... 陈 江 袁雅娜 王 彬 邵 兵 甘小军 吴 丹 / 034

B.3 2022年海南农产品贸易高质量发展报告

.... 张海东 王俊峰 胡小婵 / 057

B.4 以数字化助推海南旅游产业高质量发展报告

.... 张贝尔 贾 艳 / 077

B.5 2022年海南现代服务业高质量发展报告 ················· 郝大江 / 098

Ⅲ 公共基础篇

B.6 保护传承非遗推进海南公共文化高质量发展报告········ 孙继华 / 124

B.7 2022年海南教育高质量发展报告

················ 王 标 段会冬 赖秀龙 谢君君 / 146

B.8 2022年海南卫生健康高质量发展报告

················ 马 东 段玉柳 龚衍花 冯 文 / 168

B.9 2022年海南就业和社会保障高质量发展报告

················ 陈 林 靳秀芬 刘国君 / 187

B.10 优化营商环境推动海南高质量发展报告 ················· 张云华 / 210

Ⅳ 特色专题篇

B.11 2022年海南数字经济高质量发展报告 ················· 李 昕 / 231

B.12 2022年海南上市公司高质量发展报告········· 许 玫 李 昕 / 256

B.13 2022年海南康养产业高质量发展报告

················ 杨兹举 罗 璠 孙 刚 / 279

B.14 2022年国家南繁硅谷高质量发展报告

················ 陈冠铭 孙继华 周文豪 / 299

后 记·· / 320

Abstract ·· / 321

Contents ·· / 324

皮书数据库阅读使用指南

总 报 告

General Report

B.1

海南以高质量发展推进中国式现代化
进程评估报告

杨忠诚　熊安静　陈雨若*

摘　要： 本报告围绕中国式现代化展开研究，在分析国内外现代化概念、评估经验以及中等发达国家的经济社会发展现状的基础上，联系我国国情和经济社会发展的实际情况，阐述了我国基本实现现代化的内涵，科学合理地选择了指标，评估了全国各省（区、市）的中国式现代化水平，对海南在全国所处的地位进行了分析，同时评估了海南各市（县）的中国式现代化水平。结果显示，海南的中国式现代化水平总体不高，主要原因是经济发展水平与发展方式还需提升与改进。今后，海南应更加注重全面协调推进现代化建设，把高质量发展作为首要任务，统筹推进经济现代化、社会现代化、生态现代化以及人的现代化。

---

* 杨忠诚，中共海南省委政策研究室主任；熊安静，海南省社会科学院副院长，海南省社会科学界联合会副主席，《南海学刊》主编；陈雨若，海南省建设项目规划设计研究院助理研究员。

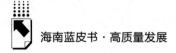

关键词： 高质量发展　中国式现代化　海南

党的二十大报告将实现高质量发展作为中国式现代化的本质要求之一，明确提出"高质量发展是全面建设社会主义现代化国家的首要任务"。2023年2月7日，习近平总书记在学习贯彻党的二十大精神研讨班开班式上发表重要讲话，强调要正确理解和大力推进中国式现代化。[①] 2023年3月，习近平总书记在全国两会期间再次强调要牢牢把握高质量发展这个首要任务，并明确了推动高质量发展的必由之路、战略基点、必然要求和最终目的，为推动高质量发展提供了根本遵循。中国式现代化需要建立明确的指标体系作为激励目标，也需要建立可量化的评价体系作为考核工具。目前，国内已有很多学者通过各种方式讨论过中国式现代化的测度问题，但在国家层面尚未达成统一的意见，还需要加大力度展开探索。[②] 本报告在分析阐释中国式现代化内涵的基础上，提出了中国式现代化水平评价指标体系，并依托公开统计数据，评估了全国31个省（区、市）（不含香港、澳门和台湾）的中国式现代化水平，对海南在全国所处的地位进行了分析，同时评估了海南省18个市（县）（不含三沙市）的中国式现代化水平，对海南如何以高质量发展加快推进中国式现代化提出对策建议。

一　中国式现代化概念的提出

（一）文献回顾

从划分社会形态的技术标准来看，纵观世界文明史，人类先后经历了

---

① 《习近平在学习贯彻党的二十大精神研讨班开班式上发表重要讲话强调正确理解和大力推进中国式现代化》，《人民日报》2023年2月8日，第1版。
② 喻登科、黄悦悦：《中国省域高质量发展水平评价》，《创新科技》2022年第4期，第21~30页。

农业革命、工业革命、信息革命。从人类文明发展的时空跨度看，由农业文明转向工业文明，必须跨越马尔萨斯陷阱[1]，而工业文明的发展历程伴随经济周期性的涨落，即"康德拉季耶夫大周期"，又称"长周期"[2]。对中国式现代化的见解最早见于20世纪70~80年代，当时美国已多次出现经济危机，资本主义现代化进程中的社会矛盾不断激化，西方学术界在对资本主义现代化及自身存在的问题进行反思的同时，开始关注中国的现代化发展道路及其发展模式。[3] 美国学者吉尔伯特·罗兹曼在《中国的现代化》一书中指出，中国的现代化是从一个以农业为基础的人均收入很低的社会，走向着重利用科学和技术的都市化和工业化社会的一种巨大转变。[4]

在国外研究中，对现代化评价影响较大的指标体系有哈毕逊与戴文奈的发展指标体系、英克尔斯的现代化指标体系、联合国千年发展指标体系和联合国人类发展指数等。在指标的选取上，主要选取联合国确定并公布的44个发达国家（地区），其中，中等发达国家的门槛是人均GDP达到20000美元，即韩国的水平。1990年联合国开发计划署在《人类发展报告》中用人类发展指数（HDI）取代了单一的人均GDP衡量体系，该指数包括健康长寿、教育获得和生活水平3个指标，通过综合反映一个国家或地区的全面发展状况，包括经济与非经济两个方面的因素，比较全面地界定一个国家或地区是否进入发达行列。[5]

---

[1] 关于"马尔萨斯陷阱"，林毅夫、付才辉根据相关文献给出了解释，"由于支配农业的禀赋结构主要是存在上限的自然资源，前现代社会人们所有的努力——努力寻找新的土地资源、努力开发新的农耕技术、努力掌握新自然界的新规律等等，虽然能够养活更多的人口，却无法同时改善生活水平。这一支配前现代社会变迁的机制便是著名的'马尔萨斯循环'。英国在工业革命之后率先走出了马尔萨斯陷阱，开启了人类现代化之先河"。参见林毅夫、付才辉《中国式现代化：蓝图、内涵与首要任务——新结构经济学视角的阐释》，《经济评论》2022年第6期。

[2] 国际著名经济学家尼古拉·康德拉季耶夫于20世纪20年代提出的经济周期理论。

[3] 孙浩进、杨佳钰、闫腾翔：《论中国式现代化的理论内涵》，《经济研究导刊》2023年第4期，第1~5页。

[4] 〔美〕吉尔伯特·罗兹曼主编《中国的现代化》，国家社会科学基金"比较现代化"课题组译，江苏人民出版社，2003。

[5] 宋林飞：《我国基本实现现代化指标体系与评估》，《南京社会科学》2012年第1期，第1~8页。

国内关于现代化研究的学术观点主要有：艾四林提出的中国式现代化是人的现代化；[1] 贾淑品提出的中国式现代化是社会主义现代化；[2] 郭为桂提出的中国式现代化是构建"全面现代化"格局的全方位现代化；[3] 罗荣渠提出的中国式现代化是具有民族特色的现代化；[4] 等等。与此同时，我国学者开始构建现代化的评价指标体系，李晓楠认为，构建评价指标体系，需要涵盖经济增长、开放活力、创新驱动、产业结构协调、经济发展成果共享、可持续绿色发展、金融环境安全和投入产出高效8个方面；[5] 马茹等认为，区域经济高质量发展水平评价需包含经济的供给、需求、效率、运行及开放5个方面；[6] 王元亮构建了包含经济发展、科技创新、生态可持续和社会民生4个方面的测度评价指标；[7] 李金昌等从经济活力、创新效率、绿色发展、人民生活和社会和谐5个方面构建了评价指标体系。[8] 虽然上述评价指标体系涉及现代化的方方面面，但其中影响最大的是中国科学院建立的"二次现代化"指标体系。中国科学院中国现代化研究中心发布的《2010中国现代化报告：世界现代化概览》构建了新人类发展指数，包括健康长寿、知识普及、信息共享、环境优美、富裕生活5个方面。[9] 综合来看，大部分学者主

[1] 艾四林：《党的十九大与社会主义现代化理论的丰富和发展》，《思想理论教育导刊》2017年第12期，第4~6页。
[2] 贾淑品：《基本实现社会主义现代化远景目标的基本遵循及路径选择》，《理论学刊》2021年第2期，第34~43页。
[3] 郭为桂：《中国特色社会主义制度成熟定型的逻辑进路——兼从党的十九届四中全会解读中国社会主义现代化模式》，《中共福建省委党校（福建行政学院）学报》2020年第1期，第4~17页。
[4] 罗荣渠：《现代化新论》，华东师范大学出版社，2012，第12~13页。
[5] 李晓楠：《高质量发展评价指标体系构建与实证研究》，硕士学位论文，浙江工商大学，2020。
[6] 马茹等：《中国区域经济高质量发展评价指标体系及测度研究》，《中国软科学》2019年第7期，第60~67页。
[7] 王元亮：《中国东中西部城市群高质量发展评价及比较研究》，《区域经济评论》2021年第6期，第148~156页。
[8] 李金昌、史龙梅、徐蔼婷：《高质量发展评价指标体系探讨》，《统计研究》2019年第1期，第4~14页。
[9] 宋林飞：《我国基本实现现代化指标体系与评估》，《南京社会科学》2012年第1期，第1~8页。

要还是选择依托创新、协调、绿色、开放、共享的新发展理念来考察不同主体的高质量发展能力和现代化进程。

（二）中国共产党探索中国式现代化的历史进程

中国共产党探索中国式现代化的历史进程既可以从广义上理解，也可以从狭义上理解。广义上，可以从中国共产党成立时起算，先后历经了四个时期，取得了四个阶段性成果：新民主主义革命时期，党领导人民推翻"三座大山"，为实现中华民族伟大复兴创造了根本社会条件；新中国成立后，党领导人民建立社会主义基本制度和开展经济建设，为实现现代化奠定了根本政治前提和物质基础；改革开放和社会主义现代化建设新时期，党领导人民实行改革开放，仅用几十年时间就让我国经济总量位居世界第二，为实现现代化提供了充满活力的新的体制保证和快速发展的物质条件；党的十八大以来，党领导人民从经济、政治、文化、社会、生态文明五个方面，制定了新时代统筹推进"五位一体"总体布局的战略目标，为中国式现代化提供了坚实战略支撑。

狭义上，主要指"中国式现代化"这一特定语系的具体完善。1979 年 3 月 21 日，邓小平同志会见以马尔科姆·麦克唐纳为团长的英中文化协会执行委员会代表团，第一次提出了"中国式的四个现代化"的概念。1979 年 3 月 23 日，他把"中国式的四个现代化"概括为"中国式的现代化"。[①]这一提法的初衷是反对急躁冒进，确立适合中国国情的发展目标。1987 年，党的十三大首次提出"三步走"发展战略：第一步，从 1981 年到 1990 年实现国民生产总值比 1980 年翻一番，解决人民的温饱问题；第二步，从 1991 年到 20 世纪末，使国民生产总值再增长一倍，人民生活达到小康水平；第三步，到 21 世纪中叶，人均国民生产总值达到中等发达国家水平，人民生

---

① 《深刻理解中国特色社会主义现代化》，《菏泽日报》网站，2021 年 1 月 8 日，http：//epaper.hezeribao.com/shtm1/hzrb/20210108/20147.shtml。

活比较富裕，基本实现现代化。① 在"三步走"发展战略的推动下，2000年我国国民生产总值是 1980 年的 21.86 倍，翻了四番多。② 1997 年，党的十五大将第三步战略目标做了细分，提出了具体的时间表，形成了新"三步走"（2000~2049 年）战略目标：第一步，21 世纪第一个 10 年实现国民生产总值比 2000 年翻一番，使人民的小康生活更加宽裕，形成比较完善的社会主义市场经济体制；第二步，再经过 10 年的努力，到建党 100 年时，使国民经济更加发展，各项制度更加完善；第三步，到 21 世纪中叶，中华人民共和国成立 100 年时，基本实现现代化，建成富强、民主、文明的社会主义国家。③ 第二步和第三步就是著名的"两个一百年"奋斗目标。党的十八大、十九大和庆祝改革开放 40 周年大会强调"新四化"同步实现，其中党的十九大将第二个百年奋斗目标细分为两个阶段：从 2020 年到 2035 年，在全面建成小康社会的基础上，再奋斗 15 年，基本实现社会主义现代化；从 2035 年到本世纪中叶，在基本实现现代化的基础上，再奋斗 15 年，把我国建成富强民主文明和谐美丽的社会主义现代化强国。"两步走"战略谋划，既与新"三步走"战略目标一脉相承，又进行了与时俱进的深化和推进，是新"三步走"战略的升级版，将我们党过去提出的第二个百年奋斗目标、到本世纪中叶要达到的发展水平提前到 2035 年实现。2021 年 7 月 1 日，习近平总书记在庆祝中国共产党成立 100 周年大会上庄严宣告，我们在中华大地上全面建成了小康社会，并正式提出"中国式现代化道路"。党的十九届六中全会再次提出"中国式现代化道路"。党的二十大报告指出，全面建成社会主义现代化强国分为"两步走"：第一步，从 2020 年到 2035 年基本实现社会主义现代化；第二步，从 2035 年到本世纪中叶把我国建成富强民主文明和谐美丽的社会主义现代化强国，并明确提出高质量发展是全面建设

---

① 倪红福：《中国式现代化的时间表："分步走"战略》，《中国发展观察》2023 年第 3 期，第 83~90、128 页。

② 林毅夫、付才辉：《中国式现代化：蓝图、内涵与首要任务——新结构经济学视角的阐释》，《经济评论》2022 年第 6 期，第 3~17 页。

③ 金民卿：《实现中华民族伟大复兴视野下的全面建设社会主义现代化国家新征程》，《党的文献》2021 年第 1 期，第 9~17 页。

社会主义现代化国家的首要任务，从而吹响了以中国式现代化推进中华民族伟大复兴的号角。①

"以中国式现代化推进中华民族伟大复兴"是我们党第一次把民族复兴与现代化融合为一个整体概念，是在理论和实践相结合的基础上，实现了党和国家奋斗目标与实践路径的一体化。习近平总书记在十九届五中全会第二次全体会议上的讲话中指出，我国 14 亿人口要整体迈入现代化社会，其规模超过现有发达国家的总和，将彻底改写现代化的世界版图，在人类历史上是一件有深远影响的大事。② 按照党的二十大报告描绘的 2035 年基本实现现代化的前景，届时人均国内生产总值达到中等发达国家水平，中等收入群体显著扩大，基本公共服务实现均等化，城乡区域发展差距和居民生活水平差距显著缩小，这不仅将极大地提升人们的生活水平，还将为其他 50 多个中低收入国家的发展提供市场空间、技术来源和"中国经验"，还将极大地推动全世界的现代化进程，让中国式现代化成为"一个动态、积极有为、始终洋溢着蓬勃生机活力的过程"。③

（三）全国各省（区、市）的中国式现代化实践探索

广东、江苏、北京等经济发达地区不仅在推进中国式现代化方面走在前列，而且率先尝试构建了中国式现代化和高质量发展水平的评价指标体系。2018 年 4 月 10 日，广东省社会科学院与南方报业传媒集团联合举办广东智库成果发布会，发布了《2017 年广东现代化进程报告》，设置的评价指标体系涵盖富强、民主、文明、和谐、美丽 5 个方面共 12 个指标。北京市探索建立首都经济高质量发展指标体系，强化创新引领，构建高精尖经济结构，

---

① 习近平：《高举中国特色社会主义伟大旗帜　为全面建设社会主义现代化国家而团结奋斗——在中国共产党第二十次全国代表大会上的报告》，《人民日报》2022 年 10 月 26 日，第 1 版。
② 金民卿：《实现中华民族伟大复兴视野下的全面建设社会主义现代化国家新征程》，《党的文献》2021 年第 1 期，第 9～17 页。
③ 习近平：《把握新发展阶段、贯彻新发展理念、构建新发展格局》，中央文献出版社，2021，第 475 页。

全市地区生产总值突破 4 万亿元，单位 GDP 能耗水平持续下降，城乡居民收入差距缩小，区域发展趋于均衡。作为中原地区大省的河南提出"两个确保"，即确保高质量建设现代化河南、确保高水平实现现代化，并提出了实施创新驱动、科教兴省、人才强省、优势再造、换道领跑等十大战略。2023 年全国两会期间，习近平总书记在参加江苏代表团审议时强调，希望江苏继续真抓实干、奋发进取，在高质量发展上继续走在前列，为谱写"强富美高"① 新江苏现代化建设新篇章实现良好开局，为全国大局做出新的更大贡献。江苏省曾创造出以农村工业化带动城乡一体化为标志的"苏南模式"，当前在宿迁已开展"四化"同步集成改革，在苏北地区重点推动"四化"同步，有望通过制度集成创新提升改革整体效能，打造现代化建设的"宿迁之路"和"苏北样本"，为全国同类地区提供经验和示范。②

有关海南的现代化表述在中央正式文件中最早见于党的十四大报告，该报告提出，"加速广东、福建、海南、环渤海湾地区的开放和开发，力争经过二十年的努力，使广东及其他有条件的地方成为我国基本实现现代化的地区"③。2018 年 4 月 13 日，习近平总书记考察海南时指出，海南要在高质量发展上走在全国前列。2022 年 4 月 13 日，习近平总书记再次考察海南时指出，要把海南更好发展起来，贯彻新发展理念、推动高质量发展是根本出路。

二 中国式现代化水平评价指标体系的构建

（一）中国式现代化水平评价指标体系的创新之处

本报告借鉴了国内外学者关于中国式现代化、高质量发展及其水平评价

---

① "强富美高"指经济强、百姓富、环境美、社会文明程度高。
② 吕永刚：《"四化"同步集成创新：时代逻辑与改革进路》，《学海》2022 年第 1 期，第 171~177 页。
③ 江泽民：《加快改革开放和现代化建设步伐 夺取有中国特色社会主义事业的更大胜利》，载《江泽民文选（第 1 卷）》，人民出版社，2006，第 230 页。

的众多研究成果，尽可能地完善中国式现代化和高质量发展水平评价研究。与现有的研究相比，本报告的创新点主要体现在以下四个方面：第一，在继承和运用新的发展理念来指导高质量发展指标体系构建总体逻辑的基础上，对之前建立的一些细分指标进行了改进；第二，在省级评分结果的基础上，选择高水平现代化发展城市作为海南省内各市（县）的对标城市进行综合评价，以提高海南省内各市（县）中国式现代化水平评估结果的准确性，增强可比性；第三，从整体、省域、区域、细分指标等多方面给出了评价结果，更加系统地认识中国高质量发展水平的空间布局与差异；第四，尽量多地使用我国现行统计指标，通过对国内外各种不同的现代化评估指标进行对比分析，综合衡量指标的代表性、可操作性和数据的可得性，多数指标可以直接使用《国际统计年鉴2022》《中国统计年鉴2022》《海南统计年鉴2022》中的相关数据。

（二）数据来源

本报告对中国31个省（区、市）（不含香港、澳门和台湾）以及海南18个市（县）（不含三沙市）的2021年中国式现代化水平进行研究，由于省级数据与市（县）级数据统计口径不一致，本报告建立两套指标体系分别对中国31个省（区、市）及海南18个市（县）的中国式现代化水平进行综合评估。

省级评价指标体系的数据主要来源于国家统计局、EPS数据平台、《中国统计年鉴2022》、《中国民政统计年鉴2022》、《中国劳动统计年鉴2022》、《中国妇女儿童状况统计资料2022》、《中国社会统计年鉴2022》、《中国能源统计年鉴2022》、《中国人力资本报告2022》、《2021年全国科技经费投入统计公报》、《2020年第七次全国人口普查主要数据》、《中国人口和就业统计年鉴2021》以及各地区2021年国民经济和社会发展统计公报。

市（县）级评价指标体系的相关数据主要来源于EPS数据平台、《2022中国县域统计年鉴》、《海南省统计年鉴2022》、《广州统计年鉴2022》、《南京统计年鉴2022》、《杭州统计年鉴2022》、各市（县）2021年国民经济和社会发展统计公报，生态环境数据主要来源于海南省生态环境保护厅，人口相关数据主要来源于海南省第七次全国人口普查公报。

（三）中国式现代化水平评价指标体系的构成

本报告首先对我国经济社会发展的阶段性特征、现代化指标体系构建的先导性及结果的科学性进行全面分析，认为中国式现代化应该包含经济现代化、社会现代化、生态现代化与人的现代化。中国式现代化的战略目标应是经济发达、技术先进、生活富裕、社会和谐、生态良好、人民幸福，把我国建设成富强民主文明和谐美丽的社会主义现代化国家；同时结合《海南省国民经济和社会发展第十四个五年规划和二〇三五年远景目标纲要》，本报告设定了两套指标体系分别对全国 31 个省（区、市）及海南 18 个市（县）的中国式现代化水平进行综合评估，如表 1、表 2 所示。其中，表 1 包含 4个一级指标、17 个二级指标、44 个三级指标；表 2 包含 4 个一级指标、16个二级指标以及 30 个三级指标。

表 1　31 个省（区、市）中国式现代化水平评价指标体系

一级指标	二级指标	三级指标	单位
经济现代化	经济实力	人均 GDP	元
		全社会固定资产投资增速	%
		二、三产业产值占 GDP 的比重	%
	生产效率	全员劳动生产率	万元/人
		农业机械化水平	千瓦/公顷
		规模以上工业企业单位数	个
		劳动人口平均受教育年限	年
	创新能力	R&D 经费支出占 GDP 比重	%
		每万人口发明专利拥有量	个
	开放程度	实际利用外资总额	亿美元
		货物进出口总额占 GDP 的比重	%
	安全保障	粮食综合生产能力	万吨
		能源综合生产能力	万吨标准煤

续表

一级指标	二级指标	三级指标	单位
社会现代化	法治建设	犯罪率*	%
		万人拥有的职业律师数	人
	治理效能	公共服务支出占比	%
		万人拥有社会组织单位数	个
		万人社区综合服务机构和设施数	个
	民生保障	养老保险参保率	%
		千人拥有医生数	人
		千人互联网宽带用户拥有量	户
		文盲人口占15岁及以上人口的比重*	%
		每万人拥有公共交通车辆数	标台
	区域协调	常住人口城镇化率	%
		城乡居民收入比*	—
生态现代化	资源利用	单位GDP二氧化碳排放量*	吨/万元
		单位GDP电耗*	千瓦时/万元
	污染控制	污水处理率	%
		细颗粒物（PM$_{2.5}$）年均浓度*	微克/米^3
		生活垃圾无害化处理率	%
	环境治理	空气质量良好以上天数比重	%
	绿化水平	森林覆盖率	%
		建成区绿化覆盖率	%
人的现代化	生活方式	人均文化娱乐消费支出占人均消费支出的比重	%
		居民平均每百户年末移动电话拥有量	部
		汽车普及率	%
	生活水平	全体居民人均可支配收入	元
		恩格尔系数*	%
		失业率*	%
	个人健康	7岁以下儿童保健管理率	%
		平均预期寿命	岁
	家庭住房	出生率	%
		结婚率	%
		居民房价收入比*	—

注：带*号的指标为负向指标，其余为正向指标。

表 2　海南省各市（县）中国式现代化水平评价指标体系

一级指标	二级指标	三级指标	单位
经济现代化	经济实力	GDP	亿元
		GDP 增速	%
		全社会固定资产投资增速	%
		二、三产业产值占 GDP 的比重	%
	生产效率	全要素生产率增速	%
		规模以上工业企业单位数	个
	创新能力	科学技术支出	亿元
	开放程度	实际利用外资总额	亿美元
		货物进出口总额	亿元
	安全保障	粮食综合生产能力	万吨
社会现代化	治理效能	公共服务支出占比	%
		万人拥有社会组织单位数	个
		万人社区综合服务机构和设施数	个
	民生保障	养老保险参保率	%
		千人拥有医生数	人
		15 岁以上平均受教育年限	年
	区域协调	常住人口城镇化率	%
		城乡居民收入比 *	—
生态现代化	资源利用	单位 GDP 能耗 *	吨标准煤/万元
	污染控制	细颗粒物（$PM_{2.5}$）年均浓度 *	微克/米^3
	环境治理	空气质量良好以上天数比重	%
		地表水达到或好于三类水体的比重	%
	绿化水平	建成区绿化覆盖率	%
人的现代化	生活方式	人均教育文化娱乐支出	元
		每百人拥有的固定电话数	部
	生活水平	全体居民人均可支配收入	元
		失业率 *	%
	个人健康	健康检查人数占常住人口的比重	%
	家庭住房	结婚率	%
		居民房价收入比 *	—

注：带 * 号的指标为负向指标，其余为正向指标。

1. 经济现代化指标

经济现代化包括工业化、信息化、知识化，体现为经济实力的提升、生产效率的提高、创新能力的增强、开放程度的提升以及发展安全得到保障。经济实力主要体现在人均 GDP 或 GDP 及其增速，全社会固定资产投资增速，二、三产业产值占 GDP 的比重等反映经济规模和结构的指标上；生产效率主要体现在全员劳动生产率、农业机械化水平、规模以上工业企业单位数、劳动人口平均受教育年限等反映全体劳动者生产效率，农业、工业以及人力资本效率等指标上；创新能力主要体现在 R&D 经费支出占 GDP 比重或科学技术支出、每万人口发明专利拥有量等方面，分别反映各地科技创新投入强度及创新产出能力；开放程度主要体现在实际利用外资总额、货物进出口总额占 GDP 的比重或货物进出口总额等指标上；安全保障主要体现在粮食生产和能源生产安全上，用粮食综合生产能力和能源综合生产能力来表示。

2. 社会现代化指标

社会现代化主要表现为法治社会的建设取得进步、政府社会治理效能提高、民生保障水平提高以及城乡区域协调发展。法治建设包含犯罪率和万人拥有的职业律师数两个指标，分别衡量法治社会和法治环境的建设效果。治理效能包含公共服务支出占比、万人拥有社会组织单位数、万人社区综合服务机构和设施数三个指标，分别衡量政府公共服务投入力度、社会资本高低以及社区公共服务体系的发展状况。民生保障涉及养老、医疗、通信、教育以及交通等多方面，分别采用养老保险参保率、千人拥有医生数、千人互联网宽带用户拥有量、文盲人口占 15 岁及以上人口的比重或 15 岁以上平均受教育年限、每万人拥有公共交通车辆数来表示。区域协调主要表现为城乡协调发展，包含常住人口城镇化率、城乡居民收入比两个指标。

3. 生态现代化指标

生态现代化指生态文明程度不断提高，体现为资源有效利用程度提高、污染控制水平提升、生态绿化水平提高、环境治理效果显著等多个方面。资源利用包括单位 GDP 二氧化碳排放量、单位 GDP 能耗或单位 GDP 电耗等方面。污染控制包含水、空气、垃圾处理三个方面，分别用污水处理率、细颗粒物（$PM_{2.5}$）年均浓度、生活垃圾无害化处理率来表示。环境治理的效果采用空气质量良好以上天数比重来表示。绿化水平采用森林覆盖率、建成区绿化覆盖率来表示，主要反映生态建设水平和城市绿化水平。

4. 人的现代化指标

人文化是人的现代化的主线，它以人为中心，提倡人文精神，与人的命运、人存在的意义、价值尊严，以及人的自由、发展、健康和幸福密切相关。人的现代化包括生活方式的现代化，生活水平、个人健康水平的提高以及家庭住房条件的改善。生活方式采用人均文化娱乐消费支出占人均消费支出的比重、居民平均每百户年末移动电话拥有量或每百人拥有的固定电话数、汽车普及率等指标来表示，分别表示居民消费结构、通信技术的普及程度和居民出行方式；生活水平表现在全体居民人均可支配收入、恩格尔系数、失业率三个方面；个人健康采用7岁以下儿童保健管理率或健康检查人数占常住人口的比重、平均预期寿命来表示，分别表现居民对健康水平的重视程度和居民生活水平、身体素质与精神生活水平的全面提高程度；家庭住房采用出生率、结婚率、居民房价收入比来表示，三者均与社会竞争激烈程度及居民生活压力紧密相关。

三　2021年海南中国式现代化水平评估结果

使用上述指标体系对全国31个省（区、市）及海南省18个市（县）2021年的中国式现代化水平进行评估。赋权方面，采用专家打分法和熵权法进行组合赋权；综合评价方面，对全国31个省（区、市）的评估采用理想点线性加权综合模型（TOPSIS法），对海南各市（县）的评估则是在对全国31个省（区、市）进行评估的基础上，选择3个非直辖市省份的省会城市作为国内高水平现代化发展城市的代表，采用线性加权法对海南各市（县）进行综合评价。

（一）海南中国式现代化水平在全国所处地位分析

1. 经济现代化水平

对各省（区、市）经济现代化维度的相关数据进行无量纲化处理，采用熵值法和专家打分法综合确定权重，最后采用理想点线性加权综合模型求得各省（区、市）经济现代化水平得分（见表3）。

表3　2021年全国31个省（区、市）经济现代化水平得分及排名情况

省（区、市）	经济现代化水平得分	排名	省（区、市）	经济现代化水平得分	排名
江　苏	61.02	1	河　北	32.37	17
广　东	59.42	2	四　川	31.41	18
上　海	56.90	3	吉　林	29.15	19
浙　江	52.83	4	湖　南	29.02	20
北　京	51.69	5	辽　宁	26.50	21
山　东	51.13	6	黑龙江	24.57	22
河　南	43.14	7	新　疆	22.77	23
安　徽	42.26	8	宁　夏	21.75	24
天　津	38.04	9	海　南	20.76	25
福　建	37.05	10	广　西	20.28	26
江　西	36.31	11	西　藏	19.88	27
湖　北	35.46	12	云　南	19.44	28
陕　西	35.16	13	甘　肃	18.63	29
重　庆	34.08	14	青　海	18.51	30
内蒙古	33.60	15	贵　州	17.79	31
山　西	33.11	16	均　值	34.00	

从表3可以看出，我国经济现代化水平整体差异较大，东部地区经济现代化水平优于中西部地区，西部地区整体经济现代化水平较低。

东部地区沿海，地形平坦，交通便利，资源丰富，发展历史悠久，对外开放程度较高，吸引外商直接投资金额较大，工业企业数量多，劳动生产率较高，经济活动频繁，从而带动地区经济发展，使人均可支配收入提高、恩

格尔系数下降、整体经济现代化水平提高。而中西部地区在这些方面的表现欠佳，与东部地区还有一定的差距。

虽然海南属于东部省份，但是海南的经济现代化水平较低。2021年我国人均GDP为8.14万元，海南为6.40万元，低于全国平均水平；试验与研发经费投入强度增速虽然在全国排名第二，但是总体投入强度与东部其他省份相比还有一定差距，未来仍需持续增加相关投入。在经济现代化水平方面，海南的农业机械化水平和货物进出口总额占GDP的比重在全国分别排第11位和第12位，说明海南的农业发展较为稳健，对外开放力度较大。同时，2021年海南实际利用外资总额低于全国均值，这表明虽然海南开放程度较高，但是引进外资较少。未来海南应当在扩大开放的同时，增强对外资的吸引力，带动全省经济增长，提高经济现代化水平。

2.社会现代化水平

对各省（区、市）社会现代化维度的相关数据进行无量纲化处理，采用熵值法和专家打分法综合确定权重，最后采用理想点线性加权综合模型求得各省（区、市）社会现代化水平得分（见表4）。

表4　2021年全国31个省（区、市）社会现代化水平得分及排名情况

省（区、市）	社会现代化水平得分	排名	省（区、市）	社会现代化水平得分	排名
北　京	72.71	1	黑龙江	44.44	10
上　海	52.37	2	内蒙古	43.24	11
浙　江	46.62	3	河　北	42.59	12
山　东	46.54	4	河　南	41.14	13
江　苏	45.93	5	宁　夏	39.85	14
天　津	45.78	6	广　东	39.28	15
吉　林	45.70	7	山　西	39.20	16
辽　宁	44.96	8	湖　北	39.10	17
青　海	44.82	9	安　徽	37.40	18

省（区、市）	社会现代化水平得分	排名	省（区、市）	社会现代化水平得分	排名
陕 西	37.27	19	江 西	34.94	26
重 庆	37.02	20	西 藏	34.25	27
海 南	36.99	21	甘 肃	33.96	28
贵 州	36.87	22	云 南	32.00	29
四 川	36.77	23	广 西	29.44	30
湖 南	35.65	24	新 疆	28.88	31
福 建	35.15	25	均 值	40.67	

从表4可以看出，我国社会现代化水平整体差异较大，东部地区社会现代化水平高于中西部地区，西部地区整体社会现代化水平较低。东部地区经济发达，人口众多，交通便利，地方财政收入高，政府一般预算支出较高，基础配套设施和公共服务制度体系都更加完善。

海南的社会现代化水平在全国排第21位。常住人口城镇化率是影响社会现代化水平的重要指标，2021年我国常住人口城镇化率达到64.72%，海南这一指标数值为60.97%。城镇化率较低反映了农村居民不愿意向城市流动的现象，可能由较低的经济发展水平和不完善的城市公共服务导致。除此之外，虽然海南万人拥有社会组织单位数和每万人拥有公共交通车辆数在全国排前5位，但与民生紧密相关的养老保险参保率、公共服务支出占比较低，因此海南的社会现代化水平较低。

3. 生态现代化水平

对各省（区、市）生态现代化维度相关的数据进行无量纲化处理，采用熵值法和专家打分法综合确定权重，最后采用理想点线性加权综合模型求得各省（区、市）生态现代化水平得分（见表5）。

表5 2021年全国31个省（区、市）生态现代化水平得分及排名情况

省（区、市）	生态现代化 水平得分	排名	省（区、市）	生态现代化 水平得分	排名
福 建	80.85	1	上 海	57.46	17
江 西	76.44	2	安 徽	55.50	18
海 南	75.84	3	辽 宁	54.33	19
广 东	73.82	4	陕 西	53.06	20
云 南	72.91	5	江 苏	52.40	21
浙 江	71.39	6	甘 肃	45.30	22
湖 南	69.75	7	内蒙古	44.21	23
广 西	65.74	8	河 南	43.17	24
北 京	64.12	9	山 东	41.53	25
贵 州	63.26	10	青 海	41.40	26
吉 林	63.02	11	天 津	40.69	27
西 藏	61.74	12	河 北	39.18	28
重 庆	61.51	13	山 西	37.67	29
黑龙江	60.35	14	宁 夏	34.08	30
四 川	59.76	15	新 疆	28.75	31
湖 北	57.48	16	均 值	56.35	

在生态现代化水平方面，全国总体得分相对较高，平均值达到56.35，分值超过经济现代化、社会现代化和人的现代化水平平均得分。在这一指标中，北京、江苏、天津、山东等东部地区省份的排名快速下降，贵州、云南等西部地区省份排名迅速上升，这反映了经济现代化和生态现代化之间存在一定的矛盾。值得一提的是，浙江、广东的生态现代化水平排名仍较为靠前，说明浙江、广东两省在均衡、高质量的现代化发展方面表现良好。

海南在生态现代化方面表现良好，得分排名全国第三。2021年，海南空气质量良好以上天数比重在全国排名第五，污水处理率、生活垃圾无害化处理率均位列全国第一。细颗粒物（$PM_{2.5}$）年均浓度、单位GDP二氧化碳排放量及森林覆盖率表现均优于全国大部分省份。海南较高的生态

现代化水平得分提升了海南的中国式现代化水平综合得分，未来海南要保持自身在生态现代化方面的优势，在经济现代化、社会现代化和人的现代化方面继续努力，实现全面发展。

4. 人的现代化水平

对各省（区、市）人的现代化维度相关的数据进行无量纲化处理，采用熵值法和专家打分法综合确定权重，最后采用理想点线性加权综合模型求得各省（区、市）人的现代化水平得分（见表6）。

表6　2021年全国31个省（区、市）人的现代化水平得分及排名情况

省（区、市）	人的现代化水平得分	排名	省（区、市）	人的现代化水平得分	排名
北　京	64.32	1	安　徽	36.57	17
浙　江	59.83	2	重　庆	35.98	18
上　海	54.82	3	广　西	35.57	19
江　苏	51.01	4	吉　林	35.47	20
天　津	50.71	5	西　藏	35.30	21
山　东	49.87	6	陕　西	35.17	22
广　东	47.17	7	云　南	34.41	23
内蒙古	45.52	8	江　西	33.87	24
宁　夏	43.90	9	湖　北	33.74	25
山　西	40.93	10	海　南	33.37	26
青　海	40.71	11	河　南	33.28	27
湖　南	39.63	12	新　疆	32.75	28
河　北	39.40	13	甘　肃	32.33	29
辽　宁	38.82	14	四　川	30.48	30
贵　州	37.63	15	黑龙江	29.63	31
福　建	37.00	16	均　值	40.30	

在人的现代化水平方面，全国平均得分为40.30，全国仅有11个省（区、市）超越这个水平，说明各省（区、市）人的现代化发展较不均衡、全国整体水平较低。在人的现代化方面，仍呈现东中西差异化发展的格局，东部地区优于中部地区和西部地区。

海南人的现代化水平在全国排第 26 位。海南人均文化娱乐消费支出占
人均消费支出的比重和汽车普及率两项指标分别在全国排第 30 位和第 29
位，居民房价收入比在全国排第 3 位，2021 年海南恩格尔系数为 36.9%
（位列全国第二），说明海南衣食住行等生活必需品方面的人均支出较多，
教育文化娱乐等领域的人均支出较少，居民生活水平较低。但是值得一提的
是，海南居民平均每百户年末移动电话拥有量及千人互联网宽带用户拥有量
位于全国前列，说明海南通信基础设施水平较高。同时海南人口平均预期寿
命位居全国前列，说明居民总体健康水平较高。

5. 中国式现代化水平综合得分

得到各省（区、市）经济现代化、社会现代化、生态现代化、人的现代
化水平得分后，采用熵值法和专家打分法综合确定权重，最后采用理想点线
性加权综合模型求得各省（区、市）中国式现代化水平综合得分（见表7）。

表7　2021 年全国 31 个省（区、市）中国式现代化水平综合得分及排名情况

省（区、市）	综合得分	排名	省（区、市）	综合得分	排名
北　京	81.23	1	海　南	34.54	17
浙　江	71.12	2	陕　西	33.59	18
上　海	69.77	3	云　南	31.88	19
广　东	64.90	4	四　川	31.79	20
江　苏	64.46	5	辽　宁	31.70	21
山　东	54.48	6	黑龙江	30.07	22
福　建	46.43	7	河　北	29.59	23
天　津	43.48	8	山　西	29.29	24
江　西	43.16	9	贵　州	28.50	25
安　徽	41.78	10	广　西	28.35	26
河　南	38.36	11	西　藏	26.77	27
湖　南	37.82	12	青　海	22.85	28
重　庆	36.67	13	宁　夏	21.71	29
吉　林	36.59	14	甘　肃	14.91	30
内蒙古	36.42	15	新　疆	8.12	31
湖　北	35.89	16	均　值	38.91	

使用 SPSS 中的 K-Means 聚类分析方法将各省（区、市）中国式现代化水平划分为四类，并将这四类命名为卓越型、优良型、追赶型、蓄势型（见表8）。

表8 2021年全国31个省（区、市）中国式现代化水平分类情况

区间范围	分类	省（区、市）	综合平均得分
80~100	卓越型	北京	81.23
50~80(含)	优良型	浙江、上海、广东、江苏、山东	64.95
30~50(含)	追赶型	福建、天津、江西、安徽、河南、湖南、重庆、吉林、内蒙古、湖北、海南、陕西、云南、四川、辽宁	37.34
0~30(含)	蓄势型	黑龙江、河北、山西、贵州、广西、西藏、青海、宁夏、甘肃、新疆	24.01

由表8可知，我国各省（区、市）之间中国式现代化水平差异较大。北京中国式现代化水平综合得分最高，达81.23；新疆中国式现代化水平综合得分最低，仅为8.12。从表7来看，东部地区省份中国式现代化水平普遍优于中西部地区省份，经济较为发达的省份中国式现代化水平较高，西部地区中国式现代化水平整体较低。

海南在全国排第17位，虽然排名居中，但是整体水平不高，中国式现代化水平综合得分仅为34.54，略低于全国平均水平，同时在四大分类中属于追赶型。虽然海南经济现代化水平和社会现代化水平排名在全国较靠后，但是海南生态现代化水平在全国排名第三，对海南中国式现代化水平贡献率较高。未来海南需要在经济现代化、社会现代化和人的现代化方面有所提高，保持在生态现代化方面取得的成绩，稳中求进，全面发展。

（二）海南各市（县）中国式现代化水平评估

在对全国31个省（区、市）中国式现代化水平进行评估的基础上，选择3个非直辖市省份的省会城市——浙江省杭州市、江苏省南京市以及广东省广州市，作为国内高水平现代化发展城市的代表，采用熵值法和专家打分

法确定权重，采用线性加权法对 3 个代表城市与海南 18 个市（县）进行综合评价，得到各市（县）在经济现代化、社会现代化、生态现代化、人的现代化方面的得分后，再次进行无量纲化处理，采用熵值法和专家打分法综合确定权重，最后采用线性加权法求得各市（县）中国式现代化水平综合得分及排名，结果如表 9、表 10 所示。

表 9 2021 年海南省各市（县）以及杭州市、南京市、广州市中国式现代化水平得分

市（县）	综合得分	经济现代化水平得分	社会现代化水平得分	生态现代化水平得分	人的现代化水平得分
海口市	37.91	10.08	48.10	87.48	44.38
三亚市	37.56	10.02	40.45	97.10	50.41
儋州市	26.68	13.86	30.96	78.73	40.95
澄迈县	25.43	8.21	33.85	93.21	30.62
文昌市	24.78	6.96	41.08	75.95	29.80
五指山市	23.89	2.53	33.70	98.09	31.79
琼海市	23.62	6.11	31.79	88.77	35.28
万宁市	20.19	7.30	26.13	92.23	30.61
屯昌县	19.17	3.67	31.33	87.05	27.55
陵水县	18.19	6.00	24.94	96.75	25.47
琼中县	18.08	5.07	24.08	93.19	30.71
昌江县	16.56	6.95	25.54	71.24	35.94
保亭县	16.44	3.75	28.03	92.96	20.79
乐东县	14.80	5.87	23.30	95.80	18.87
临高县	13.80	2.03	24.05	90.19	24.57
白沙县	13.33	3.50	22.28	91.01	23.39
定安县	13.24	4.74	23.37	89.69	20.09
东方市	12.37	6.30	23.39	61.65	34.76
杭州市	66.16	50.58	59.75	46.55	74.60
南京市	53.14	39.70	45.06	46.01	78.83
广州市	74.64	86.51	38.22	42.86	84.84
海南省各市（县）均值	20.89	6.28	29.80	87.84	30.89
杭州市、南京市、广州市均值	64.65	58.93	47.68	45.14	79.42

表 10　2021 年海南省各市（县）中国式现代化水平排名

市（县）	综合得分排名	经济现代化水平得分排名	社会现代化水平得分排名	生态现代化水平得分排名	人的现代化水平得分排名
海口市	1	2	1	13	2
三亚市	2	3	3	2	1
儋州市	3	1	8	15	3
五指山市	6	17	5	1	7
文昌市	5	6	2	16	11
琼海市	7	9	6	12	5
万宁市	8	5	10	8	10
定安县	17	13	16	11	17
屯昌县	9	15	7	14	12
澄迈县	4	4	4	5	9
临高县	15	18	14	10	14
东方市	18	8	15	18	6
乐东县	14	11	17	4	18
琼中县	11	12	13	6	8
保亭县	13	14	9	7	16
陵水县	10	10	12	3	13
白沙县	16	16	18	9	15
昌江县	12	7	11	17	4

使用 SPSS 中的 K-Means 聚类分析方法将海南省各市（县）中国式现代化水平划分为三类，并将这三种类型命名为先导型、追赶型、蓄势型，结果如表 11 所示。

表 11　海南省各市（县）中国式现代化水平分类

区间范围	分类	市（县）	综合平均得分
30 ~ 100	先导型	海口市、三亚市	37.73
20 ~ 30（含）	追赶型	儋州市、澄迈县、文昌市、五指山市、琼海市、万宁市	24.10
0 ~ 20（含）	蓄势型	屯昌县、陵水县、琼中县、昌江县、保亭县、乐东县、临高县、白沙县、定安县、东方市	15.60

从表9、表10和表11可以看出，海南的中国式现代化水平呈现以下几个特点。

一是海南各市（县）中国式现代化进程不一，中国式现代化总体水平较低。海南各市（县）中国式现代化水平综合得分均值为20.89，而对标城市杭州市、南京市、广州市的中国式现代化水平综合得分均值为64.65，说明海南各市（县）与国内高水平现代化城市相比仍有一定差距。海口市、三亚市、儋州市、澄迈县、文昌市、五指山市、琼海市7个市（县）中国式现代化水平综合得分超过平均值，其余市（县）综合得分均低于平均值。

二是三大增长极经济现代化水平领先。2021年，海南各市（县）经济现代化水平得分均值为6.28。超过全省平均水平的市（县）有儋州市、海口市、三亚市、澄迈县、万宁市、文昌市、昌江县、东方市。三大增长极经济现代化水平得分均值为11.32，接近全省各市（县）平均值的两倍，但是经济现代化水平得分最低的临高县仅有2.03，不到全省平均值的1/3，这反映了省内存在经济现代化发展不均衡的现象。同时，经济现代化水平领先的海口市、三亚市、儋州市的中国式现代化水平综合得分排名前三，从表10可以看出，它们是整个海南省现代化发展的先导地区。

三是海南各市（县）社会现代化进程与经济现代化进程基本同步。2021年，海南各市（县）社会现代化水平得分均值为29.80。超过全省各市（县）平均水平的地区有海口市、文昌市、三亚市、澄迈县、五指山市、琼海市、屯昌县、儋州市；其中海口市、三亚市、儋州市、澄迈县的经济现代化水平处于全省前列，说明社会现代化进程领先的地区，其经济现代化进程也较为领先。

四是海南各市（县）生态现代化水平较高，与经济现代化水平不完全匹配。2021年，海南各市（县）生态现代化水平得分均值为87.84，接近南京市、杭州市、广州市三市平均水平的2倍。超过全省平均水平的地区有12个，包括五指山市、三亚市、陵水县、乐东县、澄迈县、琼中县、保亭县、万宁市、白沙县、临高县、定安县、琼海市。其中一些工业落后的地区率先实现了生态现代化，如保亭县、五指山市，这表明原生态质量是生态现代化的基础，同时生态现代化水平取决于环境治理与生态修复能力。

五是各地人的现代化与经济现代化相适应。2021年，海南各市（县）人的现代化水平得分均值为30.89。超过全省平均水平的地区有三亚市、海口市、儋州市、昌江县、琼海市、东方市、五指山市，其余市（县）均低于全省平均水平。人的现代化水平得分排名靠前的市（县），经济现代化表现基本也较好，体现了各市（县）人的现代化与经济现代化相适应的特点。

四　坚持以高质量发展加快推进海南中国式现代化进程的对策建议

（一）加快推进自由贸易港建设

建设中国特色自由贸易港是海南最核心的工作任务和最鲜明的特色，也是推动海南高质量发展的重要抓手，要加快推动各项政策制度落实，建立自由贸易港运作模式，以高质量开放引领高质量发展。

1. 推进全岛封关运作

全岛封关运作是当前海南自由贸易港建设的"一号工程"，必须举全省之力加快推进。要聚焦全岛封关运作准备工作任务清单、项目清单、压力测试清单，高标准推进封关运作硬件设施建设，加快完善"五自由便利、一安全有序流动"的相关政策制度体系，不断扩大压力测试范围，拓展压力测试场景，加大压力测试力度，让各类风险隐患充分暴露，不断消减封关前后的政策压力差，确保2025年底前如期顺利封关运作。封关后，实施自由贸易港政策制度体系，使其成为经济高质量发展的"提质器"和"加速器"。

2. 大力发展外向型经济

发展外向型经济是做大自由贸易港经济流量的重要举措。要加快释放海南自由贸易港与《区域全面经济伙伴关系协定》（RCEP）政策叠加效应，更为主动地研究和对接《全面与进步跨太平洋伙伴关系协定》（CPTPP）、

《数字经济伙伴关系协定》（DEPA）等国际高标准经贸规则，稳步推进规则、规制、管理、标准等制度型开放，① 建设与国际通行规则接轨的市场体系，加大对新型离岸国际贸易、跨境电商、保税维修等新型贸易业态的支持力度，推动货物、服务进出口规模持续扩大。

3. 努力打造国内国际双循环重要交汇点

海南既有处于中国和东南亚两个最活跃市场交汇点的地理区位优势，又有独具特色的开放政策优势，可以在服务和融入新发展格局、畅通国内国际双循环中有更大作为。要不断深化与粤港澳大湾区、西部陆海新通道等重大国家战略的联动发展，强化琼港合作，积极推动广东、海南相向发展；充分发挥海南作为 21 世纪海上丝绸之路的重要战略支点作用，持续加强与共建"一带一路"国家和地区特别是东南亚国家的交流与合作，吸引和推动一批优质合作项目落户海南。同时，要大力提升海南自由贸易港的国际化水平，加快构建中国企业走向国际市场的总部基地和境外企业进入中国市场的总部基地，② 打造国内企业走出国门的桥头堡和外商外资进入中国市场的重要门户；加快建设西部陆海新通道国际航运枢纽和面向太平洋、印度洋的航空区域门户枢纽，织密空海国际交通网络，拓展国际经贸合作网络，积极推进"全球自由贸易港伙伴计划"，不断增强海南自由贸易港的个性化功能，积极服务和融入新发展格局。

（二）全面深化改革

改革是推动发展的强大动力，只有以更大的力度来谋划和推进改革，不断破除体制机制弊端，才能为海南高质量发展注入强劲动力。

1. 深化制度集成创新

当前，国内改革进入"攻坚期"和"深水区"，"好吃的肉都吃掉了，

---

① 沈晓明：《解放思想 开拓创新 团结奋斗 攻坚克难 加快建设具有世界影响力的中国特色自由贸易港》，《海南日报》2022 年 5 月 2 日，第 A01 版。
② 《全力推进自由贸易港建设 加快推动海南高质量发展 奋力谱写中国式现代化的海南篇章》，《今日海南》2023 年第 6 期，第 4~5 页。

剩下的都是难啃的硬骨头",海南要想在"深水区"中为全国的改革蹚出一条创新发展的新路来,就必须把制度集成创新摆在突出位置。要强化和中央、国家部委的沟通联动,广泛开展省部之间的"纵向"制度集成创新,大幅提升制度集成创新能级,围绕贸易投资、社会治理、科技创新、生态文明等重点领域,① 谋划和打造一批在全国叫得响、有影响力的制度集成创新成果,充分发挥全国改革开放综合试验平台的作用,② 努力成为新时代改革开放的示范。

2. 推动有效市场和有为政府更好结合

充分发挥市场在资源配置中的决定性作用,更好发挥政府作用,③ 可以促进各类要素科学合理配置,不断激发市场主体活力。要以产业发展为导向,深化资本、土地、数据等要素的市场化配置改革,坚决破除各种阻碍要素高效流动的隐性壁垒;借助新一轮机构改革的机会,统筹推进海南自由贸易港行政体制改革,进一步转变政府职能,科学合理确定机构职能,加快推行专业人员的市场化选聘;持续推进"放管服"改革,深化"机器管规划""机器管招投标""土地超市"等应用,实现全省政务服务事项无差别受理、同标准办理。

3. 持续优化营商环境

营商环境是一个地区的重要软实力和核心竞争力。要持续推进法治化、国际化、便利化营商环境建设,以市场主体满意度为导向,建立健全营商环境评价指标体系;加大亲清政商关系构建力度,做到有事必应、无事不扰、有诺必践;加强诚信海南建设,完善以信用为基础的新型监管机制,加快解决各类历史遗留问题,以政府诚信带动社会信用体系建设。

---

① 张文显:《论在法治轨道上全面建设社会主义现代化国家》,《中国法律评论》2023 年第 1 期,第 1~25 页。
② 冯飞:《政府工作报告——2023 年 1 月 13 日在海南省第七届人民代表大会第一次会议上》,《海南省人民政府公报》2023 年第 3 期,第 2~19 页。
③ 《中共中央 国务院印发〈扩大内需战略规划纲要(2022—2035 年)〉》,《中国对外经济贸易文告》2023 年第 17 期,第 3~17 页。

（三）建立健全现代产业体系

构建以旅游业、现代服务业、高新技术产业、热带特色高效农业为主导的、具有海南特色的现代化产业体系，是推动海南高质量发展的必然要求。要进一步优化产业链、生态链、产业创新生态，强化链条式培育、集群式发展，不断筑牢高质量发展的实体经济根基。

1. 提档升级旅游业

旅游业是海南的传统支柱产业，需要在转型升级上下功夫。要以加快推进国际旅游消费中心建设为抓手，持续做好高端购物、医疗、教育"三篇境外消费回流文章"，深化"旅游+"跨界融合，精心打造环岛旅游公路及驿站、环热带雨林旅游公路等重点旅游项目，积极培育入境旅游市场，进一步优化旅游消费环境，为海南旅游品牌打造良好形象。

2. 发展壮大现代服务业

发展现代服务业符合海南实际。要结合海南自由贸易港建设，加快发展航运物流、贸易金融、研发设计、文化创意、商务辅助等现代服务业，持续推进数字、文化、中医药等服务的南向基地建设和国际设计岛建设；鼓励金融业创新发展，不断丰富数字人民币试点应用场景和产业生态，优化人民币跨境结算服务，以更大力度招引外资银行和国内优质金融机构落地展业，支持高水平公募基金落户；加快建设海南国际清算所和海南国际知识产权交易所。

3. 加快发展高新技术产业

高质量发展是创新驱动的发展，而高新技术产业是实现创新驱动的重要力量。要利用海南独特的气候温度、海洋深度、地理纬度优势，持续壮大种业、深海、航天三个未来产业，不断延伸产业链条，吸引和培育高新技术企业，壮大产业集群；大力发展石油化工新材料、现代生物医药等优势产业，优化升级清洁能源、新能源汽车、节能环保等战略性新兴产业；加快发展先进制造业，推动风电装备、新能源汽车、集成电路等重大项目投产；积极发展新一代信息技术产业和数字经济；大力发展海洋经济，加快发展海洋科技，加大油气等海洋资源勘探开发力度，培育海洋装备、海洋生物医药等新兴海洋产业，建设现代化海洋牧场。

4. 做强做优热带特色高效农业

海南是我国唯一的热带省份，在发展热带特色高效农业方面有着天然优势。要高标准建设南繁硅谷，打造种业创新策源地；推进热带优异果蔬资源开发利用，增强天然橡胶供给稳定性，打造优质农产品现代化产业链，加快渔业"往岸上走、往深海走、往休闲渔业走"，培育以"海南鲜品"为统领的品牌矩阵；加快培育新型农业经营主体，大力发展农产品精深加工业，不断延伸产业链、提升经济附加值。

（四）全面推动区域城乡协调融合发展

坚持把全岛作为一个整体统一规划、建设、管理，推动区域城乡协调融合发展，是解决全省各地区发展不平衡不充分问题、实现全域高质量发展的现实要求。

1. 高标准建设"三极一带一区"

打造"三极一带一区"区域协调发展新格局，为全省各市（县）提供了清晰明确的发展定位，也为推动全省区域协调发展提供了具体路径。要着力将海口经济圈打造为自由贸易港核心引领区，将三亚经济圈打造为国际旅游胜地、自由贸易港科创高地，① 将儋洋经济圈打造为自由贸易港港产城融合发展先行区、示范区，推动"三极"加快发展壮大，不断增强对周边市（县）的辐射带动作用；深入推进滨海城市带建设，引导城市功能向海拓展；以海南热带雨林国家公园建设为重点，深入推进海南中部生态保育区建设，大力促进海南中部与沿海地区联动发展。

2. 全面加强现代化基础设施建设

现代化基础设施是高质量发展的重要支撑。要谋划推进以高速公路为骨

---

① 沈晓明：《解放思想　开拓创新　团结奋斗　攻坚克难　加快建设具有世界影响力的中国特色自由贸易港——在中国共产党海南省第八次代表大会上的报告》，《今日海南》2022年第5期，第4~10页。

干网、贯通全省的光网、电网、路网、气网、水网"五网"融合发展；进一步推动综合立体交通网提质升级，进一步织密全岛高速公路网、优化畅通城市路网、完善"跨海环岛城际化"铁路网，加快构建海南自由贸易港机场群，大力推进以洋浦港和海口港为主的现代化、专业化港口体系建设；加快推进智慧光网建设，把"智慧海南"建设为全球自贸港智慧标杆。

3. 扎实推进乡村全面振兴

要巩固拓展脱贫攻坚成果同乡村振兴有效衔接，深化以产权制度为核心的农村改革，推进农垦市场化改革，健全社会资本参与集体经济发展的制度体系，充分激发乡村发展内生动力；不断做强有机农产品生产、乡村旅游、休闲农业等产业；借鉴浙江"千万工程"经验，深入抓好乡村建设行动，加强乡村治理，培育文明乡风。

（五）强化科技创新驱动

加快实现高水平科技自立自强，是推动高质量发展的必由之路。要着力打造科技创新和科技体制改革"双高地"，不断塑造海南高质量发展的新动能新优势。

1. 建设高能级科创平台

海南借助独具特色的气候温度、海洋深度和地理纬度优势，聚焦推动种业、深海、航天等领域科技创新，可以在国家科技战略全局中占有一席之地，做出独特贡献。要积极争取国家实验室、全国重点实验室、重大创新基地等战略科技力量布局，引进培育一批新型研发机构，加强原创性、引领性科技攻关，打造种业、深海、航天等领域科技创新高地；依托博鳌乐城国际医疗旅游先行区，不断发展壮大海口"新药谷"。

2. 深化科技体制改革

只有不断破除制约科技创新的思想障碍和制度樊篱，才能最大限度释放和激发科技作为第一生产力所蕴藏的巨大潜能。要改革和创新科研经费使用和管理方式，优化科技评价制度，把人的创造性活动从不合理的经费管理、人才评价等体制中解放出来；开展由财政经费支持的科技成果产权制度改革，促进科技成果转化、产业化，加强国际科技合作；[1] 充分发挥企业在科技创新中的主体作用，出台务实措施激励企业创新创业，推动规模以上工业企业开展研发活动，建立完善由科技领军企业牵头主导的，针对重点产业、重大工程类等科技创新项目的科技攻关机制。

3. 吸引集聚优秀人才

人才是推动高质量发展的基础性、战略性资源。要持续加大人才招引力度，聚焦产业发展精准引进各类高端科研团队和"高精尖缺"人才，挖掘用好"候鸟"人才资源，不断吸引优秀人才向海南会聚，确保封关运作时如期实现"百万人才进海南"目标；加强本土人才培育，统筹实施"南海人才"开发计划，持续推进南海育才项目、"南海新星"项目和产业人才成长项目，支持省内各高校面向自由贸易港建设需求调整优化学科结构，加快推动境外高校独立办学以及合作办学项目建设，[2] 发展多层次职业教育，充分发挥本土人才与引进人才的叠加优势。

（六）牢牢守住高质量发展底线

推动高质量发展必须树牢底线思维，强化风险意识，坚决守住法治底线、生态底线和风险底线。

1. 坚决守住法治底线

法治具有固根本、稳预期、利长远的保障作用，可以有效改善社会预期，提振发展信心。要充分用好一般地方性法规、经济特区法规和海南自由贸易港法规三项法规制定权，加快构建完善海南自由贸易港法规制度体系；统筹推进法治海南、法治政府、法治社会建设，[3] 依法平等保护各类市场主体产权和合法权益，营造公平、透明、可预期的法治化营商环境；优化司法

---

① 宁吉喆：《中国式现代化的方向路径和重点任务》，《管理世界》2023 年第 3 期，第 1~19 页。
② 冯飞：《政府工作报告——2023 年 1 月 13 日在海南省第七届人民代表大会第一次会议上》，《海南省人民政府公报》2023 年第 3 期，第 2~19 页。
③ 《全力推进自由贸易港建设 加快推动海南高质量发展 奋力谱写中国式现代化的海南篇章》，《今日海南》2023 年第 6 期，第 4~5 页。

资源配置，加强涉外法律问题研究，着力破解制约涉外商事纠纷调解、仲裁、审判等方面的体制机制障碍，在法治轨道上推动海南高质量发展不断迈上新台阶。

2. 坚决守住生态底线

青山绿水、碧海蓝天是海南最强的优势和最大的本钱，是一笔既买不来也借不到的宝贵财富，决不能以牺牲生态环境为代价换取一时的经济增长。要继续以标志性工程为抓手推进国家生态文明试验区建设；持续打好蓝天、碧水、净土保卫战，优化以 $PM_{2.5}$ 和臭氧协同为主的大气质量管控，强化农村水、大气、土壤和人居环境等系统治理，扎实推进山水林田湖草海生态系统保护与修复；积极探索"两山"转化路径，推进生态产业化、产业生态化，围绕生态旅游、健康康养、生态农产品等打造区域公用品牌；加快构建绿色低碳循环发展经济体系，将碳达峰碳中和纳入经济社会发展整体布局。

3. 坚决守住风险底线

风险防控是事关海南自由贸易港建设成败得失的关键变量。要全面践行总体国家安全观，牢固树立风险防控意识，始终绷紧风险防控这根弦，不断加强各重点领域的安全能力建设；坚持风险防控与政策落地一体谋划、一体部署、一体推进，不断筑牢风险防控体系，精准应对金融、公共卫生、意识形态等各领域风险挑战；严格落实安全生产责任制，抓好重点行业领域安全，坚决防范遏制重特大事故。

（七）持续推进共同富裕

增进民生福祉是海南高质量发展的出发点和落脚点，要坚持以人民为中心的发展思想，不断增强人民群众的获得感、幸福感和安全感。[1]

---

[1] 张爱军：《继往开来 乘势而上 加快建设珠三角核心区西部增长极和粤港澳大湾区现代新都市 奋力谱写全面建设社会主义现代化肇庆新篇章》，《西江日报》2022 年 1 月 1 日，第 1 版。

1. 加快补齐民生社会事业短板

只有让改革发展成果更多更公平惠及人民，才能更好凝聚起推动高质量发展的磅礴力量。要深入推进就业质量提升专项行动，不断提升新兴市场主体的就业转化率，抓好高校毕业生、退役军人、农民工等重点群体就业工作；① 加大调查研究和民生实事办理力度，坚持问计于民、问需于民，解决好人民群众的"急难愁盼"问题；引育并举优化教师医护队伍结构，提供更多优质教育医疗资源；着力稳控物价，将物价涨幅控制在全国平均水平以下；在"全健康"、人均预期寿命、海南学生特色印记、安居房等方面打造民生特色项目标杆，切实让人民群众在自由贸易港建设中得到更多看得见、摸得着的实惠。

2. 大力加强精神文明建设

精神文明是社会发展进步最深沉最持久的力量，越是深化改革、扩大开放，越要加强精神文明建设。要不断加强社会主义核心价值观教育，广泛开展群众性精神文明创建活动，持续提升人民文明素养和社会文明程度；加快建设各级公共文化设施，建、管、用好基层文化阵地，在传承和发展红色文化、黎苗文化、海洋文化、东坡文化、生态文化、华侨文化等方面加大支持力度；支持推进具有中国气派、海南特色的文艺精品创作。

3. 全力提升基层社会治理水平

基层治理事关人民群众切身利益，是促进共同富裕、打造高品质生活的基础性工程。② 要学习借鉴"枫桥经验"，进一步健全基层党组织领导的基层群众自治机制，整合党建与政法、民政、文旅、农业农村、卫生健康等方面的资源和力量，加快构建到底到边、协同高效的基层治理体系；常态化开展扫黑除恶斗争，严厉打击各领域违法犯罪活动，加强对未成年人的保护，推进更高水平平安海南建设。

---

① 国家发展改革委党组：《深刻把握六方面重大关系的实践要求 以高质量发展推动中国式现代化》，《中国改革报》2023 年 10 月 8 日，第 2 版。

② 《习近平总书记今年两会金句》，《共产党员》2023 年第 7 期，第 16~19 页。

产业提质篇
Industrial Upgrading

B.2
2022年海南高新技术产业高质量
发展报告

陈江 袁雅娜 王彬 邵兵 甘小军 吴丹*

摘　要： 近年来，海南高新技术产业发展态势良好，产业规模大幅扩大，产业结构明显优化，研发投入快速增长，创新活力逐年提高，同时高新技术产业园区的集聚效应、主导产业地位、投资驱动作用不断提升，高新技术产业俨然成为海南经济高质量发展的重要动能和支柱。但是，长期以来海南高新技术产业发展存在产业结构不合理、研发投入不足、生产要素成本偏高等问题，本报告提出以下政策建议：（1）以九大高新技术产业发展为依托，推动产业结构升级；（2）打

---

* 陈江，博士，海南师范大学经济与管理学院教授，硕士生导师，主要研究方向为组织理论与人力资源管理、企业数字化转型等；袁雅娜，博士，海南师范大学经济与管理学院讲师，主要研究方向为产业经济、知识管理；王彬，海南师范大学经济与管理学院讲师，主要研究方向为产业创新管理；邵兵，博士，海南师范大学经济与管理学院副教授，硕士生导师，主要研究方向为人力资源与企业理论；甘小军，博士，海南师范大学经济与管理学院副教授，硕士生导师，主要研究方向为区域经济发展；吴丹，博士，海南师范大学经济与管理学院讲师，主要研究方向为企业管理。

造数字产业集群，做大做优做强数字经济产业；（3）持续加大研发投入力度，凸显创新赋能作用；（4）优化各生产要素配给，完善园区配套；（5）加强企业服务，推动产业金融纵深发展；（6）政策制度从宏观主张走向实践，实现产业发展提质增效。

关键词： 海南自由贸易港　高新技术产业　高质量发展

党的二十大报告明确指出，高质量发展是全面建设社会主义现代化国家的首要任务。在全面建设社会主义现代化国家的新征程上，产业经济发展壮大是基础，也是支柱。党的二十大报告为推进新时代高新技术产业发展指明了前进方向、提供了根本遵循，即建设现代化产业体系，推动战略性新兴产业融合集群发展。

2022年是极不寻常、极不平凡的一年，在国内经济恢复基础尚不牢固，需求收缩、供给冲击、预期转弱等三重压力的背景下，海南高新技术产业逆势而上，产业主导地位不断提高，核心产业发展质量稳步提升，经济增长"加速器"作用逐渐凸显。2022年是"十四五"规划关键之年，"十四五"时期是海南高质量、高标准建设中国特色自由贸易港的关键五年，也是海南高新技术产业凝聚共识、实现跨越发展的战略机遇期。因此，准确把握新时代重要战略机遇，积极推动海南高新技术产业高质量发展，是我国当前经济社会工作的重点任务之一，也是海南保持经济社会大局稳定的重要手段之一。

基于此，本报告从海南高新技术产业发展环境、总体情况、存在的问题等多角度分析海南高新技术产业发展现状，并在借鉴广东和江苏高新技术产业发展经验基础上，提出海南高新技术产业发展政策建议。

一　海南高新技术产业发展环境分析

任何产业都是在一定的环境中发展壮大的，产业环境是影响产业发展的重要因素。从政策、经济、社会和技术等角度分析海南高新技术产业发展环境，有助于了解影响海南高新技术产业发展的各种因素，有助于科学规划部署海南高新技术产业高质量发展战略以及创造更好的发展环境。

（一）政策环境

1.中央高度重视，多维度发力加快高新技术产业发展

党的二十大报告提出了未来五年中国发展的目标和任务。2020年，国务院印发《关于促进国家高新技术产业开发区高质量发展的若干意见》，提出加快国家高新区建设、促进高新技术产业发展的重要任务。《中共中央国务院关于支持海南全面深化改革开放的指导意见》和《海南自由贸易港建设总体方案》提出建设海南自由贸易港，必须大力发展高新技术产业，不断夯实实体经济基础，不断增强产业竞争力。2022年，科技部印发《"十四五"国家高新技术产业开发区发展规划》，提出坚定不移走新型工业化道路，确保高新技术产业增长，提升产业发展现代化水平。上述政策为我国高新技术产业高质量发展指明了方向，也为中国特色自由贸易港建设以及海南高新技术产业发展注入了新的制度红利。

2.海南集中发力，高新技术产业法规密集出台

截至2022年12月，海南已先后出台高新技术产业相关规划、行动计划和指导意见等产业规划和重要政策文件，持续推动高新技术产业高质量发展。《海南省高新技术产业"十四五"发展规划》布局了战略性新兴产业、未来产业、优势产业；《智慧海南总体方案（2020—2025年）》《海南省创新型省份建设实施方案》《海南省"十四五"科技创新规划》《海南自由贸易港海口国家高新技术产业开发区条例》《海南省支持高新技术企业发展若干政策》《海南省以超常规手段打赢科技创新翻身仗三年行动方案（2021—2023年）》等政策法规明确了加大产业发展扶持力度；《海南省促进经济高质量发展若干财政措施》等7个配套实施细则为规范产业发展制定了引导措施。上述文件为海南高新技术产业的高质量发展提供了政策保障，并逐步建立起支持高新技术企业发展的重要政策体系。

（二）经济环境

1.经济总量增长逐渐恢复，高新技术产业发展韧性十足

2022 年，面对超预期因素的冲击和挑战，海南经济不断迎难而上，经济总量增速较上年有所收窄，但保持稳定增长，发展质量稳步提高。2022 年全省经济规模突破 6800 亿元，2018~2022 年年均增长 5.3%，高于全国增速 0.1 个百分点[①]。其中，2022 年石油和天然气开采业增加值比上年增长 248.8%，医药制造业增加值增长 1.2%，分别高于同期省内 GDP 增速 248.6 个和 1 个百分点。海南高新技术产业发展彰显出较强的韧性与活力（见图1）。

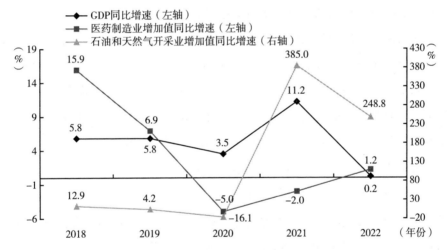

图1　2018~2022 年海南省 GDP 及部分高新技术产业增加值增速

数据来源：2018~2022 年《海南省国民经济和社会发展统计公报》。

2.工业投资快速增长，为高新技术产业发展积蓄新势能

2022 年，海南工业投资增长 33.0%，占固定资产投资比重较上年提高

[①] 《实录：2022 年海南省经济运行情况新闻发布会》，海南省人民政府网站，2023 年 1 月 19 日，https：//www.hainan.gov.cn/hainan/zxxx/202301/6f79f22e3e084de3aa333e6c40a90d3f.shtml。

5.2 个百分点。从高新技术产业核心产业来看，2022 年海南制造业投资增长21.1%①。总体来看，2018～2022 年海南制造业固定资产投资增速保持在20% 以上。此外，高新技术产业园区建设投资进一步加快，"两区、三城、六园"②的项目总投资超过 1000 亿元，这为海南高新技术产业发展积蓄新势能。

（三）社会环境

1. 区位优势不断凸显，拓展产业发展空间

当今世界正经历百年未有之大变局，海南是连接中国和东南亚、"海上丝绸之路"的关键点和交汇点，是以国内大循环为主、国内国际双循环相互促进的新发展格局的重要战略衔接点和中心交汇点，具备利用国内国际两个市场、两种资源的地缘优势区位和有利因素。《区域全面经济伙伴关系协定》（RCEP）正式生效以来，商品、技术、服务、资本、人员的跨区域流动不断加速，使海南成为中国与"21 世纪海上丝绸之路"沿线国家货物、资金、信息和人才的集散地，并为加快海南高新技术产业的高质量发展提供了有利条件，对连接和畅通国内国际双循环发挥了关键作用。

2. 营商环境不断优化，吸引高企纷纷落户

海南持续深化"放管服"改革，推出"一网通办""一窗通办"等举措，落实减税降费政策，下大力气做好减负清欠工作。同时，全国首个省级营商环境主管部门在海南挂牌成立，实施"准入即准营"等八大领跑行动，历史遗留和难点堵点问题办结率达到 88%，全省营商环境得到明显改善。到 2025 年，力争在海南落户规上企业累计超 50 家。

---

① 《实录：2022 年海南省经济运行情况新闻发布会》，海南省人民政府网站，2023 年 1 月 19 日，https://www.hainan.gov.cn/hainan/zxxx/202301/6f79f22e3e084da3aa333e6c40a90d3f.shtml。

② "两区"指海口国家高新技术产业开发区和洋浦经济开发区；"三城"指文昌国际航天城、博鳌乐城国际医疗旅游先行区、三亚崖州湾科技城；"六园"指海口江东新区、老城经济开发区、海南（昌江）清洁能源高新技术产业园三个综合性园区和海南生态软件园、海口复兴城互联网信息产业园、陵水清水湾信息产业园三个数字经济园区。

（四）技术环境

1.研发投入屡创新高，为高新技术产业创新发展注入活力

持续的科技创新是高新技术产业发展的重要动力源泉，海南高新技术企业研发投入长期保持较高增长态势。2022年，海南全社会研发（研究与试验发展，R&D）经费投入约68亿元，较上年增长近五成，省本级科技投入首次突破10亿元，接近翻番，研发经费投入强度从2018年的0.56%提高到2022年的1.0%，投入规模五年提高1.5倍。中国科学技术发展战略研究院发布的《中国区域科技创新评价报告2022》显示，2022年，海南综合科技创新水平指数首次进入全国科技创新第二梯队，并且海南首次被科技部评为创新驱动发展和科技创新能力提升成效明显督查激励省份。[1] 2022年，中国成功进入创新型国家行列。良好的科技创新环境对海南高新技术产业发展支撑作用日益凸显，为高新技术产业创新发展注入了强大活力。2018~2022年，海南高新技术企业科技活动经费支出从35.5亿元增长至84.2亿元，增长了1.37倍，年均增速达24%。2018~2022年，海南全省高新技术企业研发经费投入强度从0.15%增长至0.48%，增长了2.2倍，年均增速达34%（见图2）。

2.关键技术取得突破，高新技术产业"质""量"双升

近年来，海南关键核心技术领域取得一系列突破性进展，相关领域自主知识产权储备和技术创新能力大幅提升。截至2022年底，海南有效发明专利拥有量中，属于战略性新兴产业的医药制造业有效发明专利达到1071件，同比增长15.5%（估算值），保持较快增长。此外，全省国家级科创平台达到12家；省重点实验室增至67家；全省有效发明专利增至6047件，增长21.9%，每万人有效发明专利5.9件，提高1件[2]；"陆海空"科技领域也取得了里程碑式突破。科技成果不断涌现，高新技术产业实力显著提升。

---

[1] 《科技创新驱动自贸港高质量发展》，《海南日报》2023年3月1日，http：//hnrb. hinews. cn/html/2023-03/01/content_ 58465_ 15851890. htm。

[2] 《科技创新驱动自贸港高质量发展》，《海南日报》2023年3月1日，http：//hnrb. hinews. cn/html/2023-03/01/content_ 58465_ 15851890. htm。

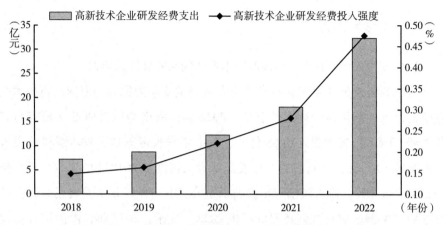

图2　2018~2022年海南高新技术企业研发经费支出及投入强度

数据来源：Wind数据库；2018~2022年《海南统计年鉴》；《关于海南省2022年国民经济和社会发展计划执行情况与2023年国民经济和社会发展计划草案的报告》。

二　其他省份高新技术产业发展经验借鉴

"他山之石，可以攻玉。"海南在加快推进高新技术产业发展之际，还应探寻其他省份的先进经验做法，加强学习借鉴、复制推广，不断推动海南高新技术产业高质量发展取得更大成效。广东是中国改革开放的排头兵、先行地和实验区，经济发展活跃、开放程度高、创新能力强，加上其与海南地缘相近、人缘相亲、文化互通，在高新技术产业发展方面的先进经验可借鉴性很强。江苏是中国产业大省、经济强省和"数实融合第一省"，其有先进的科技、发达的工业制造业和多维的数字经济体系。因此，江苏的高新技术产业发展先进经验也值得学习和借鉴。

（一）广东高新技术产业发展经验

"十四五"时期，广东提出高起点谋划发展战略性支柱产业、战略性新兴产业以及未来产业布局：在产业空间布局上，加快构建形成以功能区战略定位为引领的，由珠三角地区、沿海经济带、北部生态发展区构成的"一核一带一区"的区域发展新格局;在产业集群区域布局上,珠三角地区的战略性新兴产业布局较为全面,沿海经济带和北部生态发展区仅在部分新兴产业方面重点布局。广东的产业结构呈现第二、三产业主导的局面,规模以上制造业增加值、企业数量均居全国第1位,家电、电子信息等产品产量高居全球第1位。2022年,广东区域创新综合能力连续6年居全国首位,高新技术企业总量连续7年排名全国第1位。广东坚持统筹发展和安全,坚持"四个面向",主要采取以下措施推动全省高新技术产业发展。

一是以实施重大科技工程为引领,着力培育产业高质量发展新动能。具体举措包括聚焦省内20个战略性新兴产业集群,深入实施新一轮省重点领域研发计划;采用"揭榜制""赛马制""业主制"等多元化组织方式,积极探索形成"主审制""军令状"等重大项目遴选和管理制度,加快核心技术攻关;深入推进实施核心软件攻关工程、"强芯工程"和"璀璨工程",力争在集成电路、工业软件等领域补齐关键短板,在人工智能、量子技术等战略必争领域持续锻造创新长板。2022年,广东已形成新一代电子信息、绿色石化、智能家电等8个产值超万亿元产业集群,基础研究重大项目和重点领域研发计划取得一批突破性成果。

二是以打造国家技术创新中心科技成果转化"集团军"为重点,探索重大科技成果转移转化模式。具体做法包括推进粤港澳大湾区国家技术创新中心建设;按照"1+9+N"体系布局,形成"核心战略总部—王牌军—独立团"的技术研发与成果转化集团军体系;高质量推进国家级"大院大所"在粤高水平创新研究院落地开花;继续推进高新技术企业"树标提质";国家高新区地市全覆盖、孵化载体"数稳质升",全力推动战略性新兴产业集群培育发展。截至2022年,广东已布局建设10家省实验室、30家国家重点实验室、460家省重点实验室,覆盖全省21个地市。

三是以完善全生命周期科技金融服务为宗旨,打造创新链、产业链、政策链、资金链等"四链融合"的科技金融生态圈。具体措施包括制定完善新兴产业发展扶持政策及金融支持政策,引导金融机构加大对企业创新的普惠性支持力度;优化省级创新创业基金管理,推动国家级基金落地实施;支持国投（广东）科技成果转化创业投资基金聚焦广东重大科技成果开展股权投资。2022年，广东出台"金融支持实体经济25条""稳工业32条及增量政策"，促进科技信贷提质扩面。①

（二）江苏高新技术产业发展经验

2022年，江苏高新技术产业实现产值超7.8万亿元，占规模以上工业增加值比重达48.5%；区域创新能力首次跃居全国第4位，企业技术创新能力稳居全国第3位，研发投入强度大幅提高到3.0%，科技进步贡献率达68%；制造业高质量发展指数为89.1，居全国第1位；10个集群获批国家先进制造业集群，数量居全国第1位；产业数字化和数字产业化加速发展，两化融合发展水平连续8年居全国第1位，高新技术产业对江苏经济增长的贡献持续提升。江苏主要采取以下具体措施推动高新技术产业发展。

一是大力提升产业竞争力。以集群培育和产业强链为主要抓手，有重点、分梯次推动生物技术、新能源、新材料、高端装备等战略性新兴产业融合集群发展，制定落实重点集群国际竞争力提升方案，持续提升产业链供应链韧性和安全水平，努力锻造新的产业竞争优势；加快推进"531"产业链递进培育工程，深入实施产业强链行动计划；积极培育数字经济新增长点，实施制造业智能化改造和数字化转型三年行动计划，努力建设制造强省、质量强省、"数实融合第一省"。

二是加快构建服务业新体系。深入实施现代服务业"331"工程，加快发展研发、设计、咨询、专利、会展等生产性服务业和健康、养老、育幼等生活性服务业，促进现代服务业同先进制造业深度融合，推动"科技—产业—金融"良性循环，更好地满足产业链升级和居民消费升级需要。

三是加快智能化、数字化转型。深入实施数字经济核心产业加速行动计划，做强做优"数智云网链"等新兴数字产业，积极发展第三代半导体、

---

① 广东省科学技术厅：《广东建设具有全球影响力的科技和产业创新高地的重大进展和发展举措》，载钟旋辉主编《广东发展报告（2022）》，社会科学文献出版社，2022，第53~63页。

元宇宙等未来产业；全面开展中小企业免费数字化诊断，利用互联网新技术对传统产业进行全方位、全链条改造，培育更多国家级智能工厂、数字领航企业和工业互联网试点示范项目。2022年，江苏数字经济规模超5万亿元，数字经济核心产业增加值占地区生产总值比重达11%左右。

四是更大力度支持专精特新企业发展。深入实施专精特新企业培育三年行动计划，抢占产业链发展的重要节点，让"小块头"释放出大能量。2022年，江苏全年新增48家国家制造业单项冠军和424家国家专精特新"小巨人"企业，新增4个国家先进制造业集群，新增数居全国第1位。①

三 海南高新技术产业发展总体情况

2022年，海南高新技术产业的发展基础不断夯实，成为省内经济发展的主动能和产业创新升级的主力军，高新技术产业园区成为重点产业发展的主平台。

（一）高新技术产业成为省内经济发展的主动能

1. 产业规模迅速扩大

2018~2022年，海南高新技术产业增加值至少翻四番，年均增长113%，增幅大大高于规模以上工业增加值，产业规模呈迅速扩大趋势（见图3）。

2. 产业质量大幅提升

2018~2022年，海南高新技术产业的营业收入每年增长幅度在40%以上，约占全省经济总量的7%。2022年，海南高新技术产业利税占规模以上工业利税总额比重与上年相比提高了0.22个百分点*，研发经费支出占营业收入的比重与上年相比提高了1.48个百分点*②，海南高新技术产业营业收入继续保持快速增长势头（见图4）。

---

① 《江苏省政府2023年政府工作报告》，江苏省人民政府网站，2023年1月28日，http://www.jiangsu.gov.cn/art/2023/1/28/art_ 60096_ 10733783.html。

② 本报告中带*的2022年个别数据为测算数据，仅代表作者的学术研究成果，属学术研究范畴，均仅供学习参考，不代表政府官方数据口径。

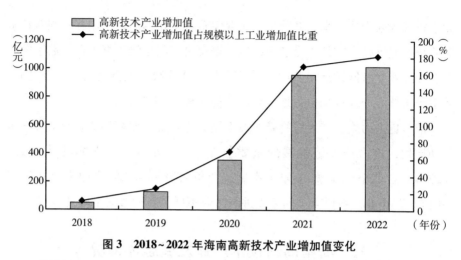

图3 2018~2022年海南高新技术产业增加值变化

数据来源：2018~2022年《海南统计年鉴》和《海南省国民经济和社会发展统计公报》。

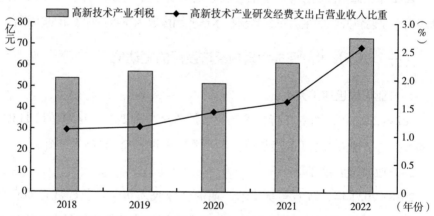

图4 2018~2022年海南高新技术产业利税、研发经费支出占营业收入比重变化

数据来源：Wind数据库；2018~2022年《海南统计年鉴》。

3.产业结构不断升级

2022年，电子信息领域、高技术服务业、生物与新医药领域成为海南高新技术企业队伍"主力军"，占比分别为42.3%、19.3%、17.1%[1]，改

---

[1] 《海南高新技术企业"质""量"双提升 全省高新技术企业突破1500家》，人民网，2023年2月28日，http://hi.people.com.cn/n2/2023/0228/c231190-40318476.html。

变了海南2017年以前以电子信息、生物医药为主的行业布局，实现了八大技术领域全覆盖，特别是航空航天领域实现零的突破。从营业收入贡献来看，主要集中在生物与新医药、资源与环境领域，分别占34.9%、21.3%，产业开始呈现集聚性发展态势[①]。

（二）高新技术企业成为产业创新升级的主力军

1. 高新技术企业数量大幅增加

2018~2022年，在全省积极开展高新技术企业培育和认定工作、努力壮大高新技术产业主体的扩容提速行动下，海南高新技术企业数量年均增速达41.78%，与全国25%的增速相比大幅领先，且呈逐年加速发展态势。截至2022年，全省高新技术企业增至1550家，较上年新增348家，2018~2022年增长了3.8倍（见图5）。此外，2022年海南专精特新企业库已滚动培育企业超275家，其中专精特新"小巨人"企业呈现大而强的特征，经营规模和技术规模双高[②]。海南高新技术企业培育质效稳步提升。

2. 高新技术企业创新活力持续迸发

2022年，海南省工商联评选出研发投入位居前20的海南民营企业，其中有15家高新技术企业，占比达75%；在359项省级重点研发专项立项项目中，有160项是企业牵头或参与的项目，占比超44%；在省科技奖励项目中，由企业牵头的项目有11项，占比达18.3%，同比增长37.5%[③]。高新技术企业逐渐成为海南省科技创新的"领头羊"。

3. 高新技术企业经济效益分外亮眼

2022年，全省高新技术企业营业收入总额达1258.6亿元，同比增长11.7%；有167家高新技术企业的营业收入超亿元，有19家高新技术企业

---

① 《海南推动高新技术企业成为高质量发展"领头羊"》，海南省科学技术厅网站，2023年2月28日，http://dost.hainan.gov.cn/kjxw/mtjj/202303/t20230301_3369474.html。

② 《2023年中国各省区市专精特新"小巨人"企业发展洞察报告》，36氪研究院，2023年7月6日，https://36kr.com/p/2331048340129287？f=rss。

③ 《我省全面推进高新技术企业培育、认定和服务等工作》，《海南日报》2023年2月28日，https://www.hainan.gov.cn/hainan/5309/202302/92a802c9b1bf407e8fe1a0da8ffdd228.shtml。

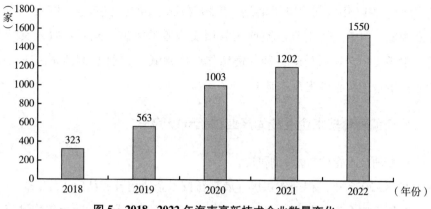

图5　2018～2022年海南高新技术企业数量变化

数据来源：《关于海南省2022年国民经济和社会发展计划执行情况与2023年国民经济和社会发展计划草案的报告》。

的营业收入超十亿元（见图6）。受新冠疫情影响，除利润总额下降外，大部分数据呈现持续增长势头。海南高新技术企业总体呈现平稳发展态势，发展状况良好。

图6　海南高新技术企业质量逐年提升

数据来源：《我省全面推进高新技术企业培育、认定和服务等工作》，《海南日报》2023年2月28日，http：//hnrb. hinews. cn/html/2023-02/28/content_ 58464_ 15846451. htm。

（三）高新技术产业园区成为重点产业发展的主平台

1. 园区集聚效应不断提升

近年来，海南高新技术产业园区初步形成了以洋浦经济开发区、东方临港产业园为核心的油气产业集聚区，并着力构筑重点产业空间格局。

"海口药谷"集聚度进一步提升，陆续启动了美安科技新城及一批重点项目建设。海口、澄迈、三亚等地数字产业发展较快，集聚了百度、阿里巴巴、腾讯、360、迅雷等一批头部企业区域总部，空间集聚效应初步显现。2022 年，全省 13 个自贸港重点园区实现营业收入超过 16000 亿元、增长约 20%，以不足 2% 的土地面积完成固定资产投资超过 1200 亿元，贡献税收超过 600 亿元，占全省比重分别超过三成和五成。其中，洋浦经济开发区、海口江东新区、海南生态软件园、海口复兴城互联网信息产业园、海口综合保税区等 5 个园区的营业收入超千亿元，合计实现营业收入占所有园区总营收的比重超九成，合计拉动所有园区总营业收入增长 30.1 个百分点；园区税收收入居前三位的是洋浦经济开发区、海南生态软件园、海口复兴城互联网信息产业园，3 个园区合计实现税收收入 487.94 亿元，占园区总税收的比重近七成①。可见，海南高新技术产业的空间集聚效应凸显，空间布局不断优化，产业集群向园区集中。

2. 园区主导产业地位夯实

2022 年，洋浦经济开发区石化新材料产业集群产值突破 700 亿元，海南石化新材料产业研究院、科技园等重大科技创新平台和载体加快发展；江东新区商务服务产业集群营业收入达到 1600 亿元；海南生态软件园培育创新创业企业和独角兽企业成效显著；海口复兴城互联网信息产业园营收大幅提升，形成外资企业聚集的创新创业氛围；博鳌乐城先行区设立人类遗传资源管理海南地区服务中心，引入一批研发机构，科技创新逐步显现；海口国家高新技术开发区生物医药集群营业收入突破 250 亿元，继续位列全国生物医药百强园区。可见，海南高新技术产业园区主导产业彰显特色，产业集群初具规模。

3. 园区投资驱动作用增强

2022 年，海南重点园区累计完成固定资产投资 1261.48 亿元，同比增长

---

① 《海南自贸港重点园区去年累计实现营业收入 18246 亿元》，《人民日报》2023 年 2 月 10 日，http：//paper. people. com. cn/rmrb/html/2023-02/10/nbs. D110000renmrb_ 05. htm。

6.6%，拉动全省投资增长 2.0 个百分点。同时，海南重点园区投资额占全省投资总额的比重超过三成，占比较上年同期提高 3.5 个百分点。其中，海口江东新区、洋浦经济开发区、三亚崖州湾科技城合计完成投资 879.62 亿元，3 个园区拉动园区总投资增长 17.7 个百分点①。可见，海南高新技术产业园区不断增强投资"撬动力"，以项目建设之"进"支撑经济社会发展之"稳"。

四　海南高新技术产业化水平和效益

根据高新技术产业理论的内涵和特征，结合 2018～2022 年《中国区域科技创新评价报告》的相关研究，选取具有代表性的指标，评价海南高新技术产业化水平和产业化效益，以反映海南高新技术产业发展的实际情况。

（一）高新技术产业化水平

2018～2022 年，海南高新技术产业化水平总体呈上升趋势。其中，高新技术产业营业收入占工业营业收入比重整体上稳步提升，表明科技创新对产业结构的优化程度不断加强；高新技术产品出口额占商品出口额比重整体呈大幅增长态势，表明海南高新技术产品的国际竞争力显著增强（见图 7）。

（二）高新技术产业化效益

2018～2022 年，海南高新技术产业化效益总体保持平稳。其中，2020～2022 年高新技术产业劳动生产率显著提升，表明近年来高新技术产业劳动产出远高于劳动投入；高新技术产业利润率自 2020 年的 14.30%、2021 年的 14.57% 上升至 2022 年的 14.85%，虽然上升趋势较为平缓，但表明海南高新技术产业经济效益总体保持稳定的发展态势（见图 8）。

---

① 《去年，海南重点园区固定投资 1261.48 亿元，同比增长 6.6%》，《人民日报》2023 年 2 月 10 日，http：//paper.people.com.cn/rmrb/html/2023-02/10/nw.D110000renmrb_20230210_7-05.htm。

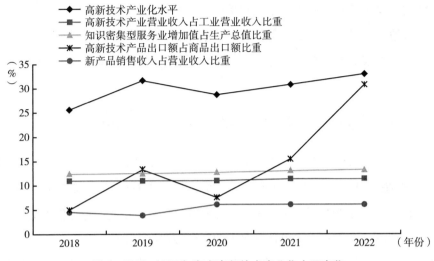

图7　2018~2022年海南高新技术产业化水平变化

数据来源：根据2018~2022年《中国区域科技创新评价报告》整理。

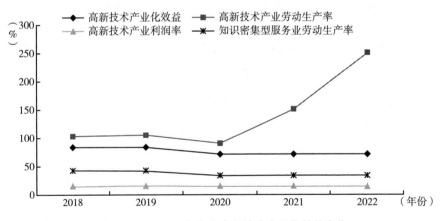

图8　2018~2022年海南高新技术产业化效益变化

数据来源：根据2018~2022年《中国区域科技创新评价报告》整理。

五　海南高新技术产业发展存在的问题

海南高新技术产业发展态势良好，已成为全省经济发展的主动能，但经济结构还比较单一，制造业基础仍然薄弱，科技、人才和资金等方面相较经济发达地区来说明显不足，仍然存在产业结构不尽合理、创新投入不足、生产要素成本偏高等问题，这在一定程度上制约了海南高新技术产业的快速发展。

（一）产业结构不尽合理，高新技术产业基础薄弱

2022年，海南三次产业结构为20.8∶19.2∶60.0，呈"三一二"型，第二产业占比偏低。高新技术产业仅占全省GDP的9.7%。全省高新技术产业存在"有企业，行业弱，产业链不全"的现象。与全国相比，重点发展的油气、医药、互联网等产业在规模体量和行业影响力方面仍存在较大差距。此外，海南高新技术企业数量虽然逐年增长，但总数远远落后于全国绝大部分省份，加之高新技术企业的规模普遍较小，产业基础薄弱问题较为严重。

（二）科技创新投入不足，高新技术产业人才严重短缺

在2022年全国综合科技创新水平指数中，海南的指数虽然实现了增长，首次进入第二梯队，但在全国的排名依然靠后。科技创新在高新技术产业集聚与区域经济增长之间具有中介作用[①]，而海南规模以上工业企业研发经费投入占全社会研发投入比重仍低于全国平均水平，存在科技多元化投入不足，创新生态需进一步优化，科技成果转化能力不强，高质量科技供给不多等问题或短板。同时，科技创新水平和科技研发投入水平是人才引进政策促进城市高新技术产业发展的中介因素[②]，但受经济规模和发展水平制约，海南财政实力有限，随着国内省市相继打响"人才抢夺战"，加大人才政策激励力度和提升福利待遇，海南不仅面临高端研发人才引进难、高新技术产业未能形成适合研发人才的生态等问题，还面临人才流失等挑战。海南本地有

---

① 王燕、高静、刘邦凡：《高新技术产业集聚、科技创新与经济增长》，《华东经济管理》2023年第4期。

② 彭川宇、顾晨曦：《人才争夺何以影响城市高新技术产业的发展？——基于273个城市的准自然实验》，《科技管理研究》2023年第5期。

21 所普通高校，但大学毕业生每年选择留在海南就业的不到 60%。根据省内高新区目前的招商情况，随着园区整体投资环境的改善和招商引资力度的加大，入驻企业数量越来越多，对人才的需求日益增长，特别是高学历的制造业技术人才需求缺口较大，预计到 2025 年高新区企业人才需求将达到 4 万人以上，总体增长 22%，"产业缺人才"与"人才缺产业"的结构性矛盾比较突出。

（三）生产要素成本偏高，高新技术产业配套水平较低

长期以来，受远离原材料和市场的双重制约，海南工业发展不充分，工业用地、用电、用水等成本较高，工业用地指标偏紧。同时，由于省内产业链发展不完善，难以带动配套产业集聚，大部分原辅料主要依赖外地购买。省内 70% 以上的生产和生活物资来自岛外，货物运输成本相对较高。此外，海南高新技术产业园区整体发展能级较低，在污水处理、集中供气、标准厂房供给等基础设施配套方面存在较为严重的短板。

六　海南高新技术产业发展政策建议

"十四五"时期，高质量发展是海南高新技术产业发展的主旋律，产业质量、产业结构向更高更优方向迈进。不断推动数字经济做大做优做强，持续加大科技投入力度，进一步完善各生产要素配给、园区配套，提升对高新技术企业服务水平，推进政策落地落实，成为海南高新技术产业高质量发展的时代命题。

（一）高新技术产业发展成效显著，向质量更高、结构更优方向迈进

当前，海南高新技术产业发展成效显著，正向纵深建设、规模扩大、效益增强、结构优化的方向迈进。战略性新兴产业方面，数字经济增加值占全省经济比重达 7%；医药产业加快转型升级，产品出口规模增长 23%；"深

海一号"作为我国自主研发的首个 1500 米超深水大气田已累计生产天然气超 10 亿立方米，引领我国海洋油气开发进入超深水时代。未来产业方面，南繁种业做优做强，热带特色高效农业增加值突破千亿元关口；"奋斗者"号全海深载人潜水器成功创造了 10909 米的中国载人深潜纪录；"嫦娥五号"探测器在文昌航天发射场顺利升空。优势产业方面，清洁能源产业方兴未艾，千亿级风电产业集群显现雏形。下一阶段，海南高新技术产业体系将突出"3+3+3"九大高新技术产业①，层次推进、梯度发展，即立足已有基础，提升规模质量，加快发展三大战略性新兴产业；挖掘需求潜力，坚持创新引领，培育壮大以"陆海空"为主的三大未来产业；发挥区位优势，突出海南特色，优化升级相关产业。

（二）数字产业集群蓄力待发，推动数字经济做大做优做强

党的二十大报告中明确提出"打造具有国际竞争力的数字产业集群"。集群化发展是产业迈向中高端的必经之路，也是提升区域竞争力的内在要求。当前国内外众多领先地区正加快数字产业集群培育，以形成核心力量参与国际竞争。数字经济作为海南三大战略性新兴产业之一，已被纳入海南"十四五"高新技术产业"3+3+3"产业体系布局。《海南省高新技术产业"十四五"发展规划》提出 2025 年海南数字经济产业营业收入达到 4000 亿元的目标。海南是岛屿经济，发展传统产业面临运输成本较高和劳动力供给有限等问题。随着数字经济时代的来临，知识、技术、管理、数据等新型生产要素的作用更加凸显，以互联网为代表的新一代信息技术与传统产业的融合发展越发深入，颠覆性的科技创新不断涌现，通信网络、大数据、云计算、物联网等新一代信息技术大量应用于工业领域，并在劳动力成本上升、资源环境约束趋紧的环境下，加速形成新的生产模式、产业形态和经济增长点。已有研究表明，高新技术产业集聚

---

① "3+3+3"九大高新技术产业即数字经济、石油化工新材料和现代生物医药三大战略性新兴产业，南繁、深海、航天三大未来产业，清洁能源、节能环保、高端食品加工三大优势产业。

和数字经济发展具有正向相关性①，数字经济将通过促进产业升级和提高产业创新能力来增强高新技术产业的韧性②。面向未来，一方面，海南将基于自身的数字经济核心产业，培育打造与之相适应的数字产业集群，将区域数字经济规模做大做优；另一方面，海南通过产业集群化发展，加快汇聚数字经济核心产业人才、资金、技术等资源要素，将数字经济核心产业做优做强。同时，借鉴江苏加快智能化改造、数字化转型的先进经验，海南可全面开展中小企业免费数字化诊断，征集国家级智能工厂、数字领航企业和工业互联网试点示范项目。海南应抓住数字经济与实体经济融合发展的战略机遇，加快培育壮大高新技术产业，实现跨越式发展。

（三）科技投入加码，创新赋能作用进一步凸显

科技创新赋能产业高质量发展，已成为应对竞争、稳定增长的"利器"。目前，海南科技金融实现破冰，首只总盘2亿元的科技成果转化投资基金已落地。下一步，海南将继续强化企业创新主体地位，落实惠企政策，及时帮助企业解决困难和问题；统筹建设省重点实验室、新型研发机构、省技术创新中心等平台和载体，或组建创新联合体；开展跨区域跨行业跨领域的协同创新，利用海南省科技论坛、展览展会等机会，与发达国家和地区建立常态化的交流合作机制，汇聚国际国内优质创新资源，构建高效协同的创新网络；聚焦科技人才引育，加快建设高素质科技人才队伍，落实教育、科技、人才"三位一体"统筹布局，推动创新链、产业链、资金链、人才链深度融合。同时，借鉴广东探索重大科技成果转移转化模式，打造"四链融合"科技金融生态圈的先进经验，在加速创新成果转移转化方面集聚一批能够支撑科技成果在海南就地转化的专业化服务机构，并完善政府或金融机构对高新技术企业全生命周期的科技金融服务。此外，大力打造以"陆

① 张华平、任园园：《高新技术产业集聚对数字经济发展的影响——基于空间计量模型的实证研究》，《南京财经大学学报》2023年第3期。
② 张良成、郭瑞硕、舒长江：《数字经济赋能高新技术产业韧性：内在机理与实证检验》，《江西财经大学学报》2023年第2期。

海空"为核心的科技创新高地，持续提升科技研发投入占 GDP 的比重、拓展科技创新平台和培育高技术市场主体，既有利于补齐科技创新短板，也将带动提升全省全要素生产率，为高质量发展增添内生动力。

（四）生产要素市场化配给，园区配套加快完善

围绕高新技术产业的发展需要，提升园区、港口水电燃气配给，做到能源布局与工业发展相匹配；加强供电廊道、电网系统、变电站等基础设施建设，推动港区智能电网建设，推进产业园区、企业直购电交易和天然气直接交易，保障企业、项目用能、用水稳定；加快港口、机场等出岛通道建设，夯实物流基础。同时，按照园区产业发展目标，落实工业用地、能耗等指标，打破瓶颈，推动园区规划与国土空间规划、产业规划有机衔接。此外，新基建水平的提升可以赋能高新技术产业发展①，因此要加大园区基础设施和公用配套设施建设投入力度，按照园区功能定位，加快管网、仓库、码头、道路等物流设施建设，保障园区供水、供热、供气、供能，实现对废水废弃物的统一处理和循环利用；引导国有资本、社会资本进入园区基础设施建设领域，加快建设标准厂房、智慧园区等；加快清理园区闲置和低效用地，严格控制"三高一低"（高投入、高消耗、高污染、低效益）企业入园。

（五）高新技术企业服务挺进"深水区"，金融普惠纵深发展

当前，海南着力加强高新技术企业服务，发挥好首席服务官机制，利用好万名干部下企业计划，打造服务 App，发挥高企协会作用，建立企业科技特派员制度，开展科银企活动，为全省高新技术企业发展保驾护航。未来将更进一步深入高新技术企业的方方面面，满足企业日益增长的需要。一方面，高新技术企业服务继续向"深水区"挺进，加快"放管服"改革，优

---

① 季凯文、罗璐薏、齐江波：《新基建赋能高新技术产业的异质性影响研究——基于空间面板计量模型的实证检验》，《管理评论》2023 年第 2 期。

化行政审批流程，规范政府服务标准，提升窗口服务质量，实现政务流程再造和政务服务"一网通办"；充分发挥"互联网+"、大数据、供应链等 AI 技术作用，搭建高新技术产业大数据平台，加强数据有序共享，提升行业管理的信息化水平。另一方面，高新技术企业金融服务向各个产业加快渗透，依托海南省智慧金融综合服务平台，用足用好海南产业投资基金，按市场化方式重点支持数字经济、现代生物医药、清洁能源汽车等高新技术产业的技术研发和项目建设；设立和充实完善省、市县、园区高新技术产业贷款风险补偿资金池，鼓励各类金融机构设立"企业氧舱"，解决小微企业融资成本高、融资难问题；立足产业发展创新金融产品，大力发展供应链金融，支持发行公司信用类债券、项目收益票据、住房租赁专项债券等，拓宽企业融资渠道；通过政府委托运营主体与金融机构合作，向技术改造企业提供贷款支持；加大公共财政对产业发展的资金支持力度，通过基金的放大功能，支持更多好项目和企业，支持高新技术产业发展壮大。

（六）政策制度从宏观主张走向实践，产业发展提质增效

中国特色自由贸易港重大国家战略的推出，为海南高新技术产业发展注入了新的制度红利。《海南自由贸易港建设总体方案》《海南自由贸易港高层次人才认定办法》《关于开展海南自由贸易港国际人才服务管理改革试点工作的实施方案》等一揽子利好政策，不仅会吸引大批国内外企业在海南落户，而且能集聚全球高端人才在海南创新创业。"抢人"政策有助于提升高新技术企业的市场价值[①]，为海南高新技术企业增强国际竞争力创造条件。近年来，海南先后出台的支持高新技术企业发展的政策法规，实施的高新技术企业"倍增"工程和"精英行动"计划，围绕重点园区和重点产业制定的"一园一策""一产一策"专项扶持政策，以及针对省级科技项目生成和组织管理方式出台的"揭榜挂帅"制管理暂行办法，拉开了海南高新技术产业制度从宏观政策主张走向具体实践的序幕，同时标志着海南"3+

---

① 张岩、吴芳：《"抢人"政策对高新技术企业市场价值的影响》，《科研管理》2022 年第 3 期。

N"高新技术企业政策体系补步形成。未来海南将努力构建全国有竞争力的高新技术企业税收政策和财政支持措施,营造良好的高新技术企业创新发展环境,围绕上述政策推动重点领域制度集成创新,以形成更加完善的产业制度体系和企业配套政策。下一阶段,海南高新技术产业发展将进一步提速,沿着高质量发展之路坚定前行。

B.3

2022年海南农产品贸易高质量发展报告

张海东 王俊峰 胡小婵*

摘　要： 作为新时代中国改革开放的示范，海南具有试验最高水平开放政策的独特优势和着力打造国内国际双循环重要交汇点的区位优势。本报告根据海南农产品进口额快速增长、农产品进口品类呈多元化格局、农产品进出口主要市场不同的现状，结合出口产品集中度高、出口贸易的波动性较大、优势产品潜力产业增长不显著、主要市场出口不稳定等问题，指出2022年海南农产品贸易与自由贸易港政策叠加RCEP优势还不相符。最后，本报告提出完善海南农产品贸易设计，构建多元化的农产品贸易格局，高度重视贸易平台建设，深度融入全球农产品价值链，数字化赋能推进农产品贸易形式转型升级等促进海南热带农业高质量发展和助力乡村振兴的政策建议。

关键词： 热带农业　农产品贸易　高质量发展　海南

一　2022年海南农产品贸易发展环境

（一）国内外农产品贸易环境

2022年，受诸多因素影响，全球供应链和物流受阻，市场需求萎缩，

---

* 张海东，副编审，中国热带农业科学院科技信息研究所，主要研究方向为农业发展、农业科技传播；王俊峰，助理研究员，主要研究方向为农业经济；胡小婵，助理研究员，主要研究方向为热带作物学科态势和竞争力。

贸易保护主义和单边主义抬头，贸易摩擦和制裁升级，国际经贸环境复杂严峻。国内企业生产成本上升，出口竞争力下降，出口企业面临原材料、人工、物流、汇率等方面的多重压力，出口量价背离，利润空间缩小。受极端气候灾害、全球粮食危机、非洲猪瘟等因素影响，农业生产和贸易面临较大风险挑战，粮食安全压力增大，农产品进出口结构失衡。2022年，国家出台了一系列减税降费、支持中小微企业、扩大基础设施建设、增加社会保障支出等政策措施；加快推进《区域全面经济伙伴关系协定》（RCEP）、中欧投资协定等多边和双边自贸协定的签署和实施，推动构建以合作共赢为核心的新型国际经贸关系；加强农业科技创新和绿色发展，提高粮食安全保障水平，促进农业国际合作和交流。

（二）海南热带农业发展环境

2022年，海南经济运行受到一定程度的冲击和挑战。在省委、省政府的坚强领导下，海南充分发挥自由贸易港政策优势，加快推进开放型经济发展，实施"超稳行动"助企纾困措施，稳住了经济大盘。2022年，全省地区生产总值为6818.22亿元，按不变价格计算，比上年增长0.2%。海南货物贸易进出口总额为2009.47亿元，比上年增长36.8%；国际船舶总吨位历史性跃居全国第二，水运货物周转量达9911亿吨公里，增长13.8%。2022年，海南农林牧渔业总产值2272亿元，比上年增长3.5%，增速高于整体经济，其中种植业、畜牧业、渔业产值分别增长4.1%、3.0%和3.6%。主要农产品产量稳步提高，其中蔬菜产量增长2.8%，园林水果和果用瓜产量分别增长5.5%和11.2%，生猪出栏量增长7.3%，水产品产量增长4.3%。粮食生产平稳增长，全年粮食种植面积27.3万公顷，比上年增长0.6%；粮食总产量146.6万吨，增长0.4%[①]。

---

① 《2022年海南省经济运行情况新闻发布会最新实录》，海南省人民政府网，2023年1月19日，https://www.hainan.gov.cn/hainan/zxxx/202301/6f79f22e3e084da3a333e6c40a90d3f.shtml。

（三）自由贸易港对接国际高标准经贸规则

海南自由贸易港政策是国家赋予海南的重大战略机遇，也是海南对外开放的重要抓手。海南自由贸易港政策涵盖了贸易、投资、跨境资金流动、运输往来和人员进出自由便利等多个方面，为海南热带农业发展提供了有力支撑。海南自由贸易港政策有利于扩大海南农产品的国际贸易，带动海南热带农业更好地"走出去"和"引进来"，扩大对内对外投资，促进热带农产品贸易融入国际高标准经贸规则[①]。海南自由贸易港实施"零关税"政策，并通过清单管理实施，为海南农产品进出口提供了更多优惠。海南自由贸易港还推动了农业科技创新和绿色发展，建设了一批农业国际贸易高质量基地，提高了农产品品牌影响力和市场竞争力。海南作为中国通往东盟各国重要的海上通道，在与东盟的贸易中区位优势突出。在RCEP框架下，中国对东盟的农产品自由化水平达92.8%，东盟各国对中国的农产品自由化水平在61.3%~100%区间，关税的减免势必刺激区域内农产品消费市场潜力的进一步释放，带动海南与东盟国家之间的农产品贸易增长[②]。

二 世界自由贸易港（区）农产品贸易经验

2023年是中国自贸试验区建设十周年，是海南自由贸易港封关运作的关键之年。海南约80%的土地在农村、60%的户籍人口是农民、20%的GDP来自农业[③]，要把海南自由贸易港打造成引领我国新时代对外开放的鲜明旗帜和重要开放门户，就要立足这一根本特色，借鉴国际经验，贯彻新发展理念，推动海南热带农业的高质量发展。

[①] 张治礼：《自贸试验区和中国特色自贸港建设背景下海南热带特色高效农业发展的若干思考》，《今日海南》2019年第1期。

[②] 《用足政策红利 深化农业合作：RCEP生效元年首场涉农政策培训侧记》，中国农网，2022年6月10日，https://www.farmer.com.cn/2022/06/10/99895032.html。

[③] 何琼妹：《自贸港及RCEP等经贸规则下海南农业竞争策略研究》，中国农业出版社，2022。

（一）国际自由贸易港（区）经验

1. 突出高档优质特色农业贸易

火奴鲁鲁是美国夏威夷州的首府，夏威夷全域均为自由贸易区，是太平洋上重要的海空交通枢纽，战略位置十分重要。农业在夏威夷的历史上一直占有特殊的地位，特色农业是火奴鲁鲁自由贸易港的重要产业[①]。现在主要农业重回发展多样化农产品的小农场时代，特色异国水果、咖啡、坚果、花卉和树叶等作物成为面向世界的主要出口产品；鱼塘发展成高科技水产养殖企业，主要出口鱼、虾、鲍鱼和海藻等。"生长在夏威夷"成为高档优质农产品的代名词，扩大夏威夷农产品贸易市场的努力以风味菜肴的特殊方式进行，在国内外市场获得认可，农产品出口日本、加拿大等市场。

2. 建设完善的农产品流通体系

荷兰是贸易大国，鹿特丹自由贸易港不仅是一个巨大的工业综合体，还是欧洲的农产品集散中心，港区拥有经营各类农产品的专业化公司，并配套实验室等各种辅助服务设施[②]。荷兰农业的科技含量在世界领先。荷兰对外贸易政策主要有《共同农业政策》《共同外贸政策》《共同原产地规则》《共同产品技术安全与卫生法规》等。港区建立先进高效的农产品物流中心，高质量的农产品、便利的地理区位，加之农产品流通体系实行"产销拍卖一条龙"政策，以先进的物流设施体系为农产品运销贸易保驾护航。

3. 制定《共同农业政策》促进贸易

欧盟积极参与全球自由贸易协定的签订，各成员国制定共同的农业政策，实现了市场合一、共同价格、财政一致、共同体优先，保障农产品在成员国之间顺利进行贸易。欧盟还通过对敏感农产品实施高税率，

---

① 陆剑宝：《全球典型自由贸易港建设经验研究》，中山大学出版社，2020。
② 陆剑宝：《全球典型自由贸易港建设经验研究》，中山大学出版社，2020。

保护成员国农业的稳定发展。欧盟专门设立农产品出口经费，并制定了促进农产品贸易的系列措施，如统一打造高品质形象、积极参与国际展览和宣传、高层官员参与农产品推广等。欧盟区域内运输网络发达、物流链较短、农产品物流质量高、运输损耗率较低。成员国在自贸区周边发展涉农配套产业，大力发展都市农业，促进自贸区与农业的协调发展。

4.政策保护农产品提升竞争力

日本一贯对农业实行高支持、高保护政策，其签署的自贸协定项下农业开放水平普遍较低。一是限制国外农产品的进口，日本农产品的关税平均税率一直维持在世界较高的水平。如在2019年生效的《日本与欧盟经济伙伴关系协定》中，日方坚持对部分大米、小麦、乳制品等产品实行例外处理，不降进口关税。同时，设置技术性壁垒，常以检验"不合格"为由把国外许多农产品拒之门外。二是加强对本国农业的支持，促进"农业自立"。在以《日本复兴战略》《食物、农业、农村基本法》《农业竞争力强化支援法案》《农林水产农村地域活力创造计划》为核心的竞争力导向新型农业支持政策体系中，通过大力推动六次产业化，促进农产品附加值的有效提升，提高农产品竞争力。

（二）国内自由贸易试验区经验

自党的十七大把自由贸易试验区建设上升为国家战略以来，截至2022年，中国先后分6批次陆续建立了21个自由贸易试验区。党的二十大报告强调"实施自由贸易试验区提升战略"。

1.不同区位自由贸易试验区农产品贸易效应不同

中国东、中、西部地区差异使不同经济发展领域产生异质性。21个自由贸易试验区建设分布在不同的区域，各区域的地理位置、资源禀赋和对外开放程度等方面均有所差别，因此，建设重点与贸易效应有所差异。结合要素禀赋理论，不同地区投入的生产要素不同，要素密集程度及要素禀赋均不同。从各自由贸易试验区整体的贸易效应来看，东部沿海地区技术要素的创新程度高于中西部内陆地区，因此，不同自由贸易试验区的农产品贸易效应存在差异①。

随着自由贸易港建设进程加快，海南农业受其他产业的冲击将加剧。农业是国民经济中的弱势产业，海南一些产业园区为农业企业供地的积极性不足，部分畜牧、水产养殖业和种植业因用地成本、环保成本高，竞争力被削弱。未来海南热带农业应立足海南的资源禀赋、区位优势，着力打造北纬18度高端农业的概念和实践，用好海南稀少、宝贵的农用地，让海南农产品成为国际贸易中"优质安全、独一无二"的代名词。

2. 各自由贸易试验区农产品贸易发展方式重点不同

全国自由贸易试验区所处地理位置不同，着眼于地缘政治和国家经济核心战略，错位共赢发展，各自由贸易试验区推动农产品贸易的发展重点和建设方案也不同②。上海等东部沿海自由贸易试验区，发展方式着重在降低税率和粮食贸易运输费用，打造国际一流营商环境，建立期货保税交割仓库和跨境交易平台，推动农产品期货交易。陕西等中部自由贸易试验区致力于农产品贸易模式的创新，紧密联系共建"一带一路"国家，扩大农业国际合作交流，建设现代农业国际合作中心。广西、云南等西部自由贸易试验区充分发挥沿边区位优势，积极推进农产品进口加工，促进边境贸易创新发展。

海南扼守太平洋和印度洋的交汇地带，是多条国际海运航线和航空运输线的必经之地，是"21世纪海上丝绸之路"的重要战略支点。海南要着力挖掘自己的区位优势，推动海上丝绸之路沿线国家经贸合作，开辟农产品快速通关"绿色通道"，提高贸易便利化，着力促进农产品进口来源多元化，扩大热带农产品大宗服务贸易，逐步提高对全球农产品供应链关键节点的掌控能力。

3. 制度创新降低农产品进出口贸易成本

在双循环新发展格局下，自由贸易试验区对我国农产品贸易具有重要影

---

① 林海英等：《"双循环"视域下自贸对农产品贸易的区域异质性影响》，《商业经济研究》2023年第9期。

② 杜金岷：《开放蓝本：自由贸易试验区》，重庆大学出版社，2018。

响。自由贸易试验区通过削减贸易壁垒，有利于降低农产品贸易成本，能够显著促进贸易规模的增长①。截至 2022 年，随着自由贸易试验区建设负面清单数量的降低，农产品进出口贸易壁垒也相应减少，农产品贸易额随之增加。自由贸易试验区制度创新实践总体上对农产品的交易方式、渠道、效率、质量等方面都有一定的正向推动作用，有效地提高了我国农产品进出口贸易水平。

海南自由贸易港是中国 21 个自由贸易试验区中唯一分步骤、分阶段建立自由贸易港政策和制度体系的自贸区。海南自由贸易港要成为中国新时代全面深化改革开放的新标杆，就要瞄准重点发展产业、重要平台建设及重大项目活动精准定位、精准施策，强化重大制度创新和集成，发挥首创精神服务国际农产品贸易格局重构。

三　2022年海南农产品贸易现状和问题

在多重超预期因素的冲击考验下，海南开展两轮超常规稳住经济大盘行动，出台助企纾困发展特别措施，减税缓税降费共计 280.9 亿元，稳住了经济大盘，外向型经济蓬勃发展。全年货物进出口总额突破 2009.47 亿元，增长35%；农产品进口额快速增长，农产品进口品类多元化格局初步形成，但出口产品集中度高，出口贸易的波动性较大，农产品进出口贸易规模不大。

（一）海南农产品贸易现状

1. 农产品进口额呈现快速增长的趋势

2022 年，海南农产品进出口贸易额为 23.18 亿美元，同比增长 54.6%。其中，农产品出口额 6.08 亿美元，同比增长 2.7%；农产品进口额 17.10 亿美元，同比增长 88.5%。农产品出口额增速大幅下滑，而农产品进口额增

---

① 岳晓等：《中国各地区对"一带一路"沿线国家的农产品出口研究》，《宏观经济研究》2019 年第 12 期。

幅大幅提高。2022年，农产品贸易逆差11.02亿美元，同比扩大了2.5倍。海南农产品进出口贸易规模不大，仅占全国农产品贸易的0.7%；农产品贸易仅占海南对外贸易额的7.7%①。

海南农产品进出口额以海南自由贸易试验区设立为节点，变化趋势明显，此前进口额和出口额均呈现一定的波动性，此后进口额和出口额均呈现明显的增长态势，进口额增速尤其突出（见图1）。海南农产品出口额从2018年的5.07亿美元增长到2022年的6.08亿美元，增长了19.9%，年均增长4.7%；农产品进口额从2018年的2.11亿美元，迅猛提高到2022年的17.10亿美元，增长了7.1倍，年均增长68.7%。贸易顺差由2018年的2.96亿美元转为2022年逆差11.02亿美元。总体来看，2022年疫情对海南农产品出口影响较大，而自由贸易港相关政策因素对海南农产品进口增长影响更大。

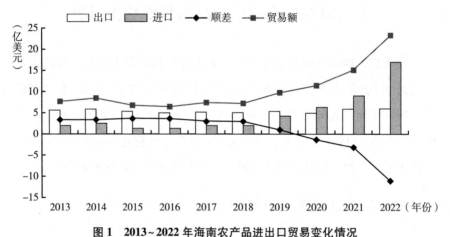

图1　2013~2022年海南农产品进出口贸易变化情况

数据来源：根据海关总署（http://stats.customs.gov.cn/）数据整理。

2.农产品进口品类呈现多元化格局

从出口产品结构来看，海南出口集中度较高（见表1）。2022年，水产品

---

① 《中华人民共和国海关总署》，海关统计数据在线查询平台，http://stats.customs.gov.cn/。

出口额5.33亿美元，占87.7%，其中水产品制品占58.1%，水、海产品占29.6%。除水产品外，其他出口额较大的农产品分别为杂项食品，乳品、蛋品、蜂蜜及其他食用动物产品，食用蔬菜，糖及糖食，植物液、汁，咖啡、茶、马黛茶及调味香料，饮料、酒及醋，制粉工业产品，食用水果及坚果，蔬菜、水果、坚果等制品，谷物，上述类别产品出口额占8.4%。

表1 2022年海南农产品出口品类情况

单位：美元，%

产品类别	贸易额	同比增速	占比
水产品制品	353029574	-4.0	58.1
水、海产品	180206218	13.5	29.6
其他农产品	17652070	62.7	2.9
杂项食品	15382087	42.7	2.5
乳品、蛋品、蜂蜜及其他食用动物产品	6551496	1.3	1.1
食用蔬菜	5305873	-5.8	0.9
糖及糖食	5144059	4.2	0.8
植物液、汁	3843692	-55.6	0.6
咖啡、茶、马黛茶及调味香料	3788655	-25.9	0.6
饮料、酒及醋	3623353	269.0	0.6
制粉工业产品	2562378	-26.3	0.4
食用水果及坚果	2232036	-5.8	0.4
蔬菜、水果、坚果等制品	1924632	-15.5	0.3
谷物	1390382	1882.7	0.2
油料、工业用或药用植物、稻草、秸秆及饲料	1129796	-19.0	0.2
动植物油脂及其分解产品	1084848	3968.0	0.2
烟草及其制品	1027463	4197.2	0.2
活动物	687506	-10.8	0.1
活植物及花卉	650002	4.3	0.1
谷物、粮食粉、淀粉制品,糕点	472059	-7.5	0.1
食品工业的残渣、废料,配制的动物饲料	359674	-10.5	0.1
肉类制品	58883	—	0.0
其他动物产品	21010	-70.2	0.0
可可及其制品	11674	-91.4	0.0
编结用植物材料	5904	-79.5	0.0
总计	608145324	2.7	100.0

数据来源：根据海关总署（http://stats.customs.gov.cn/）数据整理。

从进口产品结构变化看，海南进口农产品从以食用水果占主导逐渐转变成多元化格局（见表2）。主要进口产品类别包括油料、工业用或药用植物、稻草、秸秆及饲料，谷物，食用水果及坚果，乳品、蛋品、蜂蜜及其他食用动物产品，动植物油脂及其分解产品，饮料、酒及醋，其他农产品，畜肉及杂碎，水、海产品，杂项食品，制粉工业产品等。其中，食用水果及坚果出口额占比由2015年的64.8%下降到2022年的11.6%，而油料、工业用或药用植物、稻草、秸秆及饲料类占比同期由0.27%提高到29.5%，谷物占比由1.3%提高到15.0%。

表2 2022年海南农产品进口品类情况

单位：美元，%

产品类别	贸易额	同比增速	占比
油料、工业用或药用植物、稻草、秸秆及饲料	504260689	363.1	29.5
谷物	255642816	83.1	15.0
食用水果及坚果	198805467	4.6	11.6
乳品、蛋品、蜂蜜及其他食用动物产品	152979564	1469.4	8.9
动植物油脂及其分解产品	120998778	−20.8	7.1
饮料、酒及醋	83312588	10.7	4.9
其他农产品	72868928	428.4	4.3
畜肉及杂碎	43222956	4.8	2.5
水、海产品	37379762	259.6	2.2
杂项食品	34205497	−21.7	2.0
制粉工业产品	33315683	39.7	1.9
食品工业的残渣、废料，配制的动物饲料	31590688	−19.4	1.8
食用蔬菜	28382834	115909.3	1.7
谷物、粮食粉、淀粉制品，糕点	25939953	11.5	1.5
糖及糖食	24270780	271.7	1.4
植物液、汁	21213843	1105939.8	1.2
烟草及其制品	12469237	−26.8	0.7
活动物	11923201	——	0.7
禽肉及杂碎	7372776	543.6	0.4
可可及其制品	3438632	−37.2	0.2
蔬菜、水果、坚果等制品	2081382	−47.5	0.1

产品类别	贸易额	同比增速	占比
咖啡、茶、马黛茶及调味香料	1637086	851.3	0.1
其他动物产品	923330	55.9	0.1
编结用植物材料	668626	2920.4	0.0
水产品制品	496052	599.9	0.0
活植物及花卉	255269	153.4	0.0
肉类制品	38018	—	0.0
总计	1709694435	88.5	100.0

数据来源：根据海关总署（http：//stats.customs.gov.cn/）数据整理。

3. 农产品进出口主要市场不同

从海南农产品出口去向地构成看（见图2），海南初步形成了以美国市场为主导，以色列、日本、墨西哥、中国香港、泰国、俄罗斯、加拿大、马来西亚、荷兰、哥斯达黎加、德国、菲律宾、英国、法国、刚果（布）等国市场为主力，其他国家为补充的出口格局。2022年，出口美国农产品为2.65亿美元，占43.63%。主力出口市场中，以色列为4987.44万美元，占8.20%；日本为3525.0万美元，占5.80%；墨西哥为3514.38万美元，占5.78%；中国香港为2489.00万美元，占4.09%。从出口区域来看，最大市场为北美，2022年出口额2.81亿美元，同比减少0.14%，占总出口额的46.27%。其中，美国占比高达94.3%，加拿大占5.7%。出口亚洲1.77亿美元，同比增长5.95%，占29.18%。其中，东亚（日本、韩国和中国香港等）占36.6%，东南亚（泰国、马来西亚、菲律宾、新加坡等）占32.3%，西亚（主要为以色列）占29.3%。出口欧洲7331.69万美元，同比增长21.9%，占12.1%。其中，欧盟国家占63.7%，俄罗斯占24.7%，英国占10.1%。出口拉丁美洲5040.94万美元，同比下降15.04%，占8.29%。其中，墨西哥占69.7%，哥斯达黎加占21.22%，秘鲁占2.1%，哥伦比亚占2.1%。出口非洲2471.28万美元，同比增长10.4%，占4.1%，其中，刚果（布）占25.0%，科特迪瓦占16.5%，布基纳法索占10.5%，加纳占9.3%，马里占6.4%。

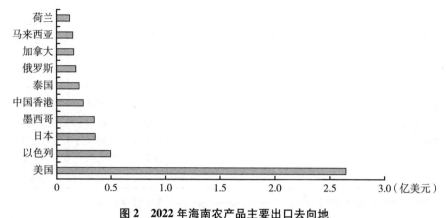

图 2　2022 年海南农产品主要出口去向地

数据来源：根据海关总署（http：//stats.customs.gov.cn/）数据整理。

　　从海南农产品进口来源构成看（见图3），与出口市场美国独大不同，进口来源市场形成了以加拿大、新西兰、印度尼西亚等国家为主力，其他国家为补充的格局。2022年，海南十大进口来源市场分别为加拿大、新西兰、印度尼西亚、巴西、美国、泰国、越南、澳大利亚、阿根廷和法国。进口市场国家所占份额变化更大，主要是来源于加拿大、新西兰、澳大利亚的油料、谷物、奶制品等产品占比越来越高；印度尼西亚、泰国、越南等则是由于海南自其大量进口热带水果、大米等成为进口主要来源国。从进口来源区域来看，自亚洲进口额最大，2022年为5.09亿美元，同比增长50.6%，占30.0%。其中，东南亚占77.3%，主要进口国家为印度尼西亚、泰国和越南，合计占95.2%；其次是南亚占10.93%，主要为印度；东亚占7.2%。自北美洲进口4.90亿美元，同比增长110.6%，占28.7%。其中，加拿大占70.4%，美国占29.6%。自大洋洲进口3.12亿美元，同比增长366.7%，占18.3%。其中，新西兰占69.9%，澳大利亚占30.1%，斐济占0.1%。自拉丁美洲进口2.62亿美元，同比增长8.2%，占15.3%。其中，巴西占56.9%，阿根廷占28.8%，乌拉圭占6.5%，智利占4.5%，南美洲合计占99.2%。自欧洲进口1.16亿美元，同比下降50.6%，占6.8%。其中，欧盟占63.6%，俄罗斯23.3%，英国占7.4%，合计占94.3%。自非洲进口2012.01万美元，同比增长218.5%，占1.18%，主要来自埃塞俄比亚、苏丹、莫桑比克、加纳和南非等国家。

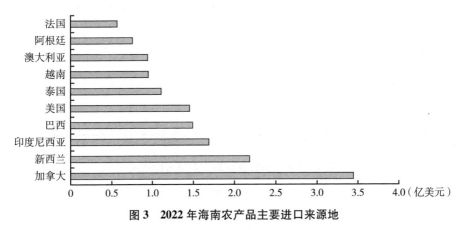

图3　2022年海南农产品主要进口来源地

数据来源：根据海关总署（http：//stats.customs.gov.cn/）数据整理。

（二）海南农产品贸易存在的问题

1. 出口产品集中度高，出口贸易的波动性较大

2022年，海南水产品出口5.33亿美元，水产品占农产品出口比重长期高达90%左右，水产品出口波动直接影响海南农产品出口（见图4）。罗非鱼出口占水产品出口总额的近90%，由于国外需求变化、国内外同质产品竞争激烈，海南以水产品特别是罗非鱼出口为主导的贸易格局面临较大的波动风险。从近10年海南农产品出口贸易总量的变化情况看，总体呈现较为明显的波动性，10年中增长与下跌的年份各占一半，其中2015年降幅近10%，2021年增幅达17.7%。

2. 优势产品表现不突出，有潜力产业增长不显著

根据海南历年农产品出口情况，结合海南自由贸易港政策优势与区位优势，可以看出，海南水产品具有显著优势，特色畜禽、果蔬、热带作物、花卉苗木等具有一定优势，而种业、咖啡、天然橡胶等具有较大的潜力。从近10年海南农产品出口的实际情况来看，水产品作为海南农产品出口的绝对

图4 2015~2022年海南水产品出口情况

数据来源：根据海关总署（http：//stats. customs. gov. cn/）数据整理。

主力，在应对国际市场需求波动、国内外产品激烈竞争中，呈现较为明显的
波动性，且自2022年下半年以来出口下滑趋势明显。具有一定优势产品中，
畜禽产品中仅鲜蛋连续3年有出口记录，且其出口占比高达99.11%。果蔬
产品作为海南主要出口产品，不仅出口规模不大，还呈现明显的波动性，且
蔬菜类出口以海南企业在省外出口为主。胡椒、槟榔等海南独具特色的热带
作物产品出口波动大，且对单一市场的依赖性较强，胡椒曾对多个国家
（地区）有出口记录，但近年来仅对越南和中国香港有稳定出口。槟榔近两
年仅对柬埔寨有出口，且2022年同比下降了91.69%。南繁种业作为海南重
点发展产业不仅有自然资源优势，而且随着崖州湾科技城的发展集聚了科技
资源优势，加之国家出台市场准入等政策的加持下，是最有可能发挥潜在优
势的产业，但其在经过2019~2021年快速增长后也呈现出口下滑的态势，
目前出口品种仅限于个别蔬菜种子和花卉苗木品种。天然橡胶、咖啡作为海
南着力打造热带农产品国际贸易中心的主力品种，对外贸易占比较低，出口
较不稳定。

3. 主要出口市场不稳定，重点区域整体表现不佳

海南出口十大去向地中，出口增长稳定的市场很少（见表3）。除了美
国、以色列、日本、墨西哥、菲律宾等5个国家近年来基本上位于出口市场

前五（2022年菲律宾出口排名下滑至10名以外），出口新西兰和韩国占比下滑显著。出口中国香港地区占比稳步提高，其他国家占比波动显著。水产品出口明显呈现上半年高速增长，下半年持续下降的趋势，特别是2022年11月和12月同比分别下降34.60%和26.49%，将2022年出口增幅拉低至1.23%，其中美国、欧盟、以色列、东盟和日本等主要水产品市场出口均呈现下跌的趋势。拉丁美洲是海南农产品出口的重点区域，2017年出口额仅次于北美洲和亚洲，占10.14%，2022年出口占比下降到8.29%，出口额同比下降了14.97%（全国同比增长6.28%）。

表3 2022年海南农产品主要出口市场贸易额

单位：美元，%

主要经济体	贸易额	同比增长	占比
美国	265321426	-0.4	43.6
东盟	57223566	3.1	9.4
以色列	49874431	-7.8	8.2
欧盟	46695141	25.5	7.7
日本	35250019	13.9	5.8
墨西哥	35143803	-18.1	5.8
中国香港	24889994	58.9	4.1
俄罗斯	18085889	8.8	3.0
加拿大	16037203	4.7	2.6
英国	7365425	28.3	1.2
韩国	4537326	-39.3	0.7
澳大利亚	727408	24.2	0.1
新西兰	174623	-56.4	0.0
其他国家	46819070	8.3	7.7
总计	608145324		
其中：RCEP国家	97912942	3.2	16.1
"一带一路"国家	134703715	0.5	22.1

数据来源：根据海关总署（http：//stats. customs. gov. cn/）数据整理。

4. 自由贸易港政策叠加 RCEP 优势，进出口表现不同

从海南农产品贸易总量的变化趋势及时间节点来看，自由贸易港政策对海南农产品进口贸易具有重要的影响，特别是 2020 年由贸易顺差转变为逆差并逐年扩大。大量享受零关税的原料进口激增，2018 年以来，海南的卷烟、葡萄酒、宠物食品、奶粉、冻牛肉、谷物、油料等进口增长迅猛。

从出口角度来看，以来料加工和进料加工贸易方式的出口额并未大增，甚至还有所下降，特别是在利用 RCEP 规则对东盟和 RCEP 国家出口方面表现不佳。RCEP 协议生效以来，广东、云南、广西等周边省区抢抓政策优势，放大产品品牌优势，用好区位优势积极发展与 RCEP 成员国农产品贸易。海南农产品对 RCEP 成员国的出口结构相对单一，优势产品尚未形成规模，自贸港叠加优势尚未显现，将海南农产品实际出口产品与海南省商务厅编制的《RCEP 项下海南出口优势产品清单》中的产品进行比较，发现极少有清单中的产品。由此可见，海南出口 RCEP 成员国的潜力仍然很大。

四 2023年海南农产品贸易发展建议

农为邦本，本固邦宁。我国是传统意义上的农业大国，党中央历来重视农业经济建设，而农产品贸易是农业经济建设的重要环节。在消费需求持续增长和国际竞争日趋激烈的复杂形势下，保障粮食和重要农产品安全稳定供给始终是建设农业强国的头等大事，而农产品贸易的健康发展对海南自贸港建设国内国际双循环重要交汇点意义重大。

（一）抓住全球农产品贸易体系重构期，完善海南农产品贸易设计

世界百年未有之大变局加速演进，农产品贸易的政治性、经济性和外交性叠加效应日趋明显[①]，全球农产品贸易体系进入重构期。2023 年是全

[①] 韩一军：《我国农产品贸易现状、问题与对策》，《人民论坛》2023 年第 4 期。

面贯彻党的二十大精神的开局之年，也是推进海南自由贸易港封关运作的关键之年。海南高质量打造热带特色高效农业千亿级产业集群已基本成型成势，海南自由贸易港着力打造国内国际双循环的重要交汇点，需要从全局角度和国际视野审视农产品贸易的重要性，完善海南农产品贸易设计。

海南自由贸易港建设持续迈向世界最高水平的开放形态，海南农产品贸易不仅要积极参与共建"一带一路"，用好 RCEP 与自贸港政策叠加优势，先行先试 CPTPP、DEPA 等国际高标准经贸规则，成为国内农贸企业走出国门的排头兵、外商外资进入中国市场的重要门户，更好地服务和融入新发展格局，而且要以更大力度推进自由贸易港国际化建设，用好西部陆海新通道、区域航空航海枢纽建设机遇，织密空海国际交通网络，拓展国际农贸合作网络，通过海南农产品贸易加强与粤港澳大湾区等紧密联动和服务好国内 14 亿人的经济腹地发展。

（二）培育优势产业深耕潜力产业，构建多元化的农产品贸易格局

《海南省热带特色高效农业全产业链培育发展三年（2022—2024）行动方案》提出，全力打造热带特色高效农业全产业链，实现从种植养殖到加工流通，从生产服务到创新创意，从国内市场到国际市场的全方位发展。2023 年，17 个重点产业培育发展工作全面开展，海南已经形成一批具有竞争力和特色的优势产业，如芒果、文昌鸡、南繁种业等，还拥有一批有潜力的产业，如预制菜、冬季瓜菜、花卉苗木等。这些产业具有较高的附加值和市场空间，符合自由贸易港现代产业体系建设的方向，将逐步改变海南罗非鱼水产品出口一枝独秀、优势产品表现不突出、潜力产业不突出的局面。同时，海南应充分利用自由贸易港政策，加快建设现代农业园区，推动产业链供应链优化升级，发展智慧农业、绿色农业、循环农业，打造世界级农（渔）业旅游目的地，提升农产品质量和品牌影响力。海南应继续培育壮大这些优势产业和潜力产业，提高产业集中度和规模效益，增强产业抗风险能力和市场竞争力，助力它们走出国门。《海南省国民经济和社会发展第十四

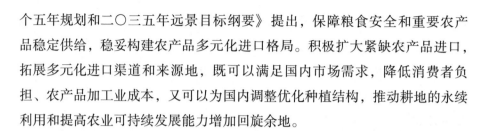

个五年规划和二〇三五年远景目标纲要》提出，保障粮食安全和重要农产品稳定供给，稳妥构建农产品多元化进口格局。积极扩大紧缺农产品进口，拓展多元化进口渠道和来源地，既可以满足国内市场需求，降低消费者负担、农产品加工业成本，又可以为国内调整优化种植结构，推动耕地的永续利用和提高农业可持续发展能力增加回旋余地。

（三）高度重视贸易平台建设，加大对龙头企业贸易主体的引进与培育力度

海南应加强平台建设，充分利用自贸港政策优势，打造一批具有国际影响力和竞争力的农业国际贸易平台。消博会、冬交会、国际种业会议等已经成为海南热带特色农产品展示交流的重要窗口和载体，应进一步提升其规模水平和品牌效应，吸引更多的境内外客商参与，促进优势农产品出口，逐步形成一批稳定的出口市场。打造数字化平台，完善平台功能和加强推广应用，为境内外客商提供便捷的信息服务和支持。应加快琼海农业对外开放合作试验区等实体化平台建设进度和提升运营效率，为境内外客商提供优质的硬件设施和软件环境。加大对龙头企业的引进与培育力度，培育一批具有国际竞争力和影响力的农业贸易主体；加大对从事农产品国际贸易、农产品流通、加工、贮藏等综合性龙头企业的引进与培育力度，为中小企业和农户提供稳定的利益联结机制和技术指导服务；加大对从事农业服务贸易、农业知识产权贸易、农业文化贸易等新型农业贸易的创新型企业的引进与培育力度，为农业国际贸易提供更多的增值空间和创意元素。

（四）利用自贸港与 RCEP 的叠加优势，深度融入全球农产品价值链

海南自由贸易港是中国对外开放的重要窗口和战略支点，也是中国参与全球经济治理和国际合作的重要平台。海南应充分利用自由贸易港的政策优势，实现农业领域的制度创新、管理创新、模式创新，为农业国际贸易提供更多便利和支持。通过建立农产品质量安全追溯体系、推进农产品标准化、

加强农产品品牌建设等方式，提高海南农产品的质量和竞争力，扭转农产品贸易进多出少的局面。同时，海南应挖掘自身的区域优势，充分发挥与东盟、非洲等地区的地缘、文化、经济联系，加强与相关国家和地区的农业合作交流，推动农业投资、技术转移、人才培训等领域的合作项目落地。加强与东盟国家在热带水果、橡胶、椰子等领域的合作交流，推动海南热带水果出口东盟市场。此外，海南通过参与国际标准制定、加入国际组织、开展多边合作等方式，深度融入全球农产品价值链，提升海南在全球农业领域的话语权和影响力；通过加入国际组织并参与国际标准的制定，提高海南农产品在全球市场上的认可度和竞争力。

（五）数字化赋能农产品贸易，推进农产品贸易形式转型升级

海南用足政策优势大力发展跨境电商、市场采购、直播带货等新型电子商务模式，利用互联网平台和社交媒体等渠道，直接对接国内外客商和消费者，拓宽农产品销售渠道和消费群体，增加农产品贸易收入，培育创新数字化业态模式，拓展农业国际贸易市场。同时，加强数字化基础设施建设，提升农产品贸易效率。海南应加快推进5G网络覆盖、物联网布局、云计算中心建设、区块链平台搭建等工作，为农业国际贸易提供高速、稳定、安全的信息传输和数据存储服务。通过推动智慧海关、智慧检验检疫设施等建设，利用大数据分析、人工智能识别等技术优化通关流程和监管方式，提高通关效率和便利度。

海南应积极探索数字化贸易、数字化服务等新型贸易模式，利用数字化技术和手段，提供农业技术、知识、信息、咨询等服务，实现农业国际贸易的附加值提升和创新驱动。推进农产品贸易从单一的商品交换向综合性的服务交换转变，从低端的原料供应向高端的品牌输出转变，从传统的低效方式向现代的高效方式转变，提升农业国际贸易的质量和水平，提升农业国际贸易竞争力。

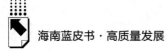

参考文献

中国建银投资有限责任公司投资研究院《投资蓝皮书：中国投资发展报告（2023）》，社会科学文献出版社，2023。

B.4
以数字化助推海南旅游产业
高质量发展报告

张贝尔　贾艳*

摘　要： “数字+旅游”模式在促进旅游产业供给重组、旅游产品迭代升
级，以及从平面走向立体、从单一走向整合等方面发挥积极引领
作用。依托“互联网+”，电子布局、数字经济、虚拟现实以及
新型的智能元素将对旅游市场主体形成助推效应，从思维观念、
社会价值、多元行为等方面浸入旅游产业供给链，从而改变旅游
产业消费模式，实现旅游产业高质量发展。本报告立足海南，经
过对数字旅游政策梳理、国内外经验借鉴、产业发展现状分析
等，提出完善多技术手段赋能旅游产业高质量发展的共享基础，
优化多场景构建扩增旅游产业高质量发展的共荣资源，实现多渠
道营销扩大旅游产业高质量发展的共需平台，推动多主体参与形
成旅游产业高质量发展的共治智慧，实现数字旅游“主体—场
景—效果—技术”四维度融合对策。

关键词： 数字化　旅游产业　高质量发展　海南省

党的二十大报告指出，“高质量发展是全面建设社会主义现代化国家的
首要任务”，《“十四五”旅游业发展规划》明确指出，做强做优做大国内旅

---

* 张贝尔，博士，海南省拔尖（D类）人才，海南省行政区划论证专家，海南师范大学旅游学
院副教授、硕士生导师，主要研究方向为数字旅游、乡村旅游、康养旅游；贾艳，海南师范
大学旅游学院硕士研究生，主要研究方向为数字旅游、康养旅游。

游市场，加快推进以数字化、网络化、智能化为特征的智慧旅游，深化"互联网+旅游"，这对以数字化助推旅游产业高质量发展提出新的更高要求。作为海南主导产业之一，在新发展阶段，高质量发展理念将贯穿旅游产业的全产业链和各业态。实现海南旅游产业高质量发展，从量的提速增长到质的变革都离不开数字化的保障和支撑。因此，以数字化重塑旅游产业，推进数字产业化和产业数字化，以数字化整合旅游资源、突破产业边界、优化服务体验、实现数据驱动、助力旅游决策，从而加速治理变革是实现旅游产业高质量发展的重要途径。

一 以数字化助推旅游产业高质量发展的政策分析

（一）政策顶层设计

随着我国经济的转型升级，数字经济提振加速，驱动多产业融合升级，也助力旅游全产业链发展新突破。近年来，海南数字经济市场主体数量不断增加，产业规模不断扩大，数字经济成为全省首个营收千亿级产业，是海南经济高质量发展的重要抓手。"数字+旅游"模式在促进旅游产业供给重组、旅游产品迭代升级，以及从平面走向立体、从单一走向整合等方面发挥积极引领作用。

自1998年"数字地球"概念提出以来，数字化对旅游产业发展所产生的技术溢出、知识溢出和治理赋能等积极效应日益显现。根据《2022年全国旅游市场服务质量提升报告》，全国各省级旅游服务质量提升领导小组基本以落实《文化和旅游部关于加强旅游服务质量监管提升旅游服务质量的指导意见》作为2022年度工作要点，以数字旅游形式加速推进旅游产业高质量发展。2022年，由文化和旅游部资源开发司、国家发展和改革委员会社会发展司联合发布的《智慧旅游场景应用指南（试行）》要求，通过拓展场景应用加快推进数字旅游发展，并从信息发布、预约预订、交通调度、旅游停车、游客分流、导览讲解、沉浸式体验、酒店入住、旅游营销、安全监管等十个方面提出要在旅游服务、旅游营销、旅游主体管理等方面推动数字旅游的纵深发展。

1. 旅游产业数字基础设施方面的政策

数字地球平台作为数字旅游的基础，是以旅游信息作为核心，充分利用各类科学技术，如计算机网络技术、3S 技术（RS 遥感技术、GPS 全球定位系统、GIS 地理信息系统）、虚拟现实技术、多元数据库技术等，对旅游景区的地理信息、旅游线路、重要景点信息、旅游基础服务设施进行数字化和信息化处理，实现旅游管理层级、旅游服务层级和消费者层级信息互联互通、资源共享共治、产业互帮互助等多方共赢的局面。

从国家政策支持角度来看，2015 年 1 月，国家旅游局印发《关于促进智慧旅游发展的指导意见》，强调要夯实智慧旅游发展信息化基础，建立游客信息服务体系，建立智慧旅游管理体系，构建智慧旅游营销体系，推动智慧旅游产业发展。《新一代人工智能发展规划》的提出表明，依托数字化技术改善传统旅游业，是实现国家旅游产业效率提升的必经之路。新技术的发展将推动人类社会步入新的历史阶段，旅游行业也将迎来新的发展机遇。2018 年，中央经济工作会议首次提出"建设新型基础设施"的概念，强调要加快建设新型基础设施。

2. 旅游产业数字服务方面的政策

2020 年 11 月，《文化和旅游部关于推动数字文化产业高质量发展的意见》（文旅产业发〔2020〕78 号）提出，推进数字经济格局下的文化和旅游融合发展，以文塑旅、以旅彰文，促进文化产业与数字经济、实体经济深度融合。2022 年 5 月，中共中央办公厅、国务院办公厅印发的《关于推进实施国家文化数字化战略的意见》将"融合发展、开放共享"作为基本原则之一，从加强数字文化企业与旅游企业对接合作、促进数字文化向旅游领域拓展、支持文化场馆和景区景点开发数字化产品等方面，以数字化推动文化和旅游融合发展，拓展文旅融合的数字化新阵地，实现更广范围、更深层次、更高水平的融合。

3. 旅游产业数字营销方面的政策

《2021 中国旅游业发展报告》指出，要推动以"一码游、一机游"为代表的目的地智慧旅游平台的发展，以科技创新提升疫情后旅游服务质量和推动旅游行业复苏回暖。面对社会日新月异的发展，物联网、云计算、人工智能等现代化信息技术的不断更新，数字化必将成为各个行业发展的趋势。

2021 年，国务院印发的《"十四五"数字经济发展规划》明确提出，要开展新型文旅服务，利用数字化技术推动文化和旅游融合发展。通过深化人工智能和虚拟现实等技术的融合，促进旅游消费的品质升级，推广智慧导览、智能导流、虚实交互体验、非接触式服务等应用，增强场景消费体验。2021 年 7 月，为实现 5G 赋能更多产业，推动经济社会转型升级，包括文化和旅游部在内的十部门联合印发《5G 应用"扬帆"行动计划（2021—2023年）》，提出突破数字内容关键共性技术，打造增强现实/虚拟现实业务支撑平台和云化内容聚合分发平台，推动与 5G 结合的社交、演播观影、电子竞技、数字艺术等互动内容产业发展，推动景区、博物馆等旅游产业主体发展线上数字化体验产品，打造沉浸式文化和旅游体验新场景。

4. 旅游产业主体治理方面的政策

2019 年，《国务院办公厅关于进一步激发文化和旅游消费潜力的意见》（国办发〔2019〕41 号）指出，要丰富旅游产品供给，推动景区设备更新换代、产品创新项目升级，推进"互联网+旅游"，强化智慧景区建设，发展基于 5G、超高清、增强现实、虚拟现实、人工智能等技术的新一代沉浸式体验文化和旅游消费内容。2020 年 11 月，《关于深化"互联网+旅游"推动旅游业高质量发展的意见》（文旅资源发〔2020〕81 号）指出，要加快建设智慧旅游景区，创新旅游公共服务模式。坚持新发展理念，以供给侧结构性改革为主线，推动旅游生产方式、服务方式、管理模式创新，丰富旅游产品业态，拓展旅游消费空间，培育适应大众旅游消费新特征的核心竞争力，推动我国旅游业高质量发展。

国家以数字化助推旅游产业高质量发展的政策实施及调整见图 1。

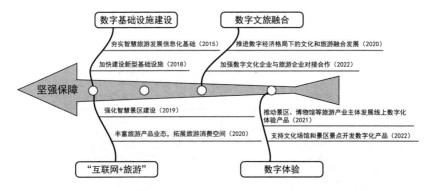

图 1　国家以数字化助推旅游产业高质量发展的政策实施及调整

（二）海南的政策实施

海南自然风光秀美，人文风情独特，是我国主要的旅游目的地之一，岛内具有丰富多元的海滨浴场、温泉雨林、民俗文化等特色旅游资源。2020年 6 月，《海南自由贸易港建设总体方案》发布，标志着海南自贸港建设全面启动，为海南旅游发展带来新机遇、新动力。2021 年 11 月，海南省人民政府印发了《海南省"十四五"建设国际旅游消费中心规划》，指出改善信息消费环境，激发信息消费市场主体活力，建设宜居、宜游的智慧旅游大环境，打响海南国际智慧旅游岛品牌。升级"一部手机游海南"，推广应用"智游海南"App，打造海南统一旅文品牌入口。2022 年 7 月，《海南省政府数字化转型总体方案（2022—2025）》提出，建设国际旅游消费服务系统、全域旅游行业监管服务系统，强化海南自由贸易港旅游消费大数据监测与应用，拓展以游客体验为核心的融合服务消费新场景、新体验（见图 2）。

综合来看，海南在数字化赋能旅游产业高质量发展方面的政策主要聚焦以下几个方面。一是革新旅游产业数字营销模式。通过旅游产业主体引入先进的数字技术，通过数字技术在多数字平台的营销推广，实现消费引流、消费分流、消费导流等营销策略，通过获得消费者的行为偏好、实时关注、浏览动态等信息，开展对旅游产业供需的实时响应、精准匹配，以及个性服务甚至定制订单，从而实现全流程、多角度、强引流的营销模

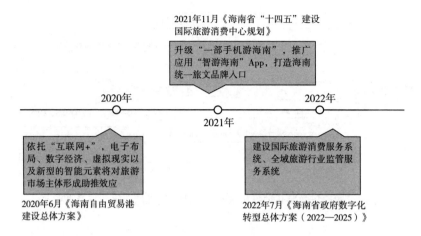

图2　海南以数字化助推旅游产业高质量发展的政策

式，进一步提高消费者的关注度、参与度和满意度。二是创新旅游产业数字服务体验。旅游产业主体通过增强现实、虚拟现实、红外热成像、GIS地理信息系统、人工智能等数字技术营造多元化、可视化的旅游场景和旅游体验，提供丰富的旅游产品和服务，满足消费者数字感官体验，促进新业态、新产品和新消费需求的增加。三是整合旅游产业资源，实现跨域产业发展。数字化助推旅游产业发展的政策可以推动旅游企业加强资源整合，实现旅游供应链、产业链的优化和协同发展。通过数字化手段，旅游企业可以更好地整合资源，提升旅游产品和服务的品质，推动旅游产业的高质量发展。

2023年发布的《数字中国发展报告（2022年）》显示，2022年海南省数字化综合发展水平在全国31个省（区、市）中排第22名，名次较2021年提高3名。虽然近年来海南围绕数字旅游产业各领域出台较多支持政策，也取得较大进展，但与旅游数字化发达省份还有差距，旅游产业智慧化布局还有一定的发展空间。2022年4月，广东在粤港澳大湾区出台首个元宇宙专项扶持政策《广州市黄埔区、广州开发区促进元宇宙创新发展办法》，推动组建元宇宙产业联盟，将"元宇宙+鼓浪屿"等特色应用场景落地，打造具有黄埔特色的元宇宙标志性场景、元宇宙关键共性技术和通用能力的价值创新与公共服务平台。① 2022 年 12 月，浙江出台《浙江省元宇宙产业发展行动计划（2023—2025 年）》，坚持由虚向实的发展导向，站在扩展现实、数字孪生和区块链等产业布局的变革前沿，打造淳安县"千岛湖·梦之岛"的旅游乐园元宇宙概念项目，成为打造增强现实、虚拟现实、扩展现实和混合现实的典型范例。

二　国内外经验借鉴

（一）发达国家文旅产业数字化研究现状

数字旅游营销平台构建方面，国外平台以全球化、集约化和个性化为主要特征，深度切入细分市场，形成完善的数字旅游行业布局。全球较大的在线旅游平台（OTA）中，Trip Advisor 充分挖掘全球数据资源，在全球 49 个市场设有分站。Priceline 和 Home Away 均以数字旅游差异化为典型特征。Priceline 采取客户反向定价模式，特色鲜明，造就品牌。而 Home Away 进军细分市场，着眼于假日房屋租赁在线服务，在全球 190 个国家拥有超 50 万个假日租赁房源。

欧美国家正在经历一场由高新科技所带来的革命，推出数字化特色服务，美国著名的 Google Earth 对旅游资源、统计信息的数字化管理起到助推作用，可以开发满足用户特定需求的数字景区平台，实现旅游信息的发布与共享。欧洲推出的 VISTA-AR 基于系统化文本分析了增强现实以创造与其期待相符的体验，为游客体验与商业模式注入新的内容。Europass 欧洲通过打造线上商城，为近百家旅游企业及政府机构提供一站式数字化营销方案，使中国游客在境外也可以使用熟悉的电子支付，有效提高旅游信息化服务质量。

---

① 《2022 年广东省超前布局元宇宙，打造数字经济发展新高地》，"创孵猫"百家号，2022 年 8 月 31 日，https：//baijiahao. baidu. com/s？id＝1742215325710897089&wfr＝spider&for＝pc。

（二）发展中国家文旅产业数字化经验借鉴

除发达国家或地区外，具有代表性的发展中国家在数字旅游发展中也具有独到经验。许多发展中国家利用本国的文化资源和市场规模优势推动外部交流与公私合作，数字旅游产业发展水平已有显著提升。

亚太地区互联网普及率较高，在数字网络建设、数据多样化利用等方面取得较大突破。印度尼西亚是本土与外部合作建设数字平台的典型。印度尼西亚已经创建了自己价值数十亿美元的科技平台、本土"超级应用程序"以及众多科技初创公司。拥有世界上增长最快的电子商务市场之一，预计到2030年价值将达到3600亿美元。而巴西是拉美地区旅游业发展的领头羊，数字旅游推广模式呈现市场化、专业化的特点。巴西旅游部门实施"旅游城镇化"。在城镇建立完善的旅游服务系统，组织旅游培训、产品开发和促销活动，同时技术化处理现有资源或进行生态规划，重视旅游资源保护和生态文化的可持续发展。

三 以数字化助推海南旅游产业高质量发展的现状

（一）旅游产业行业发展现状

随着疫情防控政策调整为"乙类乙管"，正在经历重要转折的中国旅游业，无论是供给侧还是需求侧，都迎来了全面复苏。据中国旅游研究院（文化和旅游部数据中心）发布的《中国出境旅游发展年度报告（2022—2023）》，2020~2022年，中国出境旅游人数累计减少4亿人次，出境旅游受损严重。[①] 而根据《2022年中国旅游经济运行分析与2023年发展预测》（中国旅游经济蓝皮书No.15），2022年全国旅游经济运行综合指数

---

① 《中国发布 | "乙类乙管"后中国旅游业回暖，恢复至疫情前水平尚需时日》，"中国网"百家号，2023年1月19日，https://baijiahao.baidu.com/s?id=1755442986956698369&wfr=spider&for=pc。

（CTA-TEP）总体位于临界值以下，2020 年第一季度为 2015 年以来历史最低（因新冠疫情实施静态管理），2022 年第三季度数值为 85.59，为 2022 年全年最低。2022 年居民出游意愿指数整体呈上升趋势（见图3）。[①]

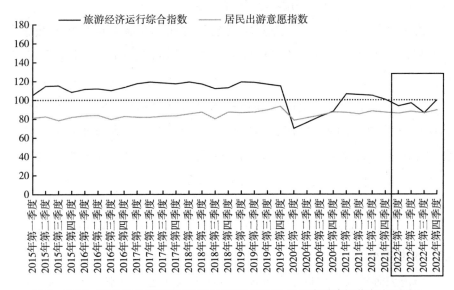

图3 2015~2022 年全国旅游经济运行综合指数及居民出游意愿指数（季度）

资料来源：《2022 年中国旅游经济运行分析与 2023 年发展预测》，中国旅游研究院（文化和旅游部数据中心）网站，2023 年 2 月 21 日，http：//www. ctaweb. org. cn/cta/gzdt/202302/87d263c6c80143059ebd91fe3ed430ad. shtml。

（二）海南旅游产业数字化发展现状

海南省级层面旅游产业数字化建设方面。海南现已建成的网站有海南省旅游和文化广电体育厅网站（即阳光海南网）、海南体育信息网等，其中阳光海南网在 2022 年全省政务公开和政府网站评估中荣获省政府直属单位第一名。海南已介入文旅部的全国旅游监管服务平台、电子行程综合服务平

---

① "旅游统计"，海南省旅游和文化广电体育厅网站，2023 年 6 月 20 日，http：//lwt. hainan. gov. cn/ssi/search. html？searchWord＝％E6％97％85％E6％B8％B8％E7％BB％9F％E8％AE％A1&siteId＝42&pageSize＝10。

台、全国导游资格考试网上报名系统等，已建有海南全域旅游监管服务平台、海南省旅游文化体育节庆活动管理系统以及由腾讯云打造的海南全域旅游公共服务系统（即"智游海南"App），主要从游客角度出发，通过行前、行中、行后三大方向为游客出行提供参考。

海南市县级层面旅游产业数字化建设方面。在旅游信息化和数字旅游发展进程推动下，海南各市县纷纷开展对旅游产业的数字化平台管理，比如，海口市建设的城市大脑旅游板块、陵水县旅文局建设的大数据中心以及三亚市旅文局建设的大数据展示分析可视化平台和三亚市城市大脑项目一期建设中的智慧旅游监管服务平台、屯昌县和万宁市旅文局建设的全域旅游大数据平台、五指山市建设的旅游大数据平台等。各市县的智慧旅游平台相互独立、各自为营，大部分还尚未建立自有管理和服务平台。而已建成的市县管理和服务平台之间存在既无法与上级平台进行数据共享和互联的问题，也存在介入端口无法统一、数据介入和数据获取困难等问题。

海南旅游景区数字化建设方面。根据中国联通（海南）创新研究院撰写的《海南省"互联网+旅游"智慧旅游调研报告》内容，调查覆盖的海南6家5A级景区可实现监控摄像头覆盖率达80%以上，有独立机房、分时预约系统（已与省级分时预约系统打通）、容量公布渠道、内部引导标识、信息发布大屏、自媒体、短信推送服务、第三方交易平台、直销分销系统、移动端交易平台、多语种网站、网络广告、手机导游导览系统、电脑触摸屏、全景图与导览图等数字管理方式，但部分5A级景区仍然缺少手机WAP网站、触发系统、在线旅游咨询、在线活动推广、与第三方OTA合作、智慧广播等数字功能，整体来说信息化和数字化建设较为完善。相对而言，调研覆盖的海南20余家5椰级乡村旅游点的信息化建设还存在较大发展空间，仅有8家与第三方建有交易平台，7家建立直销分销系统，7家建有移动端交易平台，2家建立手机导游导览系统，数字化程度整体偏低。对照国家智慧景区标准要求，海南数字景区的物联网感知设施、智能机器人、虚拟排队、全息互动投影、球（环）幕产品、数字博物馆（展览馆）等还存在较大差距。①

海南专项资金扶持智慧景区建设方面。为充分发挥财政资金的激励和撬动作用，根据《海南省旅游业疫后重振计划——振兴旅游业三十条行动措施（2020—2021年）》相关内容，海南省旅游和文化广电体育厅于2020年6月印发了《海南省重点产业发展专项资金（旅游产业）使用实施细则》，其中"创优评级奖励"就包括"对5A、4A、3A级旅游景区新投入的智慧旅游项目给予投入资金30%的补贴，最高不超过200万元"的政策支持，成立了海南省重点产业发展专项资金（旅游产业）。仅2020年和2021年两年间就进行了4批次的奖补，包括9家景区，其中5A级景区4家，4A级景区3家，3A级景区2家，共发放685.75万元奖补资金。海南槟榔谷黎苗文化旅游发展有限公司、蜈支洲岛旅游开发股份有限公司、海南呀诺达圆融旅业股份有限公司、海南春光食品有限公司、海南南山文化旅游开发有限公司、文昌华侨城文化旅游发展有限公司等均在奖补名单中。在该实施细则的鼓励和支持下，海南各景区积极申报3A级及以上景区。作为景区星级评定中的关键因素，景区智慧化、信息化建设也将得到进一步重视和加强。②

（三）Z世代旅游消费行为分析

作为在全球科技互联、社交媒体兴起、消费升级等数字环境中成长起来的新时代旅游消费者，Z世代见证了中国数字旅游产业高速发展的阶段。Z世代也被称为"网生代"或"互联网时代"，是指受数字信息技术、即时通信设备等影响较大的1995～2009年出生的人群。据国家统计局2018年数据，中国大陆在此期间出生的人口总数约为2.6亿。根据环球旅讯整理而成的1990～2019年全国居民可支配收入统计数据（见图4），Z世代在旅游消费模式上更加偏好从OTA完成旅游预订行为，近59%的Z世代预订会选择

---

① 中国联通（海南）创新研究院：《海南省"互联网+旅游"智慧旅游调研报告》，2022年3月。
② 中国联通（海南）创新研究院：《海南省智慧景区建设应用调研报告及发展建议》，2022年12月。

携程、美团、去哪儿等大型 OTA 网站，这超过线下直营旅行社和第三方机构等的选择人数占比。而近 10% 的消费者还会通过各类"种草平台"，如小红书、抖音、快手、淘宝等开展流量的转化和分销。旅游攻略、旅拍是 Z 世代最喜爱的旅游附加服务产品，而超过 70% 的旅游消费者热衷于分享旅行经历，这成为 Z 世代又一群体共性特征。

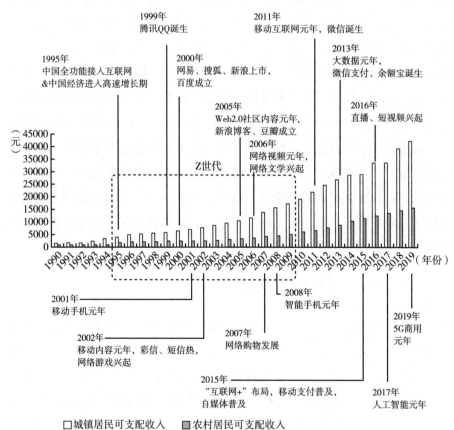

图 4 1990~2019 年全国居民可支配收入及关键节点

说明：环球旅讯绘制，有改动。

资料来源：国家统计局。

四 以数字化助推海南旅游产业高质量发展中存在的问题

（一）旅游产业数字基础设施建设仍有待完善

一方面，海南数字旅游发展既面临国际竞争激烈等情况的宏观挑战，又存在信息安全等现实问题。根据《海南省信息通信业月度网络安全态势分析报告（2022年第12期）》，海南省重要信息网站或系统被攻击情况未见明显改善，部分政府网站或系统存在被攻击的痕迹，2022年12月，共监测发现我国大陆地区2512489个IP地址对应的主机被其他国家或地区通过木马程序秘密控制，海南省IP共有10744个，占比0.4%。虽然互联网安全防护和危机处理水平显著提升，但根据国家计算机网络应急技术处理协调中心检测结果，全省仍存在木马或僵尸程序植入、网页篡改、飞客蠕虫感染、后门网站植入等问题。

另一方面，海南省级智慧旅游平台建设需大幅提质提速。全国各省（区、市）各地都在"十四五"规划中将数字旅游、智慧旅游当作旅游坚持创新驱动发展的首要路径，如上海打造"国际数字旅游之都"，全方位打造旅游数字新场景、培育全旅游产业链条、赋能旅游治理和服务新模式。而作为海南四大主导产业之一的旅游业则更亟须在省级层面建立全方位、多功能的数字旅游管理和服务保障体系。虽然《海南省重点产业发展专项资金（旅游产业）使用实施细则》"对5A、4A、3A级旅游景区新投入的智慧旅游项目给予投入资金30%的补贴，最高不超过200万元"的奖补鼓励，但与全域数字景区、全岛数字旅游的全域旅游示范省的目标还存在差距。各市县已建立的旅游平台功能参差不齐，信息共享和互联功能实现程度有待提升，旅游公共信息采集渠道单一，与交通、气象等部门的数据有效深度整合还需进一步推进，用户端建设水平仍存在较大提升空间。

（二）旅游消费需求供给的场景构建不足

学术界较早前已对数字旅游塑造体验感知开展研究，但在疫情和体验经济的共同作用下，数字旅游高质量发展仍然面临新的局面和新的路径。第一，智慧旅游点建设创新性不足。中国联通（海南）创新研究院曾对全省55个旅游景点开展调研，发现海南省80%的调研地点设有数字旅游相关软硬件，且等级越高数字旅游建设程度越高。但是，调研也同样发现，数字景区的深度应用创新性不足，如实时调控流量分布、精准语境和科学导流、业态信息化处理、智能应急管理等都存在应用不足和设备陈旧等问题。第二，海南数字旅游的线路设计及旅游产品推广的同质化程度较深，数字技术应用水平相差不大，虽然"一村一品"的旅游产品特色突出，但通过数字化为旅游产业赋能体现经济价值的渠道较少，附加值体现程度不高，数字旅游产业的自身"免疫力"还有待提升。第三，缺乏有针对性、一站式、多维度的数字旅游全流程产业链平台。虽然海南推出了"智游海南"App，但数字资源整合力度不足，整体性战略规划设计水平还有待提高。第四，数字旅游产品在服务品质、规模布局和特色推广等方面还存在明显不足，游客感官体验还需要增强，缺乏可以融合环境生态、人文历史、农村社会等多方面的旅游产业数字综合体，无法形成样板型示范效应。

（三）旅游产品数字化营销模式不够多元，缺乏构建用户画像的精准定制

一方面，缺乏对游客需求的重视，很多旅游项目在产品设计、管理和服务方面没有根据游客实际需要和偏好进行制定，缺乏定量和定性的需求数据和对游客的调查和反馈机制。另一方面，很多数字旅游项目采用同样的方式投放广告开展营销，OTA引流同质化、关键词设定相似化、数字画像模糊化、营销投放大众化等问题较为突出。缺乏对客源地市场和客户画像的定制营销方案，在数字旅游产品规划设计、资源整合和服务提供方面往往呈现出异地相似性的现象，缺少新颖的、独特的、针对不同用户群体的旅游体验点。

（四）数字旅游产业主体独立发展，集群化程度较低

调研中发现，海南旅游产业主体 90% 以上已采用数字化形式开展经营和管理，但开展数字旅游较好的产业主体多数集中在旅游景区、旅游酒店和旅行社，开展方式是加入旅游数字营销平台，由平台对产业主体开展产品推广和宣传，这会导致以下结果。第一，各主体之间缺乏协同效应，适用数字化程度不一，数字旅游产业无法形成规模效应和协同效应，在提供旅游服务时难以形成合力，如南海博物馆对藏品的数字化展现形式较为丰富，能够立体化展示当时的历史环境和人文面貌，而部分地区展览展示馆与数字化结合程度较低，将游客带入特定场景和情境的体验感知度不高。第二，数字旅游产业主体独立发展，导致资源分散，难以形成集中优势，资源也无法得到有效整合，难以形成竞争优势。第三，个体发展、单兵作战的独立推广模式，无法有效把握市场需求和竞争态势，从而错失市场机遇，影响产业竞争力提升。第四，丰富多元化的数字旅游产业形态能够全面塑造消费者的感官体验，满足消费者不同层次的需求，但在海南旅游产业发展进程中，数字化旅游产品与消费者体验耦合程度偏低，高质量数字旅游体验因价格昂贵很难在旅游产业全面覆盖，产品研发和推广体系均有待完善。

五 以数字化助推海南旅游产业高质量发展的
对策建议

在"数字+"和"旅游+"的时代，利用 5G、大数据、云计算、GIS 地理信息系统、红外热成像、物联网等技术推动旅游产业高质量发展已是大势所趋。在旅游产业数字化转型中，对于"量"和"质"的把握和研究都至关重要。面对数字旅游基础设施不完善、旅游服务场景化不足、旅游营销模式单一以及数字化主体单兵作战、资源仍需进一步整合等问题，还需要数字化途径加以深化解决。

（一）完善多技术手段，赋能旅游产业高质量发展的共享基础

当前，海南省旅游产业数字化发展速度较快，为保障和支撑旅游产业数字化高质量发展，还需从以下两个方面持续深化。

一方面，稳固海南旅游产业数字技术精细化治理基础。从数字基础设施的千兆光网、5G网络、高品质无线局域网升级到具备多层次算力的供给体系，从大力提高互联网应用服务能力如从CDN扩容及智能改造到CDN节点部署，以及完善物联感知体系等多方面开展全面优化和升级，实现海南全域旅游监管服务平台精细化管理及快速响应。

另一方面，利用海南环岛公路及驿站项目打造旅游数字驿站、智慧驿站，形成具有旅游服务、特色旅游产品营销、旅游线路展示、旅游文化传播等职能的综合性旅游服务数字基地。旅游驿站作为旅游公路的补充，通过整合周边景区景点、古城小镇、乡村田野、山林湖海等旅游资源，可形成具有辐射带动效应的综合服务平台。作为拉近城乡二元架构的实体载体媒介，环岛旅游数字驿站能够有效集聚人流、物资、技术等各类要素，成为城乡资源要素的交互载体，促进城乡资源要素双向流动。同时，也是对游客分流和引导的重要平台。因此，可根据各公路及驿站所处地区旅游资源特点，尤其是差异化的乡村旅游资源，整合周边景域特色、发扬传承民风民俗，通过建设智能服务机器人、无人服务技术、"一机游驿站"等数字化设施和技术，提供云端预览、旅游场馆预约、数字导览地图、基于虚拟现实技术的人机对话工具提供仿真体验、民风民俗展示、乡村旅游产品掌上订购等数字化展现形式，实现电子导览、游客分流、文化展示等功能，推动建成城乡客流引流、分流的陆上交通枢纽，整合乡村旅游场景避免碎片化，提升城乡数字治理智慧化水平，打造多元化、可视化、远距离的海南环岛公路旅游的数字名片。

（二）优化多场景构建，扩增旅游产业高质量发展的共荣资源

数字旅游的快速发展进一步创新产业边界与产业形态，在扩容增量、特

色发展的同时，应优化旅游产业供需结构，赋予旅游产业新的生命力。为实现自贸港旅游产业高质量发展，须利用数字化形成旅游产业资源高价值输出形态。

利用增强现实、虚拟现实等数字技术塑造多元化旅游场景，促进数字旅游以主体带动的点状发展。根据海南入境旅游客源数量，在旅游目的地城市设置旅游数字平台虚拟体验店，通过数字平台形式带动本地区内旅游资源传播主线发展，并通过地区主线覆盖各区域旅游业态展现面，从而形成数字旅游资源矩阵。游客可借助数字化智慧媒介，获得实时在线旅游体验，将消费升级趋势引入数字旅游发展框架，同步与环岛公路旅游数字驿站实现城乡联动，生动再现景区风貌、城乡景观相互映射，展现可视化、预览化、融合化的城乡旅游场景。

加速对海南民俗旅游、乡村旅游、生态旅游、森林旅游、田园旅游、红色旅游、文博旅游等旅游业态实景与数字媒介的结合应用。坚持以数据为轴，贯穿旅游产业全流程、全业态、全产业链。从对自贸港入境消费群体的精准画像开始，通过基于位置的服务（LBS）、自动定位、景观识别、人机交互等数字技术开展场景式推送，提高私域流量转化度。以更好满足消费者需求为目的，在设施服务、情境体验以及项目设计上植入物联网、大数据等数字形式，以"物联网+旅游商品""数字化+特色产业"等形式呈现，因地制宜打通以数联旅、以数通旅的产业融合发展壁垒，增强海南数字旅游场景多渠道传播的外溢和渗透效应。

（三）实现多渠道营销，扩大旅游产业高质量发展的共需平台

自《2021中国旅游业发展报告》提出推动以"一码游、一机游"为代表的目的地智慧旅游平台的发展以来，全国各地纷纷开展一站式数字旅游平台建设。"一部手机游云南"作为代表始终引领掌上旅游风向。海南推出的"智游海南"App已于2022年上线，但用户的注册量、参与度、活跃度始终较低，旅游主体注册量较少，销售成单率低，数字化应用程度不够，现有利用率不足，从长远看这是对"智游海南"App平台的资源弱化和浪费。

一是在"智游海南"App平台基础上，融入旅游跨境电商专业板块，吸纳更多旅游跨境电商主体进驻平台，以跨境销售旅游产品的模式实现平台流量导入，构建多功能、多渠道、一体化的海南旅游服务平台。要从B端和C端共同构建全渠道旅游目的地营销体系。从建立新媒体运营平台入手，加强对"智游海南"App平台内容传播落点及内容形态的联动发布，并以社区互动的形式优化旅游目的地相关话题炒作、粉丝互动、流量互换等，深度立体展现各个旅游目的地，突出知名景区的亮点，实现旅游品牌IP塑造和营收增长点新增。

二是实现"智游海南"App旅游服务综合平台的IP塑造。整合各方资源，加强平台宣传，形成旅游产业集聚的联动品牌矩阵，全方位打造自贸港旅游服务和跨境电商一体化平台。

三是以"智游海南"App为依托，全面深化旅游产业集聚对联动品牌矩阵形成的推动作用。从B2B来看，"智游海南"App是旅游产业集聚的一站式数字旅游平台，是将自贸港旅游产业各主体的核心优势经过主动优化、选择搭配，以最合理的结构形式呈现出优势互补的有机体，是能够及时弥补信息缺陷、调整旅游信息的新型交互平台。从B2C与C2C来看，涵盖旅游消费终端的一站式数字平台的形成势必伴随互联网触及世界各个角落，纵横交错的信息流通结构也会从传统的产业单项流通模式转向立体模式。消费终端将取代中间商直接与上游进行对话与合作，形成自主个性化的联动方式。解决信息不对称、信息封闭等问题，减少渠道成本的同时，也将吸收更多上游主体融入，扩展文旅市场业态多样性，增强终端感知体验并拓宽消费渠道。

（四）推动多主体参与，形成旅游产业高质量发展的共治智慧

相较于传统的旅游管理模式，数字旅游建设可以打造兼具数据开放和流动的旅游主体治理共同体，跨越地域空间的阻隔，将分时、分地、分散的旅游治理目标全面联结，形成多元主体"共同在场""公共交往"的治理模式。

一是以"智游海南"App 平台为基础，以旅游资源和环境为条件，以塑造自贸港旅游意象和应用场景为支撑，在多主体应用前提下强调数字旅游开发的受益主体地位，旨在构建稳定的"共谋共建、共通共助、共享共治"多中心治理结构体系。依托"智游海南"App 增设文旅大屏，以驾驶舱形式精准开展景区吸引力分析、区域交通出行分析、景区热度分析，以及景区品牌推广、专题活动宣传、游客群体精准营销、融媒体宣传、游客数据监测、游客行为追踪、舆情监测投诉管理、应急信息发布等应用，全面提高旅游体验感知、旅游产品创新、旅游景区运营、旅游安全保障、旅游目的地营销等方面的精准治理效率。

二是加速海南城镇—乡村之间物流、人流、信息流、技术流等双向流动，打破传统地域的封闭格局，改善城乡社会关系结构，促进政府、旅游资源开发企业、旅游产品供应企业、旅游批发商和代理商、旅游电商平台、广大消费者等多元主体的共同合作。在"具化应用"基础上增加对信息数据的共享、分析和反馈功能。一方面，便于监管部门进行实时监控掌握具体动态，并在网络舆情、网络预警、电子围栏、安全与卫生控制等多方面实现同步跟踪和处理。另一方面，便于旅游节点内部的自我管理，从而实现客流管制、景点调控、舆情预测等功能。

三是建立数字旅游产业建设先行示范区，以先进带动落后，旨在改善海南各地在获取并使用信息和通信技术方面不平等、不均衡的状况。当前，海南不少区域的旅游主体还存在数字贫困问题，区域间数字资源和信息交流还不够充分。可借鉴濮阳濮水小镇建设的成功经验，打造极具海南本土特色的智慧小镇。通过科技赋能创造丰富的旅游场景，推动新技术、新模式、新业态在旅游场景的创新发展和应用，基于海南地域空间层面的联动融合，围绕旅游资源，打造如"疍家数字文旅基地""文昌数字航天小镇""海澄文慢生活数字社区""半岭康养数字诊疗集散地"等系列化、差异化、特色化的数字发展区域，在"一村一品"基础上形成"一镇一特色、一镇一主题、一镇一产业"的数字发展格局。这既是各市县共享"数字红利"实现经济一体化发展的需要，更是构建文化与生态共同体的价值引导。

（五）实现数字旅游"主体—场景—效果—技术"四维度融合

从"主体—场景—效果—技术"维度，将旅游资源的应用场景与乡村社会结构、特色景域、民俗文化、产业经济、生态结构等要素相结合，通过构建虚实结合的旅游场景，实现旅游资源的深度开发和利用，以追求稳定性、公正性，寻求与传统治理理念和价值冲突的相适性为目的，达到共享、共治、交互和整合的目的。

在经济价值方面，要重点关注数字旅游的整体体验性，而非单一卖点，任何一个环节的不足都可能会造成客户流失。数字旅游产品设计—制造—营销—服务—售后等环节，每一个与客户的接触点都存在贯彻优质体验、引导消费的机会。要精心设计数字文旅的接触点，竭力保证客户获得良好的消费体验，深入研究数字旅游在推动游客在线上体验以及实地体验过程中扩大消费等方面的经济价值。

在溢出价值方面，要侧重于分析数字旅游对体验经济所形成的知识溢出价值、技术溢出价值，进而推动体验经济发展水平的全方位提升。知识溢出价值有助于乡村文旅产品形成品牌联动，如李子柒现象，进而实现旅游品牌IP 塑造，增强文化认同。技术溢出价值有助于加强体验和交互，加速全息投影、直播、围观速录、电子营销等数字技术的试点和体验，实现与消费终端的零距离接触。因此，溢出价值在"人人都是自媒体"的数字时代显得尤为重要，往往成为价值塑造体系的主要内容。

在管理价值方面，管理价值始终贯穿于政府监管—行业互查—企业自查—消费监督等环节，是数据舆情和危机处理的重要依据和保障支持。

在服务价值方面，研究乡村文旅对体验经济下服务能力的提升作用。如对数字文旅所形成的数字资源的深入分析，提炼出旅游消费者的个人属性、性格特点、兴趣价值取向等；通过有效的分类提高服务的水平和层次，促使各个文旅节点不断互动重组形成竞争性互补关系；优化产业结构，为消费者加强消费动态匹配，更加迎合多元主体需求，实现 C2B 的反向定制；基于大数据统计消费偏好，设计旅游产品，以达到优势聚变效应。

在海南大力建设自由贸易港的背景下，发展数字旅游的挑战与机遇并存。海南发展数字旅游的意义不仅在于海南自身的经济发展，也是在为国家自由贸易试验区发展进行试点和探索。自贸港要重视并引导数字旅游产业发展，充分发挥其积极作用，融合发展相关产业，以资源融合、效益提升、产业创新、互利共赢为目标，以数字化助推旅游产业高质量发展。

参考文献

《2022 年广东省超前布局元宇宙，打造数字经济发展新高地》，"创孵猫"百家号，2022 年 8 月 31 日，https：//baijiahao. baidu. com/s？id = 1742215325710897089&wfr = spider&for = pc。

《中国发布丨"乙类乙管"后中国旅游业回暖，恢复至疫情前水平尚需时日》，"中国网"百家号，2023 年 1 月 19 日，https：//baijiahao. baidu. com/s？id = 1755442986956698369&wfr = spider&for = pc。

"旅游统计"，海南省旅游和文化广电体育厅网站，2023 年 6 月 20 日，http：//lwt. hainan. gov. cn/ssi/search. html？searchWord = % E6% 97% 85% E6% B8% B8% E7% BB% 9F% E8% AE% A1&siteId = 42&pageSize = 10。

《2022 年中国旅游经济运行分析与 2023 年发展预测》，中国旅游研究院（文化和旅游部数据中心）网站，2023 年 2 月 21 日，http：//www. ctaweb. org. cn/cta/gzdt/202302/87d263c6c80143059ebd91fe3ed430ad. shtml。

《文化和旅游部关于加强旅游服务质量监管提升旅游服务质量的指导意见》，中国政府网，2021 年 5 月 21 日，https：//www. gov. cn/gongbao/content/2021/content_ 5627700. htm。

《全球数字经济排名：中国发展指数第八；总量规模第二》，搜狐网，2023 年 6 月 2日，https：//m. sohu. com/a/681644304_ 121123713。

《2022 年我国在线旅行预订用户规模达 4. 23 亿　占网民整体的 39. 6%》，中商情报网，2023 年 3 月 24 日，https：//www. askci. com/news/chanye/20230324/093733267962183515137175. shtml。

张宇、黄艳：《文化消费视角下的数字旅游研究》，《湖北经济学院学报》（人文社会科学版）2018 年第 10 期。

聂学东：《对数字旅游、虚拟旅游及智慧旅游的辨析研究》，《经济论坛》2013 年第2 期。

中国联通（海南）创新研究院：《海南省智慧景区建设应用调研报告及发展建议》，2022 年 12 月。

B.5
2022年海南现代服务业高质量发展报告

郝大江*

摘　要： 建设社会主义现代化强国，必须要有坚实的现代产业体系。现代服务业作为现代产业体系的重要组成部分，是建设社会主义现代化强国不可或缺的重要支撑。2022年，海南现代服务业增加值占GDP份额整体呈上升趋势，企业营收总体保持增长，研发投入力度不断加大。然而，海南现代服务业依然面临经济因素与非经济因素、产业内与产业间、软环境与硬环境、国内与国外等各种困难和挑战。未来，在国际外部环境复杂严峻背景下，海南要以全球化视野、前瞻性眼光，立足所处的发展阶段和现代服务业发展的大趋势，思考和谋划现代服务业高质量发展，使之更加符合产业发展规律和省情国情，更好地服务构建以国内大循环为主体、国内国际双循环相互促进的新发展格局。

关键词： 现代服务业　双循环　有效市场　有为政府

　　党的十九大对实现第二个百年奋斗目标做出分两个阶段推进的战略安排，明确到2035年基本实现社会主义现代化。建设社会主义现代化强国，必须要有坚实的现代产业体系，而现代服务业是现代产业体系的重要组成部分，是建设社会主义现代化强国不可或缺的重要支撑。2017年4月14日，

---

* 郝大江，博士，海南师范大学经济与管理学院教授、博士生导师，主要研究方向为产业经济。

科技部印发《"十三五"现代服务业科技创新专项规划》，明确了现代服务业的定义："现代服务业是指在工业化比较发达的阶段产生的、主要依托信息技术和现代管理理念发展起来的、信息和知识相对密集的服务业，包括传统服务业通过技术改造升级和经营模式更新而形成的服务业，以及伴随信息网络技术发展而产生的新兴服务业。"根据海南省统计局现代服务业行业划分，现代服务业包括生产性服务业及生活性服务业。其中，生产性服务业包括现代运输业，信息传输、软件和信息技术服务业，金融业，现代商务服务业，科学研究和技术服务业，水利、环境和公共设施管理业，批发业等七个行业。生活性服务业包括现代教育和医疗健康服务业、现代文旅服务业和现代居民生活服务业等三个行业。2018 年 10 月 16 日，国务院印发的《中国（海南）自由贸易试验区总体方案》在推动现代服务业集聚发展、提升国际航运能力、提升高端旅游服务能力和加大科技国际合作力度四个方面对加快服务业创新发展做出了明确的顶层设计。2022 年，海南实施了一系列促进现代服务业发展的有力措施，实现了现代服务业增加值占 GDP 比重稳步提升。

一 海南自贸港政策分析

2022 年，为了发展壮大现代服务业，海南自由贸易港主要在交通运输、仓储和邮政业，批发和零售业，金融业，会展业（租赁和商务服务业），科学研究和技术服务业，卫生和公共设施管理业六个行业制定和实施相关政策。

（一）交通运输、仓储和邮政业

2022 年，海南自由贸易港主要使用关税减免、行政管理和行政法规的政策工具，在道路运输业、水上运输业、航空运输业、邮政业、游艇产业和物流园区六个方面发展壮大现代服务业。

1. 道路运输业

2022 年，海南自由贸易港在道路交通载具方面实施"零关税"营运车辆进口、登记和管理政策①。在道路基础设施方面，在环岛旅游公路创新发展、"四好农村路"高质量发展等方面开展试点②。上述道路基础设施政策取得较大成效，2022年"县县通高速"全面实现，公路、高速公路通车里程分别增长35.9%、75.9%，在全国率先实现自然村全部通硬化路。

2. 水上运输业

2022年，海南自由贸易港主要实施关税减免和船舶运营管理政策。在关税减免方面，对海南自由贸易港交通运输和旅游业企业进口使用的交通工具免征进口关税、进口环节增值税和消费税③，对境内船舶加注的本航次所需不含税油免征关税、增值税和消费税④，并且对船舶保税油的经营实施许可管理、规范和监督管理⑤；在船舶运营管理方面，对国际船舶即在海南自由贸易港登记的航行国际航线的船舶的检验、登记和营运等活动实施监督管理⑥，对国际船舶运输经营者即在海南自由贸易港注册登记并经营国际客船、国际散装液体危险品船运输业务的企业及其经营活动实

---

① 《海南自由贸易港"零关税"营运车辆进口及登记指引》，海南省人民政府网站，2021年4月12日，https：//www. hainan. gov. cn/hainan/zchbhnwj/202104/326a97cb5da54fa1aaa5c89bf4aca918. shtml。《海南自由贸易港"零关税"营运车辆管理实施细则（试行）》，海南省人民政府网站，2021年7月26日，https：//www. hainan. gov. cn/hainan/zmghnwj/202107/93ef0d8ed 59d41f88678a6d555394441. shtml。

② 《交通运输部关于海南省开展环岛旅游公路创新发展等交通强国建设试点工作的意见》，海南省人民政府网站，2021年8月26日，https：//www. hainan. gov. cn/hainan/zchbbwwj/202108/ ee8067c9f6864c6482ced8719062a48e. shtml。同意在环岛旅游公路创新发展、"四好农村路"高质量发展、公路里程费和深化投融资体制改革、自由贸易港海运政策体系建设等方面开展试点。

③ 《海南自由贸易港交通工具及游艇"零关税"政策海关实施办法（试行）》，海南省人民政府网站，2021年1月5日，https：//www. hainan. gov. cn/hainan/zmgbwwj/202105/5c08cc6a4 adf45c5948f6023e324072e. shtml。

④ 《关于海南自由贸易港内外贸同船运输境内船舶加注保税油和本地生产燃料油政策的通知》，海南省人民政府网站，2021年3月4日，https：//www. hainan. gov. cn/hainan/zchbb wwj/202104/19a34894c6724815b6e7fe4b770e2ede. shtml。

⑤ 《海南自由贸易港船舶保税油经营管理暂行办法》，海南省人民政府网站，2021年12月14日，https：//www. hainan. gov. cn/hainan/zmghnwj/202112/6570c88cdab941c1a346d8150448eca2. shtml。

⑥ 《海南自由贸易港国际船舶条例》，海南省人民政府网站，2021年6月1日，https：//www. hainan. gov. cn/hainan/zmghnwj/202106/b5f1309d78a944d1a5b984f713b2547c. shtml。

施监督管理①，对外国验船公司开展的在海南自由贸易港登记的中国籍国际航行船舶入级检验相关活动实施监督管理②，对在海南自由贸易港登记并且仅从事海南自由贸易港内航行、作业的船舶取消登记主体外资股比限制③。上述船舶运营管理政策取得明显成效。2022年，海南自由贸易港国际航行船舶登记总吨位跃居全国第二，国际定期货运航线新增13条，洋浦港集装箱吞吐量增长2.9倍。同时，海南自由贸易港还制定方案进一步提升琼州海峡客滚运输服务能力和安全管理水平，包括进一步加快港航基础设施建设、进一步提升运输服务水平、进一步强化安全管理和应急保障能力、进一步推动港航绿色智慧发展、进一步完善客滚运输市场监管④，推动琼州海峡港航一体化，过海时长缩短至1.5小时。

3. 航空运输业

2022年，海南自由贸易港实施进出岛航班加注保税航油政策⑤，并且采取促进通用航空发展的若干支持措施⑥，包括加强通用机场建设、加大通用航空运行支持力度、夯实通用航空发展平台、鼓励通用航空制造业发展、落实通用航空税收减免政策、支持通用航空项目用地用海用林、扩大

---

① 《海南自由贸易港国际客船、国际散装液体危险品船经营管理办法》，海南省交通运输厅网站，2022年6月27日，http：//jt.hainan.gov.cn/jdhy/zcjd/zmgzcjd/202206/t20220627_3218905.html。

② 《海南自由贸易港外国船舶检验机构入级检验监督管理办法》，海南省人民政府网站，2021年9月28日，https：//www.hainan.gov.cn/hainan/zmghnwj/202109/5c44354ca23941e9aae454323e0bb50c.shtml。

③ 《国务院关于同意在海南自由贸易港暂时调整实施〈中华人民共和国船舶登记条例〉有关规定的批复》，中国政府网，2022年5月11日，https：//www.gov.cn/zhengce/content/2022-05/11/content_5689604.htm。

④ 《进一步提升琼州海峡客滚运输服务能力和安全管理水平三年行动方案（2022—2024年）》，中国政府网，2022年9月30日，https：//www.gov.cn/zhengce/zhengceku/2022-10/16/content_5718791.htm。

⑤ 《关于海南自由贸易港进出岛航班加注保税航油政策的通知》，商务部网站，2021年7月8日，http：//cws.mofcom.gov.cn/article/swcjzc/202108/20210803186710.shtml。全岛封关运作前，允许进出海南岛国内航线航班在岛内国家正式对外开放航空口岸加注保税航油，对其加注的保税航油免征关税、增值税和消费税。

⑥ 《海南省关于促进通用航空发展的若干支持措施》，海南省人民政府网站，2022年11月10日，https：//www.hainan.gov.cn/hainan/tjgw/202211/130d1bd90ec64ab09f4dd6966ccc484c.shtml。

通用航空公共服务和生产应用、打造通用航空品牌和"聚四方之才"推动通用航空发展。在上述政策的指引下，2022年美兰机场进入"双跑道"时代。

4. 邮政业

2022年，海南自由贸易港主要对海南邮轮港口中资方便旗邮轮海上游航线试点①、外籍邮轮在海南自由贸易港开展多点挂靠业务②进行管理，并且加快邮轮产业发展③，包括稳步推进国产大型邮轮工程、提升邮轮研发设计建造能力、加强配套供应链建设、推进基础设施建设、大力发展邮轮旅游等。

5. 游艇产业

2022年，海南自由贸易港促进和加快游艇产业发展④，包括编制全省游艇产业发展规划、编制游艇产业发展报告、在游艇产业各个方面依法制定标准和规范、培育游艇产业集群、鼓励和引导开展各类游艇赛事活动等，继续延长境外游艇临时进出海南省东营等8个非开放水域期限⑤。

6. 物流园区

2022年，海南自由贸易港开始认定海南省省级示范物流园区，对确定

---

① 《海南邮轮港口中资方便旗邮轮海上游航线试点管理办法（试行）》，海南省人民政府网站，2021年7月12日，https：//www.hainan.gov.cn/hainan/zchbhnwj/202107/41d371f5e6704b79ba268eb6dc5aa47f.shtml。

② 《外籍邮轮在海南自由贸易港开展多点挂靠业务管理办法》，海南省人民政府网站，2021年9月11日，https：//www.hainan.gov.cn/hainan/szfbgtwj/202109/37534ae7abd6413eb0bb36261f12a4c3.shtml。

③ 《工业和信息化部等五部委关于加快邮轮游艇装备及产业发展的实施意见》，中国政府网，2022年8月17日，https：//www.gov.cn/zhengce/zhengceku/2022-08/18/content_5705934.htm。

④ 《海南自由贸易港游艇产业促进条例》，海南省人民政府网站，2022年3月25日，https：//www.hainan.gov.cn/hainan/zmghnwj/202203/d8de850ea3e2494593bae2c3430793d0.shtml。《工业和信息化部等五部委关于加快邮轮游艇装备及产业发展的实施意见》，中国政府网，2022年8月17日，https：//www.gov.cn/zhengce/zhengceku/2022-08/18/content_5705934.htm。

⑤ 《海南省人民政府关于继续延长境外游艇临时进出海南省东营等8个非开放水域期限的批复》，海南省人民政府网站，2022年6月20日，https：//www.hainan.gov.cn/hainan/szfwj/202206/84af4b2247ce4b53a804f118366a5661.shtml。

为省级示范物流园区的给予奖补、优先安排建设用地供应计划，推动海南自由贸易港物流园区高质量发展，提高物流园区整体服务水平[①]。

（二）批发和零售业

2022 年，海南自由贸易港主要使用行政管理的政策工具，在免税购物和跨境贸易两个方面发展壮大现代服务业。

1. 免税购物

2022 年，海南自由贸易港增加离岛旅客免税购物邮寄送达和返岛提取两种提货方式[②]，首创免税商品溯源管理体系、使用免税商品溯源码实现免税商品溯源和再次销售防控[③]，使用免税购物严重失信主体名单预防和惩戒免税购物严重失信行为[④]，并且加快培育新型消费，包括培育壮大零售新业态、深入发展数字文化和旅游等[⑤]。

2. 跨境贸易

2022 年，海南自由贸易港在货物贸易和服务贸易方面推进贸易自由化便利化[⑥]，对跨境服务贸易以负面清单的形式实施特别管理措施，境外服务提供者不得以跨境方式提供负面清单中禁止的服务，负面清单之外的领域按

[①] 《海南省省级示范物流园区工作认定细则》，海南省人民政府网站，2021 年 11 月 23 日，https：//www. hainan. gov. cn/hainan/zmghnwj/202111/1d0f9d95744044729f8f46ab38c04ed6. shtml。

[②] 《财政部、海关总署、税务总局关于增加海南离岛旅客免税购物提货方式的公告》，国家税务总局网站，2021 年 2 月 2 日，https：//www. chinatax. gov. cn/chinatax/n377/c5161284/content. html。《关于发布海南离岛旅客免税购物邮寄送达和返岛提取提货方式监管要求的公告》，海关总署网站，2021 年 2 月 3 日，http：//shenzhen. customs. gov. cn/customs/302249/302266/302267/3543998/index. html。

[③] 《海南自由贸易港免税商品溯源管理暂行办法》，海南省人民政府网站，2021 年 8 月 3 日，https：//www. hainan. gov. cn/hainan/szfbgtwj/202108/215e76814ccd4cf9866b4a119e011f28. shtml。

[④] 《海南自由贸易港免税购物失信惩戒若干规定》，海南省人民政府网站，2021 年 12 月 1 日，https：//www. hainan. gov. cn/hainan/dfxfg/202112/fc6015caf4f54087b3765bfe5710ba18. shtml。

[⑤] 《关于印发〈加快培育新型消费实施方案〉的通知》，中国政府网，2021 年 3 月 22 日，https：//www. gov. cn/zhengce/zhengceku/2021-03/25/content_ 5595689. htm。

[⑥] 《商务部等 20 部门关于推进海南自由贸易港贸易自由化便利化若干措施的通知》，商务部网站，2021 年 4 月 19 日，http：//www. mofcom. gov. cn/article/zwgk/zcfb/202104/2021040030 55191. shtml。

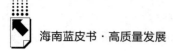

照境内外服务及服务提供者待遇一致原则实施管理①。

在上述政策的推动下，2022年海南自由贸易港"旅游+"新业态全域拓展，国际旅游消费中心建设激活消费，高端购物、医疗、教育三大境外消费回流逐渐成为海南自由贸易港建设的"金字招牌"。

（三）金融业

2022年，海南自由贸易港主要使用行政管理和行政法规的政策工具，在金融环境建设、金融机构管理和投资方向指引三个方面发展壮大现代服务业。

1. 金融环境建设

2022年，海南自由贸易港构建以信用监管为基础的过程监管体系②，使用个人诚信积分的形式加强个人诚信体系建设③，在社会信用信息管理、守信激励与失信惩戒、信用主体权益保护和法律责任承担方面建立健全社会信用体系④，在规范政府行政行为、清理政府失信行为、强化政府服务监管和提升政府守信践诺能力方面进一步加强政府诚信建设⑤，编制《海南自由贸易港失信惩戒措施清单（2022年版）》实施失信惩戒⑥，同时进一步完善

① 《海南自由贸易港跨境服务贸易特别管理措施（负面清单）（2021年版）》，商务部网站，2021年7月23日，http：//www.mofcom.gov.cn/article/zwgk/zcfb/202107/20210703180049.shtml。《海南自由贸易港跨境服务贸易负面清单管理办法（试行）》，海南省人民政府网站，2021年8月25日，https：//www.hainan.gov.cn/hainan/szfbgtwj/202108/b7197e0f281f498d8253077ad709789d.shtml。
② 《海南省人民政府办公厅关于构建海南自由贸易港以信用监管为基础的过程监管体系的实施意见》，海南省人民政府海南自由贸易港网站，2021年2月2日，http：//en.hainan.gov.cn/hainan/zmghnwj/202102/1a0a8078e62b46a4ae781d11c85ba502.shtml。
③ 《海南自由贸易港个人诚信积分管理办法（试行）》，海南省发展和改革委员会网站，2021年9月2日，http：//plan.hainan.gov.cn/sfgw/0400/202109/6cd831ea2dba4eacb56898f7b73b9603.shtml。
④ 《海南自由贸易港社会信用条例》，海南省人民政府网站，2021年9月30日，https：//www.hainan.gov.cn/hainan/dfxfg/202110/ea3b4a4fb4694dcfbe5bdcbe33c07c97.shtml。
⑤ 《关于进一步加强政府诚信建设的若干措施》，海南省人民政府网站，2022年6月20日，https：//www.hainan.gov.cn/hainan/szfbgtwj/202206/b72c8e5489b742be86614f8a67aa9a76.shtml。
⑥ 《海南自由贸易港失信惩戒措施清单（2022年版）》，海南省人民政府网站，2022年10月5日，https：//www.hainan.gov.cn/hainan/tingju/202210/9dea340eda0343dea959fe079cc92ef1.shtml。

政策环境、加大力度支持民间投资发展①。

2. 金融机构管理

2022 年，海南自由贸易港开展合格境内有限合伙人（Qualified Domestic Limited Partner，QDLP）境外投资试点工作②，2022 年上述政策落地实施，成功打开海南自贸港跨境双向投资新通道，在管理架构与职责、投资范围与基金运营、风险控制与监督管理和绩效评价方面规范海南自由贸易港建设投资基金管理③，支持高新技术和"专精特新"企业开展跨境融资便利化试点、允许符合条件的相关企业在一定额度内自主借用外债④。

3. 投资方向指引

2022 年，海南自由贸易港推动金融支持海南全面深化改革开放，包括提升人民币可兑换水平、支持跨境贸易投资自由化便利化、完善海南金融市场体系、扩大海南金融业对外开放、加强金融产品和服务创新、提升金融服务水平、加强金融监管和防范化解金融风险⑤。2022 年，自由贸易账户收支增长 7.3 倍，数字人民币试点在全省展开，海南国际清算所挂牌成立，智慧金融综合服务平台累计放款突破亿元，实施海南自由贸易港投资新政

① 《国家发展改革委关于进一步完善政策环境加大力度支持民间投资发展的意见》，国家发展和改革委员会网站，2022 年 10 月 28 日，https：//www.ndrc.gov.cn/xxgk/zcfb/tz/202211/t20221107_1340900_ext.html。

② 《海南省开展合格境内有限合伙人（QDLP）境外投资试点工作暂行办法》，海南省地方金融监督管理局网站，2021 年 4 月 8 日，http：//jrj.hainan.gov.cn/sjrb/0500/202104/c2411e892f234f2c9127de35453a6197.shtml。

③ 《海南自由贸易港建设投资基金管理办法》，海南省人民政府网站，2021 年 12 月 15 日，https：//www.hainan.gov.cn/hainan/tingju/202112/225dcdd721754d37a3ba72a79e852a53.shtml。

④ 《国家外汇管理局关于支持高新技术和"专精特新"企业开展跨境融资便利化试点的通知》，中国政府网，2022 年 5 月 30 日，https：//www.gov.cn/zhengce/zhengceku/2022-06/01/content_5693355.htm。

⑤ 《中国人民银行、中国银行保险监督管理委员会、中国证券监督管理委员会、国家外汇管理局关于金融支持海南全面深化改革开放的意见》，中国政府网，2021 年 3 月 30 日，https：//www.gov.cn/zhengce/zhengceku/2021-04/09/content_5598718.htm。《关于贯彻落实金融支持海南全面深化改革开放意见的实施方案》，海南省人民政府网站，2021 年 9 月 2 日，https：//www.hainan.gov.cn/hainan/5309/202109/ec561aa6147741de87e25cf61aa4a9fa.shtml。

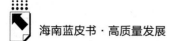

三年行动①，实施创业投资工作指引②，制定金融业"十四五"发展规划③，并且在产业发展、低碳和生态环保、民生公共服务和"五网"基础设施范围内指引各个单位申报 2023 年省重点（重大）项目投资计划④，2022年绿色信贷余额增长 20%，乡村振兴绿色债券全国首发。

（四）会展业

会展业属于现代商务服务业。在会展方面，2022 年成功举办第二届中国国际消费品博览会，海南对中国国际消费品博览会展期内销售的规定上限以内的进口展品免征进口关税、进口环节增值税和消费税⑤，为参展商品提供专利优先审查等服务，在现场开设知识产权服务站，派驻专利、商标、地理标志等领域专家团队，提供知识产权检索咨询、商标品牌运营、纠纷快速处置、维权投诉等服务⑥。上述措施有力地保障中国国际消费品博览会成功举办，其国际化程度、单位面积展品价值、首发首展数量远超预期，成为亚太地区规模最大的消费精品展。

---

① 《海南自由贸易港投资新政三年行动方案（2021—2023 年）》，海南省人民政府网站，2021年 5 月 10 日，https：//www.hainan.gov.cn/hainan/yhyshjzstz/202105/fa4d6278d06d4597b697053e46d4965f.shtml。

② 《海南自由贸易港创业投资工作指引（2021 年版）》，海南省人民政府网站，2021 年 9 月 22日，https：//www.hainan.gov.cn/hainan/zchbhnwj/202109/5a4f27089884443f89e09c14c97cd3dc.shtml。《海南自由贸易港创业投资工作指引（2022 年版）》，海南省发展和改革委员会网站，2022 年 10 月 20 日，http：//plan.hainan.gov.cn/sfgw/0400/202210/454f0d16b58f4f49a15684eb7cbaebc6.shtml。

③ 《海南省金融业"十四五"发展规划》，海南省人民政府网站，2021 年 11 月 18 日，https：//www.hainan.gov.cn/data/zfgb/2022/01/9551/。

④ 《海南省发展和改革委员会关于申报 2023 年省重点（重大）项目投资计划的通知》，海南省发展和改革委员会网站，2022 年 10 月 10 日，http：//plan.hainan.gov.cn/sfgw/0400/202210/6b97887993c14bed9aa5a8c4f2f3f321.shtml。

⑤ 《财政部 海关总署 税务总局关于中国国际消费品博览会展期内销售的进口展品税收优惠政策的通知》，国家税务总局网站，2021 年 4 月 26 日，https：//www.chinatax.gov.cn/chinatax/n377/c5163860/content.html。

⑥ 《海南省人民政府、国家知识产权局共建全面深化改革开放知识产权强省实施方案》，海南省人民政府网站，2022 年 11 月 7 日，https：//www.hainan.gov.cn/hainan/szfwj/202211/b8086b51f9bb4c84a36428b05d664836.shtml。

（五）科学研究和技术服务业

2022年，海南自由贸易港主要使用行政法规的政策工具，在科技创新培育和知识产权保护两个方面发展壮大现代服务业。

1. 科技创新培育

2022年，海南推进气象事业高质量发展、助力海南自由贸易港建设[1]；制定和实施海南自由贸易港科技开放创新若干规定[2]和创新型省份建设实施方案[3]，鼓励科研机构、高等院校、企业在海洋、航天、生物医药、信息技术、清洁能源、节能环保、热带高效农业等领域进行科技创新；完善科技成果评价机制，推进科技成果分类评价和市场化评价，拓展科技成果评价方式[4]，进行科学技术奖励[5]。在上述科技创新培育政策辅助下，2022年五指山市获批建设首批国家创新型县（市），崖州湾实验室挂牌运行，国家耐盐碱水稻技术创新中心正式运作，海南省航天技术创新中心挂牌成立，"深海勇士"号成功布设海底原位科学实验站，中国空间站系列重大发射任务顺利完成，全国首个商业航天发射场开工。

2. 知识产权保护

2022年，海南自由贸易港使用行政法规的政策工具，在行政保护、司法保护、社会共治、应用与服务、监督管理和法律责任承担方面制定知识产

[1] 《海南省人民政府关于推进气象事业高质量发展助力海南自由贸易港建设的意见》，海南省人民政府网站，2021年7月12日，https：//www. hainan. gov. cn/hainan/szfwj/202107/057ffd72bd6f48c8bf285cb5471bfb13. shtml。

[2] 《海南自由贸易港科技开放创新若干规定》，海南省人民政府网站，2021年12月1日，https：//www. hainan. gov. cn/hainan/dfxfg/202112/70b7bbac72024176b50121a8d163db5f. shtml。

[3] 《海南省创新型省份建设实施方案》，海南省人民政府网站，2022年3月3日，https：//www. hainan. gov. cn/hainan/szfwj/202203/c1371eb08543496aac8807c63bc31cf8. shtml。

[4] 《海南省人民政府办公厅关于完善科技成果评价机制的实施意见》，海南省人民政府网站，2022年10月9日，https：//www. hainan. gov. cn/hainan/zchbhnwj/202210/87f5bab76c20427bb9c5e857de4be1b9. shtml。

[5] 《海南省人民政府关于2021年度海南省科学技术奖励的决定》，国家税务总局海南省税务局网站，2022年11月8日，https：//hainan. chinatax. gov. cn/ssxc_ 1_ 4/15143294. html。

权保护条例①，聚焦全面深化改革、高水平对外开放、践行"两山"理念和推动高质量发展，和国家知识产权局共建全面深化改革开放知识产权强省②。

（六）卫生和公共设施管理业

现代医疗健康服务属于卫生和公共设施管理业。2022年，海南自由贸易港使用行政管理的政策工具，促进现代医疗健康服务的发展，具体包括：实施体系构建"五大"工程，建设和完善临床医学中心和重点专科、公益性城市医疗集团、紧密型县域医共体、公共卫生应急防控救治体系和重大慢性疾病防治体系，构建网格化紧密型医疗卫生服务体系③；通过刚性、柔性两种方式引进"好院长""好医生"④；加快推进数字疗法产业发展，建设全国领先的数字疗法临床科研示范基地⑤。在上述政策指引下，2022年海南率先实现基本医保省级统筹，建成运行全省"三医联动一张网"，社会保障一卡通服务管理模式走在全国前列。海南还加强了对博鳌乐城国际医疗旅游先行区医疗药品器械的监督管理⑥，设立全国首个真实世界数据研究和评价重点实验室，引进国际创新药械290种。

在新冠疫情防控方面，2022年海南新冠病毒疫苗接种率居全国前列。

---

① 《海南自由贸易港知识产权保护条例》，海南省人民政府网站，2021年12月1日，https：//www. hainan. gov. cn/hainan/dfxfg/202112/5f5080fbbc034a3ea0fedd4b39a411bf. shtml。

② 《海南省人民政府、国家知识产权局共建全面深化改革开放知识产权强省实施方案》，海南省人民政府网站，2022年11月7日，https：//www. hainan. gov. cn/hainan/szfwj/202211/b8086b51f9bb4c84a36428b05d664836. shtml。

③ 《海南省人民政府办公厅关于海南省构建网格化紧密型医疗卫生服务体系的实施意见》，海南省人民政府网站，2021年12月27日，https：//www. hainan. gov. cn/hainan/szfbgtwj/202112/cb088ff650c943e2b2e4e463b46e081b. shtml。

④ 《海南省引进"好院长""好医生"工作方案（2021—2025年）》，海南省人民政府网站，2021年12月30日，https：//www. hainan. gov. cn/hainan/szfbgtwj/202112/111bcafd5e374a7986b64234bdabbb5d. shtml。

⑤ 《海南省加快推进数字疗法产业发展的若干措施》，海南省人民政府网站，2022年10月11日，https：//www. hainan. gov. cn/hainan/zchbhnwj/202210/a231c28b9448421e87badce2681b3924. shtml。

⑥ 《海南自由贸易港博鳌乐城国际医疗旅游先行区医疗药品器械管理规定》，海南省人民政府网站，2022年11月30日，https：//www. hainan. gov. cn/hainan/dfxfg/202212/c235f67026c346728af048e999ed74d9. shtml。

二 国内现代服务业发展经验

（一）江苏省着力推动先进制造业与现代服务业融合发展

"十三五"期间，江苏省培育形成 107 家省级生产性服务业集聚示范区、138 家生产性服务业领军企业、159 家两业深度融合试点单位。江苏科技服务业、软件和信息服务业实现收入破万亿元，商务服务、现代金融、现代物流发展水平继续保持全国前列。

1.生活性服务业创新发展，不断满足人民美好生活需要

围绕打造高品质生活大力发展生活性服务业，5G、人工智能、虚拟现实等前沿技术在实践中与更多服务场景加速融合，直播电商、社区团购等新业态新模式快速发展，线上线下消费融合提速。2021 年，江苏社会消费品零售总额 42702.6 亿元，同比增长 15.1%，总量首次突破 4 万亿元大关，居全国第二；文旅消费总额 3954.0 亿元，占全国 10.3%，居各省份之首。2021 年，江苏规上服务业企业实现营业收入 15425.8 亿元，同比增长 24.8%，两年平均增长 14.8%；服务业企业纳税总额 8007.1 亿元，同比增长 8.8%，占税务部门税收总收入比重达 51.1%。

2.生产性服务业融合发展，不断促进现代服务业与先进制造业的深度融合

江苏在全国率先启动先进制造业和现代服务业深度融合试点，推动服务型制造创新发展，累计培育 24 家国家级服务型制造示范企业、397 家省级服务型制造示范企业和 28 个示范平台。新业态新模式加快发展。互联网平台经济发展态势较好，累计认定互联网平台经济"百千万"工程重点企业 113 家，互联网和相关服务业营业收入保持两位数增速，"互联网+"等新兴服务业成为服务业发展新的增长点。数字变革催生线上购物、直播带货、网上外卖、在线办公、在线医疗、在线教育等新消费行为和新经济业态。

3.综合改革试点扎实推进，持续改善现代服务业发展环境

改革开放特别是党的十八大以来，江苏省对现代服务业重要地位和作用的认识不断深化，高度重视和积极发展现代服务业的氛围愈加浓厚。江苏"十三五"期间遴选了16个区域开展新一轮省级服务业综合改革试点，形成了一批可复制可推广的经验做法。南京成为国家服务业综合改革示范典型，徐州被列入国家"十三五"服务业综合改革试点城市。财政支持力度持续加大，"十三五"期间累计安排20.07亿元专项资金，省级现代服务业发展专项资金对全省服务业项目建设的导向、示范和引领作用得到较好发挥。规划引领得到强化，出台《江苏省"十四五"现代服务业发展规划》，提出构建江苏特色"775"现代服务业新体系，印发现代服务业高质量发展领军企业培育工程、集聚示范工程及两业融合发展标杆引领工程3个实施方案。

（二）广东省以高水平开放着力推动现代服务业发展

1.以高水平开放着力推动现代服务业发展

以高水平开放着力推动现代服务业发展是提高服务业发展水平、增强服务业竞争力的重大战略选择。2022年1月，广东省人民政府发布了《广东省服务贸易高质量发展行动计划（2021—2025年）》，旨在通过促进高水平开放实现现代服务业高质量发展：一是加快发展数字贸易、技术贸易、专业服务贸易、金融服务贸易等新兴服务贸易；二是促进传统服务贸易转型升级，推动构建粤港澳大湾区全球贸易数字化领航区；三是强化服务贸易主体培育及平台建设；四是完善服务贸易促进体系。

2.创新带动广东现代服务业发展

近年来，广东大力推动创新驱动发展战略，加大科技研发投入和珠三角国家自主创新示范区建设和创新资源配置力度，积极争取国家大科学工程落户广东，积极打造创新人才高地，创新成为全省经济发展的新引擎。

3.以"互联网+"为标志的现代服务业新动能不断增强

党的十八大以来，广东大力发展新一代信息技术服务，实施"宽带广

东"战略，积极引导服务业企业与互联网深度融合，加快推进"互联网+"发展，催生"互联网+"经济新业态，线上购物、网上支付、跨境电商、网络广告、在线医疗、在线教育、在线旅游、数字家庭、智慧社区等新业态新模式迅速兴起。"互联网+"的快速发展也加速了信息技术服务的不断完善和发展。

4. 充分利用社会力量激发市场活力

党的十八大以来，广东大力发展医疗卫生服务、着力发展中医药医疗保健服务、培育发展健康服务业相关产业、积极发展商业健康保险，推动健康服务产业发展壮大，不断满足人民群众多层次、多样化的健康服务需求。

5. 不断加强区域协同促进集群发展

广东现代服务业依托广州、深圳交通枢纽、信息网络、高技术人才实现业态新颖、内外联通、生态协调、资源节约，具有较强的集聚能力，集聚效应显著。新兴信息技术服务、金融服务、科学研究和技术服务以深圳为首，而租赁和商务服务、健康服务、文化创意和设计服务以广州为首。

三 海南自贸港现代服务业发展现状

2022年，海南现代服务业增加值占GDP份额整体呈上升趋势，企业营收总体保持增长，研发投入力度不断加大。

（一）海南现代服务业增加值稳步增长，占GDP份额整体呈上升趋势

2022年，海南现代服务业增加值占GDP份额为30.9%，受新冠疫情形势变化及疫情防控政策调整影响，海南现代服务业增加值同比增速在2021~2022年呈现下降后恢复性提升态势。海南现代服务业增加值同比增速始终高于海南第三产业增加值同比增速（见图1），说明现代服务业在第三产业结构中始终发挥增长带动作用。

细分行业看，2021~2022年，批发和零售业依然是海南现代服务业最主

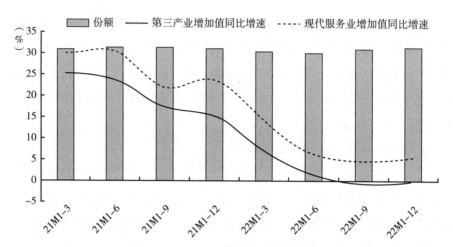

图1　2021~2022年海南现代服务业增加值占GDP份额和同比增速

资料来源：《海南统计月报》。

要的行业，会展业占海南现代服务业的份额最低。在新冠疫情冲击下，会展业受冲击最大，2022年年底依然呈现萎缩态势。现代物流业、批发和零售业受疫情冲击程度次之，虽然2021~2022年同比增速整体上呈下降趋势，但在2022年年底呈现止跌复苏态势。金融业及医疗健康产业受疫情冲击相对较小，在2022年年初已呈现显著复苏态势（见图2）。

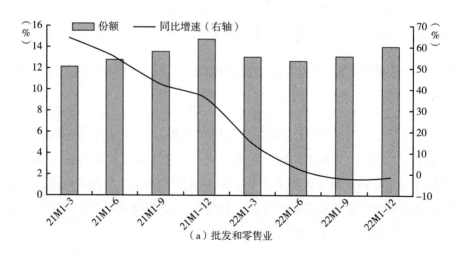

（a）批发和零售业

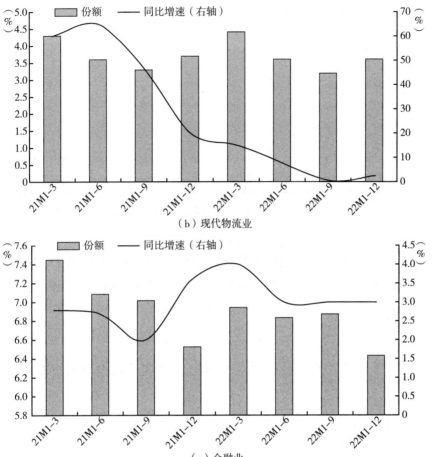

（b）现代物流业

（c）金融业

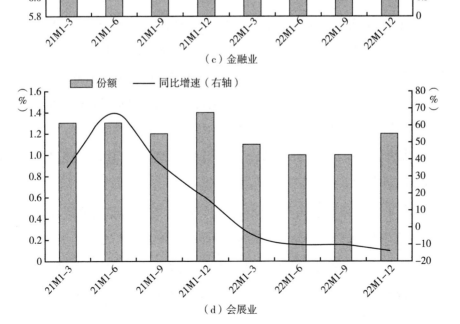

（d）会展业

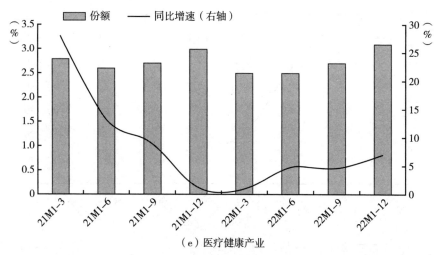

（e）医疗健康产业

图2　2021~2022年海南现代服务业行业增加值占GDP份额和同比增速

说明：批发和零售业、现代物流业、医疗健康产业分别从属于批发业、现代运输业、现代教育和医疗健康服务业。

资料来源：《海南统计月报》。

（二）生产性服务业较生活性服务业增加值所占份额更高且增长显著

2021~2022年，海南现代服务业中，生产性服务业增加值占现代服务业增加值份额在77.49%上下波动，生活性服务业增加值占现代服务业增加值份额在22.50%上下波动。增速方面，2022年科学研究和技术服务业、现代教育和医疗健康服务业保持稳定增长，批发业保持增长但是增速放缓，其他现代服务业行业同比增速呈现波动变化。科学研究和技术服务业、现代教育和医疗健康服务业、批发业在疫情期间保持稳定增长反映出海南相关政策落地见效（见图3）。

（三）在服务业企业营业收入不景气的背景下，现代服务业企业营业收入总体保持增长态势，但是呈现明显的行业分化

2022年，现代服务业企业利润率从1~3月的2.55%连续降低到1~12月的1.68%，营业收入同比增速从1~3月的46.6%连续降低到1~12月的

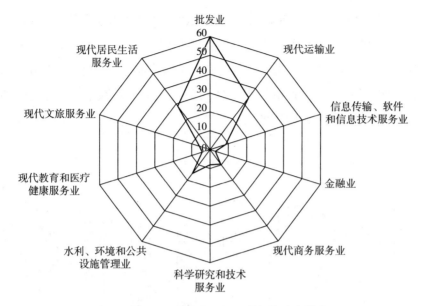

图3   2022 年现代服务业行业增加值同比增速

资料来源：海南省统计局网站关于现代服务业的数据发布与解读。

23.5%（见图4），说明现代服务业企业盈利能力减弱。但与整个服务业状况相比，假设企业的营业外活动对企业利润的影响相同，那么可以认为现代服务业企业在所有服务业企业中盈利能力较好。

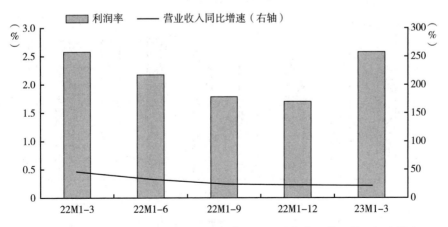

图4   2022 年和 2023 年第一季度现代服务业企业利润率及营业收入同比增速

资料来源：海南省统计局网站关于现代服务业的数据发布与解读。

细分行业看，2021~2022 年，交通运输、仓储和邮政业及会展业规模以上法人单位营业收入份额较大且受到疫情影响较大，卫生和公共设施管理业份额较小但作为抗击疫情的第一线受到疫情影响也较大，科学研究和技术服务业份额较小受到疫情影响较小（见图 5），说明前述激励政策在疫情的负向影响下依然实现了正向效果。

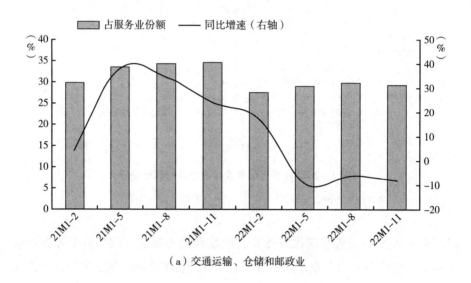

（a）交通运输、仓储和邮政业

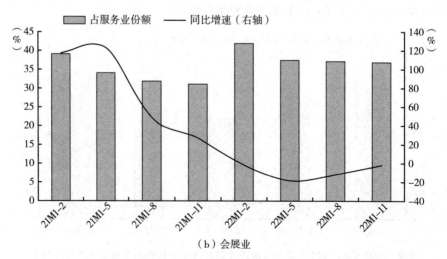

（b）会展业

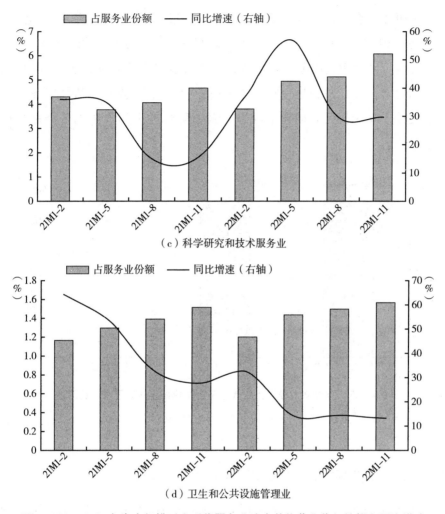

（c）科学研究和技术服务业

（d）卫生和公共设施管理业

图5　2021~2022年海南规模以上现代服务业法人单位营业收入份额和同比增速

资料来源：《海南统计月报》。

（四）规模以上现代服务业企业研发投入力度明显加大，信息传输、软件和信息技术服务业研发投入几乎翻倍

2022年，全省规模以上现代服务业企业研发投入55.7亿元，同比增长70.3%，增速较上年提高30.8个百分点。其中，信息传输、软件和信

息技术服务业企业研发投入力度最大，全年共实现研发投入 43.1 亿元，同比增长 91.4%，拉动全省规模以上现代服务业企业研发投入增长 62.9 个百分点。区分现代服务业类型看，生产性服务业企业研发投入 54.9 亿元，同比增长 72.6%，增速较上年提高 30.9 个百分点；生活性服务业企业研发投入 0.8 亿元，同比下降 10.6%，降幅较上年收窄 1.7 个百分点（见图 6）。

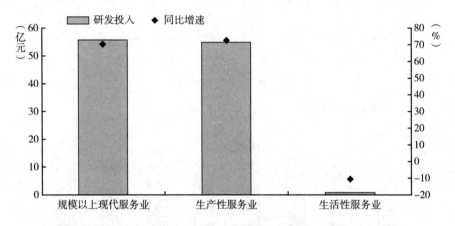

图 6　2022 年全省规模以上现代服务业企业研发投入及其同比增速

资料来源：海南省统计局网站关于现代服务业的数据发布与解读。

（五）企业利润总额和应交增值税均有所下降

2022 年，全省规模以上现代服务业企业实现利润总额 285.9 亿元，同比下降 37.5%。四个现代服务业行业规模以上企业实现利润总额超过 20 亿元：批发业，信息传输、软件和信息技术服务业，现代居民生活服务业，现代商务服务业。利润总额亏损最大的现代服务业行业是现代运输业，亏损 129.9 亿元。在应交增值税方面，2022 年，全省规模以上现代服务业企业应交增值税 172.2 亿元，同比下降 6.1%。税金及附加 65.2 亿元，同比下降 8.5%。实现企业所得税 66.5 亿元，同比增长 8.2%（见图 7）。

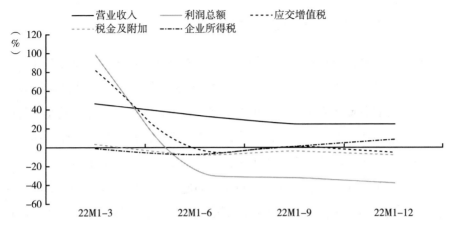

图7　2022年规模以上现代服务业企业税收同比增速

资料来源：海南省统计局网站关于现代服务业的数据发布与解读。

四　海南现代服务业发展存在的问题

当前和今后一个时期，海南现代服务业面临经济因素与非经济因素、产业内与产业间、软环境与硬环境、国内与国外等各种困难和挑战，主要体现在以下几个方面。

（一）地缘政治等非经济因素叠加给服务业带来的冲击有待化解

受中美关税摩擦、新冠疫情、俄乌冲突等不利因素影响，区域乃至全球产业分工格局发生变化，产业链供应链不安全、不稳定因素增多。海南由于经济外向度较高，受到明显波及，许多服务业细分产业在吸引外资、引进技术、服务贸易等方面遇到了一定阻碍。传统服务业企业生产经营面临较大困难，特别是面广量大的中小微企业。经济逆全球化趋势等非经济因素对经济社会的影响正在从直接性、短期性向深层次、长期性演变，给海南现代服务业发展带来冲击。

（二）服务业转型升级的动力有待增强

高端生产要素对现代服务业的支撑力还不够强。现代服务业许多细分产业是人力资源和知识密集型产业。但一些地方和企业未能及时转变经营理念，在现代服务业发展中仍然较多地依赖土地、设施和设备等物质要素的投入，对商业模式、服务方式、品牌建设等创新要素的投入重视程度不够，研发、技术、人才资源等要素投入不足，特别是知识和技术密集型服务行业面临中高层管理人才和专业技术人才缺乏的问题。以文旅产业为例，海南是中国唯一的热带岛屿省份，拥有独特的历史人文风情、天然的旅游资源禀赋和一流的宜居生态环境。在"十三五"期间，海南文化产业的规模不断扩大，结构持续优化，大项目大企业溢出效益逐渐显现，产业园区集聚效应凸显，新兴文化产业比重显著扩大，影视产业成为亮丽名片，文化与科技、旅游融合深入推进，对外文化交流活动不断增多。但放眼全国乃至全球，海南文化产业发展水平相比发达地区仍有较大差距。一是文化产业发展不平衡。呈现"南北集中、东西薄弱、中部落后"的态势。二是文化产业创新驱动不足。海南对五公祠、海瑞墓、冼夫人庙、东坡书院、琼台书院、古崖城等历史遗迹虽做了修复，但在招引文化项目、设计文创产品、打造遗址 IP 方面投入力度不够，对民俗文化和非遗文化缺乏产业规划和运作。三是文化产品国际化水平低。优质文化产业资源没有更好地转化成品牌效益、高附加值收益，缺乏在全国乃至全球走得出、立得住、叫得响的文化品牌，难以形成规模效应与辐射效应。

（三）现代服务业的层次和水平还有待提升

服务业内部产业结构仍需调整。虽然 2022 年全年现代服务业增加值占全省服务业增加值比重超过传统服务业，但现代服务业各行业存在明显的结构性矛盾。一是金融业和批发业占现代服务业比重超过 42%，而具有较高技术含量的信息传输、软件和信息技术服务业，以及科学研究和技术服务业占海南全省现代服务业的比重不足 15%。二是海南服务业市场主体

"小、散、弱"现象明显，缺少引领服务业创新发展的龙头企业，以致影响了整个行业的发展活力和竞争能力。比如，在新产业、新模式、新业态领域，海南缺乏像浙江阿里巴巴、广东腾讯等平台型领军企业，加剧了平台培育成长、商业模式创新、高成长性研发团队建设等方面的制约，导致创新型高端服务业发展不快、竞争优势不强。又如，海南科技服务机构普遍存在规模较小、服务内容单一、核心竞争力不强等问题，缺乏持续稳定的特色业务，特别是在研发设计、检验检测等领域缺少国内知名、国际一流的平台型龙头科技服务机构。三是生产性服务业的不同产业在价值链上分布不均衡，高端服务业尚未居于主体地位，信息技术服务、研发设计、现代物流等细分行业低端供给过剩，但高端供给不足。

五 推动海南现代服务业高质量发展的建议

在国际外部环境复杂严峻背景下，要以全球化视野、前瞻性眼光，立足海南所处的发展阶段和现代服务业发展的大趋势，思考和谋划海南现代服务业高质量发展，使之更加符合产业发展规律和省情国情，更好地服务构建新发展格局。

（一）增强服务业转型升级动力，培养发展现代服务业的现代意识

发展现代服务业是经济高质量发展的必经之路，是海南自由贸易港未来经济增长的主要驱动力量；发展现代服务业要使现代服务业形成集聚效应，要使现代服务业与其他相关产业联动发展。政府特别是政策制定者要准确把握现代服务业的地位和功能，因地制宜制定现代服务业集聚区发展规划，充分发挥政府在现代服务业发展各阶段的引导作用。大力发展高端生产性服务业和与第二产业相关性高的生产性服务业，充分发挥金融业等生产性服务业的作用，引领制造业深化供给侧结构性改革，推动制造业朝服务化方向发展。加快互联网、大数据、云计算等技术深度应用，催生和培育更多新产业、新模式、新业态。充分发挥现代服务业在社会进步和公共服务中的保障

作用。要从海南自由贸易港实际出发，加快补齐服务业短板弱项，引导培育重点行业集群发展，加强数字政府和数字社会建设，助推政府和社会实现高效能治理。要积极培育和引进现代服务业专业高级人才，提高服务业从业人员素质，同时创造更多的就业机会，尤其是提供更多知识密集、收入较高的工作岗位，为扎实推进共同富裕夯实基础。

（二）规划有层次的产业结构，提升现代服务业层次和水平

基于海南自由贸易港要素禀赋情况，对标国际一流，培育发展具有地方特色的文化旅游产业，提升现代服务业层次和水平。习近平总书记强调，"要推动文化产业高质量发展，健全现代文化产业体系和市场体系，推动各类文化市场主体发展壮大，培育新型文化业态和文化消费模式，以高质量文化供给增强人们的文化获得感、幸福感"①，为推动海南文化产业转型升级、实现高质量发展指明了方向、路径。一是汇集非遗文化、民俗文化等特色文化元素，以乡村民俗展览、乡村民俗节庆、国际乡村交流等为抓手，打造一批集传承、体验、欣赏、交流于一体的文化项目；深挖琼剧、临高木偶戏等海南本地特色文化元素，打造文化创意类特色旅游商品；借助政策优势加强地方营销，构建地方营销平台，加大招商引资力度，加快各类"文旅+"融合发展。二是培育新型文化业态和文化消费模式。培育平台经济、共享经济、数字创意、网络视听、网络娱乐、电子竞技、线上演播、动漫游戏等新业态、新经济，打造对标国际、具有中国特色、立足海南的自贸港文化产业链和生态圈，以新模式培育新动能。三是促进文旅产业高质量对外开放，打造国家对外文化贸易"高地"。海南是中国三大侨乡之一，琼籍海外侨胞多达300万人，遍布全球50多个国家和地区，应推动海内外乡亲在经贸、旅游、文化、联谊等领域开展互利共赢的务实合作，向世界讲述好中国故事、海南故事。四是完善文化产业人

---

① 《「每日一习话」推动文化产业高质量发展》，"央广网"百家号，2022年7月19日，https：//baijiahao.baidu.com/s？id=1738731653827044250&wfr=spider&for=pc。

才引进、选拔和培养机制，大力培养既有海南特色又有开阔国际视野的复合型、创新型应用人才。

（三）突出有效市场与有为政府的协同作用，提升资源配置效率

在加快发展现代服务业的进程中，既要尊重市场规律，提高服务业市场化程度，又要发挥政府的调控功能，制定规划和完善法规，营造市场化、国际化、法治化营商环境，实现市场"无形的手"与政府"有形的手"之间十指紧扣、无缝对接。要充分利用国内国际两种资源两个市场，坚持壮大本土企业和引进国外企业相结合，加强政府与企业包括跨国公司合作，提升现代服务业的国际化水平；提升总部经济带动力，促进现代服务业产业向高端延伸，推进更高层次参与国际服务业分工。加快"一带一路"和自由贸易港建设，对标 CPTPP、RCEP、DEPA 等高标准国际经贸规则，深化改革，不断提高服务业领域的制度竞争力。推动创新发展，完善开放型创新生态系统，创新文化、治理与制度，培育企业家精神与地方创新文化。挖掘服务经济新动能，围绕平台经济、分享经济、创意经济、数字经济等业态领域，统筹服务创新资源，集聚创新合力，培育服务经济新增长点。健全服务业统计体系，完善服务业经常性统计调查和运行监测机制。

公共基础篇

Public Foundation

B.6
保护传承非遗推进海南公共文化
高质量发展报告

孙继华*

摘　要： 非物质文化遗产是中华优秀传统文化的重要组成部分，是中华文明新形态的重要内容，对其进行保护是当代公共文化体系建设的重要内容。党的十八大以来，以习近平同志为核心的党中央高度重视非物质文化遗产保护工作。习近平总书记在 2023 年文化传承发展座谈会上强调要做好中华文明起源的研究和阐释，推动中华优秀传统文化创造性转化和创新性发展。海南是国家非物质文化遗产较多的地区之一，全省贯彻落实习近平总书记在海南考察时的重要讲话和省第八次党代会精神，在全力推进建设具有世界影响力的自由贸易港进程中，努力挖掘海南优秀文化资源，弘扬非物质文化遗产的时代价值。本报告研究海南非物质文化遗产保

---

* 孙继华，海南省社会科学院自由贸易港研究所所长，二级研究员，主要研究方向为公共政策、农业信息。

护和传承的现状，分析存在的问题，提出加强顶层设计，融入国家重大战略，重视体系建设和海洋非遗整理和保护，加强人才和经费保障，整合资源激活"非遗+"产业等建议，推进海南非物质文化遗产保护传承、创造性转化和创新性发展。

关键词： 非物质文化遗产　公共文化　高质量发展　海南

非物质文化遗产（简称"非遗"）是中华优秀传统文化的重要组成部分。非遗作为一种活态的传统文化，是中国式现代化的精神推力，也是中华文明新形态的重要内容，在新时代中国特色社会主义文化建设中扮演着日益重要的角色。非遗保护是当代公共文化体系建设的重要内容。党的十八大以来，以习近平同志为核心的党中央高度重视非遗保护工作。2022年12月，习近平总书记对非遗保护工作作出重要指示，强调要扎实做好非遗系统性保护。2023年6月2日，习近平总书记在文化传承发展座谈会上强调，要做好中华文明起源的研究和阐释，推动中华优秀传统文化创造性转化和创新性发展。

海南是旅游胜地，非物质文化遗产丰富。2022年，海南建省办经济特区35周年，海南全省贯彻落实习近平总书记关于非遗的重要讲话和省第八次党代会精神，坚持"人民的非遗、人民共享"理念，在全力推进建设具有世界影响力的自由贸易港进程中，努力挖掘海南优秀文化资源，弘扬非遗的时代价值。

一　海南非遗保护和高质量发展环境

（一）国家部署各项政策，推进非遗保护和高质量发展

党的十八大以来，国家部署各项政策制度，推进非遗保护和传承。在遵循联合国教育、科学及文化组织《保护非物质文化遗产伦理原则》《保护非物质文化遗产公约》和《中华人民共和国非物质文化遗产法》基础上，我国颁布了《关于进一步加强非物质文化遗产保护工作的意见》（以下简称

《意见》）；调整完善非物质文化遗产保护工作部际联席会议制度，加强组织领导，切实推进非遗系统性保护；印发了《"十四五"文化发展规划》，进一步推动社会主义文化繁荣兴盛，建设社会主义文化强国。

文化和旅游部印发了《"十四五"非物质文化遗产保护规划》，并发布了《文化和旅游部关于推动非物质文化遗产与旅游深度融合的通知》，推动非遗与旅游深度融合发展；财政部、文化和旅游部印发了《国家非物质文化遗产保护资金管理办法》；文化和旅游部、教育部等十部委发布了《关于推动传统工艺高质量传承发展的通知》，深化推进中国传统工艺振兴，推动传统工艺高质量传承发展，筑牢了我国非物质文化遗产保护、传承和创新利用的政策和制度保障。

（二）非遗保护进入系统性保护和高质量发展阶段

1. 我国非遗保护和高质量发展概况

我国是第一批加入《保护非物质文化遗产公约》的国家，非遗保护传承取得了历史性成就，形成了社会广泛参与、人人保护传承的生动局面，非遗政策法规日趋完善，保护体系逐步健全，理论研究水平迅速提升，队伍建设正在加强，政府主导、社会参与、多元投入、协同发展的非遗保护工作局面正在加速形成。截至 2022 年，我国共有各级非遗代表性项目 10 万余项，认定 1557 项国家级非遗代表性项目；43 项项目列入联合国教科文组织非遗名录（名册），位居世界第一；共有各级代表性传承人 9 万余名，其中国家级非遗代表性项目代表性传承人有 3068 名。① 通过系统性保护传承、创造性转化、创新性发展，我国非遗已经全面融入广大人民的现代生活。

2. 国家级非遗代表性项目名录

建立非遗代表性项目名录是非遗保护的重要基础性工作之一。5 批国家级非遗代表性项目名录共有民间文学、传统音乐等 10 个门类 1557 项项目3610 项子项目，其中民间文学 251 项，传统音乐 431 项，传统舞蹈 356 项，

---

① 来源：中国非物质文化遗产网，http://www.ihchina.cn/#page3。

传统戏剧 473 项，曲艺 213 项，传统体育、游艺与杂技 166 项，传统美术 417 项，传统技艺 629 项，传统医药 182，民俗 492 项。①

3. 国家级非遗代表性项目代表性传承人

非遗是以其传承人的实践活动为主要载体的"活"的文化形态。各级非遗代表性项目代表性传承人肩负延续传统文脉、彰显遗产实践能力、持久传承非遗的使命，代表性传承人保护是非遗保护的重要内容。截至 2022 年，国家文化主管部门命名了 5 批共 3068 名国家级非遗代表性项目代表性传承人，退出 11 人，现有 3057 人，其中民间文学 123 人，传统音乐 380 人，传统舞蹈 298 人，传统戏剧 782 人，曲艺 207 人，传统体育、游艺与杂技 87 人，传统美术 377 人，传统技艺 513 人，传统医药 130，民俗 160 人。②

4. 国家级文化生态保护区

截至 2023 年 8 月，文化和旅游部在全国 17 个省份共设立了 16 个国家级文化生态保护区、7 个国家级文化生态保护实验区，旨在加强对特色文化形态的整体性保护。这是我国非遗保护的重要探索和实践，是保护理念和保护方式的重大创新。

5. 国家级非遗生产性保护示范基地

在传统技艺、传统美术等领域实施生产性保护。文化和旅游部公布了两批 100 个国家级非遗生产性保护示范基地，其中传统技艺类基地、传统美术类基地、传统医药类基地分别有 57 个、36 个、6 个，同时作为传统技艺和传统美术类基地的有 1 个。四川省基地总数和传统美术类基地最多，分别有 7 个和 4 个；河南省和江西省传统技艺类基地最多，各有 4 个。③

6. 联合国教科文组织非遗名录（名册）

截至 2022 年，我国列入联合国教科文组织非遗名录（名册）的项目（43 项）居世界之首，其中，列入人类非遗代表作名录 35 项、列入急需保护的非遗名录 7 项、列入优秀实践名册 1 项。

---

① 来源：中国非物质文化遗产网，http：//www.ihchina.cn/#page3。
② 来源：中国非物质文化遗产网，http：//www.ihchina.cn/#page3。
③ 来源：中国非物质文化遗产网，http：//www.inchina.cn/#page3。

（三）新时代非遗保护、传承和高质量发展的特点、趋势

全球经济一体化加速改变人们的生存观念和消费模式，作为中国传统农耕文明积淀的非遗，也发生着前所未有的变化。

1. 非遗保护、传承地区之间差异明显

我国国家级非遗代表性项目具有明显的地域性特点，相对集中在华东地区，其次是中南、华北、西南地区，东北地区较少。国家级非遗代表性项目代表性传承人也相对集中在华东地区，东北地区偏少。浙江等经济较发达的省份，非遗保护体系相对健全，创造性转化和创新性发展走在全国前列。山东等省份是中华传统文化传承的"优等生"，在非遗产品品牌建设、非遗与社会治理等方面成效显著。东北地区的非遗保护和创新性发展有待提升。

2. 国家级非遗代表性项目代表性传承人分布不均，传承人面临断层

我国一共公布了5批国家级非遗代表性项目代表性传承人，前3批多是老一辈大师，第4批在当时多数为五六十岁，第5批新增传承人当年平均年龄为63.29岁，60岁以上的超过半数。国家级非遗代表性项目代表性传承人区域分布不均衡，华东地区最多，占30.3%，其次是华北地区、中南地区、西南地区和西北地区，分别占20.0%、18.3%、15.7%、12.1%，东北地区最少，仅占3.6%（见图1）；国家级非遗代表性项目代表性传承人年龄偏大，其中80岁以上的占9.5%，70~79岁的占21.9%，60~69岁的占26.9%，40~59岁的占41.0%，40岁以下的仅占0.6%（见图2）。目前，我国非遗代表性项目代表性传承人普遍年龄偏高且面临断层，传承人的培养迫在眉睫。

3. 非遗进入高质量发展阶段

我国非遗事业经过20多年的快速发展，已经从过去的抢救性保护进入注重高质量发展、注重成果利用的新阶段，从过去的无组织、无意识的保护进入到有组织、系统性保护的新阶段，从传统的保护方式逐渐转向创造性转化和创新性发展。

4. 非遗的传播力迅速提升

有研究表明，在文学类、民俗类、戏剧类等800余项国家级非遗项目

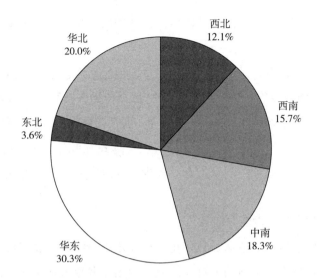

图1 2022年国家级非遗代表性项目代表性传承人区域分布情况

资料来源：根据观研天下数据整理。

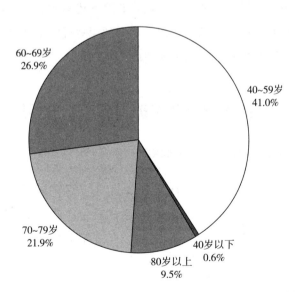

图2 第5批国家级非遗代表性项目代表性传承人年龄分布

资料来源：根据观研天下数据整理。

中，童谣、春节、京剧等网络关注度高，分别居文学类、民俗类、戏剧类非遗之首。

从区域分布来看，东部地区经济发达，地区活力较强，非遗产业化探索较早，"非遗创新传承+产业生产性保护+社会传播普及"路径基本形成，其后依次为西部、中部和东北地区，"一带一路"倡议的推进和西部城市经济圈的发展，使非遗产业依托资源优势实现跨越式发展。自主品牌活动较少、展现形式多为原生态、与观众的互动较少等导致中部、东北地区非遗传播活力相对较弱。

5. 非遗数字化建设能力增强

新冠疫情过后，非遗保护数字化、科技化趋势明显，数字藏品开发成为非遗数字化领域中一个新的流行和热点，国潮非遗越来越受到年轻人的追捧和喜爱。非遗信息的采集、整理、存储，甚至传播和开发利用，都随着数字人文 3.0 时代的到来而全面转型升级，3D 图像让人们更直观地认识非遗，非遗消费形成线上与线下一体化的格局。非遗的传承者、传播者、生产者及其消费者借助新媒体频繁互动，非遗传承人利用短视频来展示非遗文化、销售非遗产品、传承非遗技艺、拓展非遗的应用场景。

二 其他省份非遗保护和高质量发展经验

（一）浙江非遗保护和发展经验

浙江是我国非遗资源最丰富的省份之一，有 257 项国家级非物质文化遗产代表性项目，196 名代表性传承人，居全国首位。浙江非遗保护工作走在全国前列，创造了非遗普查的"浙江模式"，开拓了非遗创新性保护传承的"浙江经验"。

1. 重视顶层设计

浙江历来重视非遗保护工作体系的顶层设计，印发了《关于进一步加强非物质文化遗产保护工作的实施意见》，推进非遗强省建设。探索非遗保护体系建设，深入实施非遗传承发展工程，推动非遗保护由数量规模型向质量效能型转变、由注重抢救性保护向创新融合型发展转变；重点构建名录保护体系、传承发展体系、传播普及体系、融合创新体系、组织领导体系等五大体系，巩固非遗保护基础。

2.扎实推进传承记录工程

浙江国家级非遗代表性传承人（119名）、优秀项目（14项）、记录成果利用转化等均在全国领先，以成果编纂、转化推介、纪录片展映、影像专题展等多种形式，全方位展现浙江非遗工作成果。新合索面非遗工坊、中泰竹笛非遗工坊等4个非遗工坊入选全国66个"非遗工坊典型案例"。

3.非遗助力乡村振兴和共同富裕

浙江发布了《浙江省文化和旅游厅关于开展省级传统工艺工作站、非遗工坊创建工作的通知》《浙江省文化和旅游厅关于公布省级传统工艺工作站、省级非遗工坊（创建）名单的通知》，公布了20个省级传统工艺工作站、98个省级非遗工坊（创建）名单，正式命名第一批10个省级传统工艺工作站、87个省级非遗工坊，公布了杭州市上城区、余杭区等8个"非遗助力共同富裕"试点地区，推动非遗产品和服务形成产业提升经济效益，助力乡村振兴，助推共同富裕。

4.非遗保护载体构建

2019年开工建设的浙江省非物质文化遗产馆，建筑面积35000平方米，是浙江"十三五"文化基础设施建设重大项目之一，以弘扬中华优秀传统文化为根本宗旨，以科学化保护、高质量研究、多维度传承、创新型服务为重点任务，承载着保存保护、传承传播、展示展演、教育研究、创意研发等五大功能。

5.非遗高质量发展（创造性转化和创新性发展）

浙江非遗逐步实现与当代美学（含技术美学）、全国少数民族风情、全球流行文化的"三个嫁接"，实现创造性转化和创新性发展，打造具有显著浙江标识的非遗事业和非遗产业。策划推出"非遗套餐个性定制""非遗家庭泡腾计划"等，建设"非遗养老院""非遗幼儿园"，让非遗融入大众日常文化消费。

（二）山东非遗保护和发展经验

山东非遗保护项目较多，传承人队伍正在壮大，非遗品牌持续打造，非遗事业高质量发展前景广阔。

1. 政策制度创新，高位推动非遗保护

2022 年，山东省文化和旅游厅等 22 个部门印发《关于进一步加强非物质文化遗产保护工作的若干措施》，全面部署非遗体系建设、传承水平提升和传播普及。印发《山东省省级文化生态保护区管理办法》，加强非遗区域整体性保护，维护和培育文化生态。

2. 推进非遗代表性项目保护单位调整和改革

山东开展省级非遗代表性项目保护单位检查和调整，对 265 个涉及更名、撤销、机构改革、行政区划调整的保护单位进行调整和重新认定，公布前 5 批省级非遗代表性项目保护单位名单，做好第 6 批国家级、省级非遗代表性传承人推荐申报工作。

3. 开展"非遗进社区"全国试点示范工程

支持青岛市、东营市开展"非遗在社区"全国试点工作。青岛市评选出 34 个"非遗特色社区"、10 个"非遗特色示范社区"。支持济南市市中区、淄博市博山区等区县开展"非遗在社区"省级试点工作。

4. 搭建中国特色非遗理论与实践研究平台

在高校、科研院所设立 37 个省级非遗研究基地，加强非遗理论研究。与文化和旅游部恭王府博物馆签署战略合作协议，设立国家非遗展览展示研究中心齐鲁（邹城）展示基地。

5. 持续开展年度非遗亮点工作评选

自 2011 年启动的年度非遗亮点工作评选，已经成为山东非遗领域的一件盛事，关注度高、影响面广，在山东非遗的保护、传承和发展中示范性强、带动面广，促进了山东省非遗保护传承体系的完善。

6. 打造非遗工坊品牌

制定《"山东手造"推进工程实施方案》，推进手造进景区和手造重点

产业发展。印发《山东省非遗工坊认定和管理办法》，支持有意愿的企业、合作社和带头人在脱贫地区和重点帮扶县、安置区设立非遗工坊，打造以手工制作、加工制造为主的"山东手造"特色产品，带动群众就近就地就业。

三　海南非遗保护和高质量发展现状

（一）主要政策及发展方向

海南学习贯彻习近平总书记关于非遗保护传承的重要讲话精神，落实中办国办印发的《意见》和文化和旅游部印发的《"十四五"非物质文化遗产保护规划》，修订了《海南省非物质文化遗产代表性传承人认定与管理办法》，印发了《黎族传统纺染织绣技艺保护发展三年行动计划（2021—2023年）》《海南省"十四五"非物质文化遗产保护规划》。为加强非遗保护，传承海南历史文脉，根据《中华人民共和国非物质文化遗产法》，2022年5月31日，海南省第六届人民代表大会常务委员会第三十六次会议通过了《海南省非物质文化遗产规定》，填补了海南省文化立法的空白，非遗的系统性保护水平进一步提升。

（二）非遗保护与发展现状

海南非遗是"南溟奇甸"的记录者，保护好非遗就是保存好海南发展的历史记忆。自2004年启动非遗保护至今，以政府为主导、社会参与的保护组织机制基本形成，科学的非遗名录保护体系已初具规模，非遗项目保护和传承工作逐步深入，非遗保护机构不断健全，队伍不断壮大，工作基础逐步夯实。

1.非遗保护和发展成效

（1）及时完善政策法规，非遗保护体系初步建立

海南已经建立三级非遗名录保护体系。目前，全省共有国家级非遗项目32项，省级九大类82项，市县级300多项。黎族传统纺染织绣技艺于2009

年被联合国教科文组织列入首批《急需保护的非物质文化遗产名录》。有非遗代表性传承人 1068 名，其中国家级 19 名、省级 149 名、市县级 900 名。有非遗生产性保护示范基地 7 个（国家级 2 个、省级 5 个），传统技艺类、传统表演类非遗传承村 16 个，黎族传统纺染织绣技艺传习馆 5 个，非遗传承教学基地 17 个，黎族技艺实践课试点学校 18 所。

（2）加快建设基础设施，非遗由传统保护向数字化转型

加强非遗传承体验设施建设，省级财政投入 8.68 亿元建设省非遗展示中心。省群众艺术馆加挂省非遗保护中心牌子，是全国第四批数字文化馆试点单位。自 2019 年开始，省数字文化馆国家文化云（交流系统）对接和省公共文化云建设至今，覆盖全省的公共文化服务网络体系逐步健全，公共文化服务效能有效提升。省数字文化馆云平台（含移动端）开通了文化资讯、非遗传承等 23 个业务板块，覆盖对接服务全省 22 个市县区的总分馆体系和以省馆云平台为基础的 5 个特色专区全面建成。在 2023 年初公共文化云建设项目验收中，省群众艺术馆获得全国排名第 11 的良好评价。

建设非遗展示馆、群众艺术馆、琼剧会馆等场馆及其配套设施。积极开展数字文化资源建设，打造《群文视界》等数字文化资源，让戏曲、动漫走进校园。2021 年 10 月起，省非遗网整合迁移至省数字文化馆网站，在保留原网站 10 个子板块的基础上新建"黎锦技艺"板块，保障网站资源的展示和留存。

（3）密切关注传承人培养，非遗区域整体性保护加强

海南共有三级非遗代表性传承人 1068 名。第 6 批国家级非遗代表性传承人正在推荐申报。关注非遗代表性传承人的培养，全省两所院校列入中国非遗传承人研修培训计划。开展非遗进校园活动，在全省 18 个市县 100 多所中小学开展黎锦技艺、黎族打柴舞等 21 个项目非遗技艺实践课。

鼓励社区、群体和传承人群开展非遗传承活动，全省认定非遗代表性项目传承村 16 个，在传承村建立面积不小于 100 平方米的传习所，在市县建立面积不小于 300 平方米的传习馆。省财政安排专项资金支持建设白沙、五指山、乐东黎锦技艺传统工艺工作站。省旅文厅支持保亭、白沙等市县设立

少数民族文化生态保护区，推动"海南热带雨林和黎族传统聚落"世界"双遗产"申报工作。

（4）高度重视宣传展示，非遗服务自贸港建设能力提升

在"文化和自然遗产日"、黎族苗族"三月三"、春节等民俗和传统节日开展主题宣传和非遗展示，推动非遗进社区、进校园、进景区；参加中国非遗传统技艺大展、成都国际非遗节、中国国际消费品博览会等活动，展示海南非遗的独特魅力；举办海南锦绣世界文化周、"百卉千华"龙被展、非遗传统织绣印染技艺精品展等大型非遗活动，融入热带雨林、海洋和民族文化；线上线下同频宣传"海南非遗购物节"；在《海南日报》等主流媒体发布黎锦等非遗保护成果，提升海南非遗的国际国内影响力。

积极发挥旅游优势，以非遗为主要元素打造陵水椰田古寨、保亭槟榔谷等旅游景区，年接待游客几百万人次；在槟榔谷、呀诺达、南山等景区设立非遗集市，销售非遗产品，带动邻近村民参与景区建设和管理；在景区开展非遗研学课程设计大赛、非遗研学旅游路线设计大赛等活动；在校园、商圈、景区开展黎锦苗绣创意设计征集优秀作品巡回展活动；拍摄《旅读海南》大型系列电视片，邀请郦波、杨雨等国内著名学者到海南探寻非遗；搭建黎锦设计师及设计服务平台，整合国内高校设计师、社会知名设计师资源为全省100多家黎锦企业、工坊和非遗传承人工作室提供符合市场和消费者需求的设计和产品定制服务，提升非遗产品市场竞争力；举办"凤凰商学院"创业培训，开展投融资对接；以刘香兰、张潮瑛等为代表的黎锦技艺传承人带领合作社致富，利用非遗助力乡村振兴。

2.典型案例：黎族传统纺染织绣技艺

黎族传统纺染织绣技艺是海南黎族妇女创造的一种纺织技艺。将黎族传统纺染织绣技艺与现代美学相结合的黎族风文创产品，蕴含了丰富的黎族文化，也呈现了非遗产品的当代价值。海南省黎锦产业发展较好的市县有五指山市、白沙县等，发展各有优势、各具特色。

（1）五指山市黎族传统纺染织绣技艺

五指山市黎族传统纺染织绣技艺传习所是海南省第一个挂牌成立的非遗

传习所，现有员工60人，由国家级黎锦技艺代表性传承人刘香兰担任负责人，依托黎锦技艺开展非遗技能培训，产品设计提升、展示展销，推进非遗工坊建设。

非遗助力乡村振兴。工坊通过开展公益性传统黎族技能培训吸纳建档立卡脱贫户和低收入家庭上岗，引导农民参与非遗传承，实现订单式就业。依托现代信息技术拍摄线上黎锦慕课教程，让更多的群众了解、学习和传承非遗，共吸纳脱贫人口就业28人，产品年订单1500笔，产品年销售额80万元。

非遗事业与旅游业深度融合。充分利用旅游资源保护和发展非遗。设计制作了符合大众审美的时尚单品及生活用品，例如黎锦围巾、鼠标垫、电脑包等。通过改善材料、改进设计、改良品质，提高非遗传统工艺和市场竞争力。利用博鳌亚洲论坛2022年年会和2022三亚南山非遗节雨林文化展展示时尚的黎锦服饰、手包等文创产品，彰显"黎苗风"。

（2）白沙县黎族传统纺染织绣技艺

白沙县传承和保护黎族传统纺染织绣技艺的工作比较规范，法规制度相对完备。2022年修订了《白沙黎族自治县非物质文化遗产项目代表性传承人认定与管理暂行办法》；2022年施行了《白沙黎族自治县县级非物质文化遗产代表性项目申报评定暂行办法》。注重对黎锦传承人的培养，黎锦技艺人数扩大至5000多人；在21所中小学开设黎锦课堂，举办黎锦技艺大赛；选派传承人参加省内外研修培训、各类文博会等，提高传承人的能力和水平。利用多媒体手段，真实、全面、系统记录非遗保护项目及传承人。完成了《黎族传统纺染织绣技艺》申报片制作，编辑出版《白沙——中国黎族双面绣之乡》《黎族双面绣科普教材》《黎族双面绣、黎族泥片制陶教材》。

建成黎锦传承馆1个、传承所4个，命名传承村2个，建成黎锦校内培训基地21个，黎锦校内展览馆1个。有黎锦合作社6家、黎锦作坊4家，黎锦产业发展迅速，张潮瑛等非遗传承代表人开始在抖音上宣传并承接批量订单，带动合作社和作坊发展黎锦产业。2021~2022年，白沙县黎锦产品销售额迅速增加，各合作社、工坊等黎锦产品销售情况如表1所示。

表 1 2021~2022 年白沙县黎锦产品销售情况

单位：元

合作社/坊	2021 年销售额	2022 年销售额	2021~2022 年销售额合计
白沙黎锦技艺坊	20000	260000	280000
白沙润妹黎锦手工坊专业合作社	10000	1800000	1810000
白沙灿然黎锦手工艺专业合作社	980000	1000000	1980000
白沙春连黎锦专业合作社	65000	100000	165000
白沙牙叉黎族双面绣民间绣坊	260000	1000000	1260000
白沙黎梦母纺染织绣专业合作社	10000	50000	60000
白沙邦溪廖桂花黎锦民间织染绣坊	85600	250000	335600
白沙牙叉美女山黎锦工作坊	8000	6000	14000
白沙润黎黎锦手工农民专业合作社	18000	0	18000
白沙乡情黎锦专业合作社	10000	0	10000
合计	1466600	4466000	5932600

资料来源：根据调研数据整理。

（三）存在的问题

1. 非遗保护管理机构尚不健全

海南没有非遗保护管理的专门机构，目前由省旅文厅公共文化处负责全省非遗保护管理工作，多项非遗保护业务委托省群众艺术馆承担。各市县局也未设非遗保护科，省、市县两级非遗保护中心均在同级文化馆加挂非遗保护中心牌子，且大多数市县级文化馆没有正规编制，只能从原本就人员不足的文化馆调剂人员来承担非遗保护工作，水平和技能普遍不高，难以适应省非遗保护事业发展需求。

2. 财政投入力度不均衡

截至 2022 年底，中央和省财政资金投入相对较多，市县财政投入比较少。2023 年，省级非遗专项资金除给省级代表性传承人的补助资金外，均没有安排，制约了非遗保护工作的开展。2022 年，省非遗保护预算资金总计 893 万元（见表 2），省财政资金共补助国家级非遗重点项目 33 项 93 万元、研修培训 120 万元、代表性项目保护 650.5 万元、14 名国家级非遗传承人 29.5 万元。省级财政补助经费上百万元的仅有海口和白沙两个市县，分别为 126.22 万元和 141.58 万元，仅仅补助了国家级非遗重点项目和国家级非遗传承人，省级项目和省级非遗传承人等均未补助。与浙江、山东等省份相比，海南非遗保护财政补助经费还太少。

表 2   2022 年海南非遗保护预算资金情况

单位：万元

市县（单位）	预算数	提前下达数	二次下达数	备注
省琼剧院	89		89	
海口	126.22	53	73.22	
三亚	2.5	46.5	−44	
儋州	4	4	0	
琼海	49.5	42	7.5	
五指山	92.3	132	−39.7	
东方	82.8	84	−1.2	
白沙	141.58	37	104.58	
昌江	20	0	20	
琼中	70	41	29	
定安	13	0	13	
临高	53.6	4	49.6	
乐东	22	31	−9	
保亭	4.5	52	−47.5	
澄迈	2	2	0	
文昌	0	61	−61	
苏州工艺美术职业技术学院	40	0	40	省旅文厅转拨
海南职业技术学院	40	40	0	省旅文厅转拨
海南热带海洋学院	40	40	0	
合计	893	669.5	223.5	

资料来源：海南省财政厅文件。

3. 数字化水平待提升

通过近 4 年的数字化建设与运营，海南省建立了省数字文化馆数字化总分馆服务标准体系，为全省 18 个市县和海口 4 个区分配了专区。但各区县数字文化馆省级专区运营水平参差不齐，海口市群众艺术馆、三亚市群众艺术馆等资源更新频率较高，而文昌市文化馆、万宁市文化馆等资源更新频率较低。部分文化馆对数字化服务的认知不足，缺乏在"互联网+"背景下深入开展线上服务、进一步拓展受众的能力。少部分区县文化馆缺乏持续开展线上省级平台专区建设与运营的人力和经费。

4. 非遗的创造性转化和创新性发展不足

习近平总书记在 2021 年 9 月 13～14 日考察陕西榆林时强调，要坚持创造性转化、创新性发展，找到传统文化和现代生活的连接点。① 党的十八大以来，非遗保护领域获得了思想大解放、观念大更新和思路大调整。大批非遗通过转化开发进入人民生产生活，非遗丰富精神内涵、注重生活体验、兼顾经济效益、服务国家重大战略的传承和保护模式逐步形成。随着社会经济的发展，人们的文化消费理念日趋差异化、个性化，非遗也正在通过多元化的展现形式满足人民对物质文化和精神文化的需求。全国各地开始设立非遗工坊、非遗主题旅行线路、非遗夜市、非遗市集、非遗主题博物馆等，推进非遗的创造性转化。有些省（市）甚至打造非遗奢侈品，延伸非遗深厚的、独具特色的文化属性，为特定区域的人们带来一定的身份认同，推动非遗的创新性发展。

海南非遗特别是传统技艺在形成产业服务脱贫攻坚和乡村振兴方面有一些典型范例，如五指山市黎族传统纺染织绣技艺、白沙县黎族传统纺染织绣技艺等，成立了合作社、工坊，三亚南山、槟榔谷、呀诺达等景区设立了非遗集市，非纯手工、手工与现代工艺相结合，产品类型涵盖服饰、壁挂、装饰品、包包、香包等，还开通了抖音直播。保亭县、三亚市等将非遗项目与旅游业紧密融合，取得了可观的经济和社会效益。但总体而言，海南非遗的创造性转化和创新性发展不足，还没有形成非遗旅游线路、非遗主题公园等

---

① 《习近平在陕西榆林考察时强调：解放思想改革创新再接再厉 谱写陕西高质量发展新篇章》，中国政府网，2021 年 9 月 15 日，https：//www.gov.cn/xinwen/2021-09/15/content_5637426. htm？eqid=a6168a7c0005e99600000005648bc22e。

标志性旅游品牌，非遗产品也没有非常耀眼的品牌，"非遗+"产业发展明显乏力。

四 海南非遗保护、传承和高质量发展对策

（一）加强顶层设计，融入国家重大战略

积极融入国家重大战略是非遗版图拓展的主要表征，也是非遗保护领域面临的重大机遇。非遗本身就具备跨区域性和文化一体性等特点，其保护和传承也有系统性和区域协同性，非遗作为区域协同工作的文化黏合剂，必将在国家重大战略中发挥重要的作用。

《意见》明确要求推进海南全面深化改革开放等国家重大战略中的非遗保护传承，加强区域协同。海南非遗保护、传承和发展也应全面对接国家重大战略，做好顶层设计和全面布局，深入挖掘好民族文化，设立 21 世纪海上丝绸之路文化交流平台，重点在旅游、人文交流等领域，加强与东南亚国家的沟通交流和合作，为建设有世界影响力的中国特色自由贸易港贡献文化力量。《意见》还提出在国家文化公园建设中，加强非物质文化遗产保护传承。党的十八大以来，习近平总书记多次对海南的生态文明建设作出重要指示，提出殷切期望。2021 年 9 月，海南热带雨林国家公园入选第一批国家公园。旅游业是海南的支柱产业之一，海南应高度重视发挥非遗的文化力量，在践行"绿水青山就是金山银山"理念的同时，创新发展"非遗+雨林旅游"产业，将"非遗+雨林旅游"塑造成海南旅游的金字招牌，既服务好国家战略，也满足广大民众对海南多元化的旅游需求。当然，非遗保护离不开对乡土文化和民间智慧的认同守望。全面乡村振兴也包括对乡村文化传统的保护和农业文明的守护。非遗也是推动海南经济社会发展、助力乡村振兴、增加人口就业、拉动内需促进消费的重要抓手。

在保障机制方面，研究出台加强非遗保护的实施意见；完善非遗保护工作部际联席会议制度，确定成员单位，由省旅文厅牵头形成非遗保护工作合

力；依托高校、科研院所探索非遗知识产权保护研究；加快推进非遗数字化、标准化建设；把非遗保护工作纳入省经济社会发展总体规划和考核评价体系，在全省形成有利于非遗保护传承的体制机制和社会环境，为建设具有世界影响力的中国特色自由贸易港汇聚文化力量。

（二）重视体系建设，搭好非遗保护的"四梁八柱"

海南自由贸易港建设正围绕封关运作推动更高水平制度型开放，海南应抓住这个机遇，不断强化非遗的文化肌理、存活空间和传承载体，重视平台搭建和体系建设，不断壮大非遗保护、传承和创新发展力量，搭建好非遗保护的"四梁八柱"。制定《海南省民族民间文化保护条例》，由省旅文厅牵头研究制定《海南省非物质文化遗产规定》，迅速响应文化和旅游部印发的《关于推动非物质文化遗产与旅游深度融合发展的通知》精神，组织专家团队研究推动海南非遗与旅游深度融合、非遗数字建设发展的关键策略等，夯实非遗工作的制度支撑。继续完善代表性项目制度、代表性传承人制度、区域性整体保护制度等 3 项制度，加快建设调查记录体系、传承体验设施体系、理论研究体系等 3 个体系，推进海南非遗的传承、保护和创新发展。

（三）写好分类保护大文章，推进非遗理论与实践创新

非遗十大门类各具特点，其保护也有规可循，宜分类施策。要在深化保护体制中切实发挥非遗的社会功能和生活功用，首先需在海南全省范围内做好非遗的调查、记录和研究，用电子化的方式采集、记录好调查数据、资料和成果，为非遗保护提供真实有力的数据支撑。其次运用文字、图像、音频、视频等方式，对国家级非遗代表性项目和代表性传承人实施全面记录。最后规范和完善非遗的建档工作与各项数据库、公共数字平台建设。

全面摸排和掌握全省非遗研究机构基本情况，鼓励高校、科研机构等专业机构参与非遗的知识产权等研究。统筹全省非遗研究力量，建立非遗资源库和专家库，依托高校或者科研院所建设非遗研究基地和非遗重点实验室，

从学科建设、工作方向、认知方式、路径探索等方面，开展多学科、跨学科联合攻关，围绕非遗保护工作面临的重难点问题开展理论和实践研究，力争出版一批在全国有影响力的非遗保护、传承和创新发展成果，推进中国特色非遗理论与实践创新。

（四）重视海洋非遗整理和保护，加快热带海洋国家公园创建

海洋非遗充分展现了人类生产生活与海洋之间的联系。海南具有形成与海洋相关的非物质文化遗产的优良生态环境，是南海文明的主要起源地。据统计，体现海南人与海洋共生的有民间文学、传统音乐等七大类近30项项目和50多种资源。海南在国家级非遗代表性项目中有临高渔歌、疍歌等6项与海洋有关，省级和市县级分别有10多项、20多项非遗项目与海洋有关，但形成在远海域、直接体现人与海洋联系的非遗项目较少。因此，本报告建议：重视海洋非遗资源的调查、整理与保护，特别要关注和整理桅帆船时代在三沙诸岛海域形成的非遗，包括造船技艺、航海技艺和捕捞技艺等；收集整理好参与三沙海域开发的潭门和文昌沿海渔民，以及三亚、陵水等地疍家人的非遗资源，改变海洋非遗的"碎片化"状态，建成规范化的海洋非遗保护体系；做好南海西北陆坡明代沉船遗址考古宣传和展示；加快推进热带海洋国家公园创建。

（五）加强数字化保护，让海南非遗"活"起来

随着时代的进步和计算机、网络等信息技术的普及，传统的非遗保护方式已经不再适应社会的发展和人民的需求。数字化的展示方式可以使非遗变得更接地气、更温暖、更有趣。利用数字技术修复和保存文物，创建非遗数字化保护和数字化展示平台，可以用图声文相结合的方式对非遗进行"活态"保护，按标准规范建档，方便对其进行科学分类、精准研究和长久保护，更能提升非遗的宣传效果。可以让人们和非遗友好互动，对非遗进行深度了解。

海南非遗的数字化保护才刚刚起步，仅仅依托省群众艺术馆（省非遗

保护中心）搭建了非遗的数字化展示平台，没有对非遗和传承人活动进行数字化记录和保存，没有建立相应的保护标准，有些市县的非遗没有标准化建档。因此，本报告建议：省旅文厅牵头组织力量制定多规合一的非遗数字化保护体系；研究制定非遗数字化记录、保存的计费标准，将非遗的数字化保护纳入预算；推动建设以数据为核心的非遗保护中心，让人们能实时了解非遗的状态，感知上报的各种数据，通过数字化平台进行自主学习，形成非遗知识体系；运用数字虚拟技术高清展示、沉浸式阐释推进非遗的互鉴和交流；开展多媒体授课、线上非遗培训、非遗创意设计等活动，让非遗真正"活"起来。

（六）加强人才和经费保障，让非遗在保护中延续"生命"

1.完善机构设置，加强人才队伍建设

在机构设置方面，全国仅有海南和宁夏没有设立专门的非遗处。因此，本报告建议：省旅文厅单独设立非遗处，增加3~5个编制，统筹全省非遗保护管理工作；各市县要单独设立非遗科，与省旅文厅非遗处对接，做好市县非遗保护管理。

在人才培养方面，引进硕士研究生以上非遗专业人才，关键岗位破格录用专业人才；探索认定非遗代表性团队，任命团队负责人；建立非遗传承人长效培训机制，提升非遗传承实践能力；加强对非遗管理人员和基层骨干的培训；鼓励海南大学和海南师范大学等高校开设非遗专业和课程，培养非遗保护管理人才；完善非遗保护专业人才评价机制；建立非遗保护的专家咨询机制。

2.保障非遗保护经费

在规范和加强省非遗保护预算资金执行的基础上，建议按年增5%的标准，逐年增加非遗保护专项预算，对非遗保护专项资金使用情况进行过程监督和绩效评价；出台相关政策鼓励推动市县增加非遗保护经费财政预算；适当增加对传承人的补助资金；鼓励行业协会和企业主体依法设立基金会，以项目经费形式资助非遗项目和传承人。

（七）整合资源多维利用，让"非遗+"产业兴起来

非遗的价值是多层次和多维度的。新时代非遗的保护与传承要在守正与创新中发展，找到传统文化和现代生活的连接点。创新利用非遗实际就是充分运用新技术、新手段深度挖掘非遗的文化价值，通过多学科、多领域的立体融合，重构非遗价值体系，保持并提高非遗存续力和生命力。

可以利用海南民间技艺设计日常用品或者服装、产品包装等，让旅游产品独具非遗创意，逐步形成"非遗+创意"产业，这也符合海南创意岛的发展理念；在海南全岛设立"非遗驿站"，将全省的非遗资源"串"起来；在三亚、五指山、保亭等旅游和非遗资源丰富的市县，重点开发非遗旅游线路，以文塑旅、以旅彰文推进"非遗+旅游"产业发展，让每一位游客深度体验海南文化，记住海南故事；在五指山、白沙、琼中等建设热带雨林国家公园的主要市县，发展"非遗+经济"产业，在守住生态底线的基础上，重点发展非遗工坊，培养非遗主要传承人，做好品牌塑造和专业营销，实现非遗保护体系建设和经济效益最大化。

非遗产品和技艺本身就凝聚了时尚元素，从构思、设计到制作甚至营销，整个过程都渗透了美学，以更时尚、创新的方式将民族的、古老的技艺引入现代生活中。海南自贸港由于离岛免税政策红利和旅游业的良好发展，时尚产品的消费群体相对较稳定，并且在不断拓展。因此，本报告建议：海南结合国际旅游消费中心建设，发展"非遗+时尚"产业，提升游客对海南民族文化的认识和认同，让海南非遗时尚产品成为独特、永恒的文化符号和记忆；海南是天然温室和天然氧吧，可以在琼海、五指山等地借助医疗旅游、国家冬训基地等优势资源发展"非遗+康养""非遗+体育"产业；围绕陵水国际教育城、洋浦经济区引进外资办学等优势发展"非遗+研学"产业，夯实海南自由贸易港的产业根基。

参考文献

梁淑平、邓琼飞、方礼刚：《海南海洋非物质文化遗产资源保护现状及对策研究》，《老区建设》2018 年第 14 期，第 45~48 页。

刘梦颖：《非物质文化遗产及其保护工作助推乡村文化振兴的进展、问题与对策（2018~2021）》，载宋俊华、李惠主编《非物质文化遗产蓝皮书：中国非物质文化遗产保护发展报告（2022）》，社会科学文献出版社，2023，第 60~75 页。

姜燕：《2022 年全国非物质文化遗产保护工作会议召开》，《新民晚报》2022 年 8 月 29 日。

郑蕊：《非物质文化遗产保护加速落地》，《北京商报》2022 年 8 月 28 日。

王彬等：《加强文化遗产系统性保护利用 增强中华文明传播力影响力》，《中国文化报》2023 年 3 月 7 日。

苏锐：《山东：非遗传承保护发挥"榜样的力量"》，《中国文化报》2022 年 5 月 10 日。

《非遗保护传承和开发利用进入高质量发展新阶段》，河南省文化和旅游厅网站，2022 年 4 月 9 日，https：//hct. henan. gov. cn/2022/04-09/2428946. html。

《解读 | 郝庆军：拓宽非遗保护实践的边界和版图》，中国工艺美术协会网站，2022 年 2 月 25 日，https：//www. cnacs. net. cn/20/202202/3786. html。

《浙江省非遗保护工作走在全国前列》，网易，2019 年 2 月 28 日，https：//www. 163. com/dy/article/E93KSBOS0534697H. html。

《加大政策扶持力度！到 2025 年，浙江力争建成"非遗强省"》，萧山网，2022 年 4 月 3 日，https：//www. xsnet. cn/content/2022-04/03/content_ 256410. html。

《首座大型综合性非遗馆——浙江省非物质文化遗产馆面积 35000 平方米》，B 站，2023 年 6 月 7 日，https：//www. bilibili. com/read/cv24199423/。

《浙江宣传 | 非遗，活起来才能活下去》，浙江在线，2022 年 7 月 11 日，https：//zjnews. zjol. com. cn/zjxc/202211/t20221130_ 25128713. shtml。

《2022 年山东省非物质文化遗产传承创新产教联盟年会暨发展论坛在临沂职业学院举办》，搜狐网，2022 年 6 月 13 日，https：//gov. sohu. com/a/556723884_ 121345914。

B.7
2022年海南教育高质量发展报告

王 标 段会冬 赖秀龙 谢君君*

摘 要： 教育高质量发展是一个动态的过程，既是一种质量观，也是一种发展观。基于海南教育发展实际，可以从覆盖广泛、质量优良、结构优化、保障有力、特色鲜明等五个方面构建教育高质量发展指标体系。2022年，海南教育普及水平开创新高度、全面提质跃上新台阶、结构优化呈现新亮点、保障能力达到新水平、办学方式展现新特色，但仍存在教育资源总量不足、质量需大力提升、结构需要进一步优化、保障力度有待加大、特色还需要更加彰显等问题。因而，需要弥补教育资源总量不足，优化教育规模结构，深化教育国际交流合作，夯实发展基础，推进海南国际教育创新岛建设，构建海南教育高质量发展的新格局。

关键词： 海南教育 高质量发展 国际教育创新岛

　　教育是国之大计、党之大计，深刻把握教育、科技、人才"三位一体"是推进中国式现代化的客观要求，也是教育高质量发展的必然要求。2022年是海南教育高质量发展的关键一年，在明晰教育高质量发展内涵的基础

---

* 王标，博士，海南师范大学海南教育改革与发展研究院教授，主要研究方向为课程与教学论、教师教育；段会冬，博士，海南师范大学教育学院教授，主要研究方向为基础教育、民族教育；赖秀龙，博士，海南师范大学教育学院教授，主要研究方向为教育基本理论与教育政策；谢君君，博士，海南师范大学马克思主义学院副教授，主要研究方向为民族教育理论与实践。

上，海南教育高质量发展体现了鲜明的时代特色和地域特征，但仍存在一些发展中的问题，需持续改进。

一 教育高质量发展要义

2017年，习近平总书记在党的十九大报告中指出，"我国经济已由高速增长阶段转向高质量发展阶段"，首次明确了高质量发展的内涵。2020年，党的十九届五中全会通过了《中共中央关于制定国民经济和社会发展第十四个五年规划和二〇三五年远景目标的建议》，明确指出将推动高质量发展作为"十四五"期间经济社会发展的主题。自此，高质量发展成为我国教育、经济、文化等各大领域的核心话语。党的二十大报告明确指出，"高质量发展是全面建设社会主义现代化国家的首要任务"，"教育、科技、人才是全面建设社会主义现代化国家的基础性、战略性支撑"。2023年，海南省委八届三次全会审议通过了《中共海南省委关于全力推进自由贸易港建设加快推动海南高质量发展的意见》，从十个方面对未来5年海南高质量发展做出全面系统部署。海南必须始终坚持以习近平新时代中国特色社会主义思想为指导，锚定"一本三基四梁八柱"战略框架，完整、准确、全面贯彻新发展理念，牢牢把握高质量发展这个首要任务，力争用5年的时间在海南高质量发展上取得突破性进展。

教育高质量发展是对教育发展整体样态的描述，事关教育发展的价值判断，共涉及以下几个方面。一是发展不同于增长，二是高质量不等于高升学率，三是高质量发展不偏狭于局部亮点，四是高质量发展不固守于绝对性思维。高质量发展固然要考虑不同区域之间的横向比较，但也关注自身发展前后的纵向比较，因此，认为达到某个标准就实现了高质量发展的认识只是一种静态的绝对性思维，忽略了质量要求会依据不同的发展基础、不同的社会发展需求而发生改变。

概而言之，教育高质量发展既包括教育普及程度和质量的提升，也包括结构的不断优化、特色的不断彰显，还包括实现系统性变革所必需的资金、人力等方面的投入，最终使教育与社会发展的需求相匹配，使教育成为提升劳动力素质和引导社会发展的重要力量。

二 教育高质量发展指标体系的构建

根据上文对于教育高质量发展的理解，本报告从覆盖广泛、质量优良、结构优化、保障有力、特色鲜明等五个方面构建了海南教育高质量发展的指标体系，共5个一级指标，41个二级指标（见表1）。每个指标的确定都兼顾了国家教育发展的重要政策文件与海南教育发展的现实基础和发展规划。

（一）覆盖广泛

主要涉及各级各类教育的普及程度。其中，学前教育充分考虑了普及普惠发展的阶段性目标，特殊教育主要参考了《"十四五"特殊教育发展提升行动计划》中关于特殊教育发展的规模要求，高中阶段教育和高等教育主要参考了《"十四五"县域普通高中发展提升行动计划》《中华人民共和国国民经济和社会发展第十四个五年规划和2035年远景目标纲要》中关于教育普及程度的规定。

（二）质量优良

主要从劳动力受教育年限、班校额、教育巩固率、课程开设、教育质量监测、学校文化建设、教师培训情况等几个方面反映地区教育质量的总体情况。该指标偏重于从基础教育的角度考量，以此突出基础教育在地区教育高质量发展中的基础性地位。条件充分时该指标可向职业教育、高等教育、特殊教育等领域扩展。

（三）结构优化

主要观测区域优质资源布局、县域教育资源分配、校际教育发展差异、职业教育与高等教育产业结构布局、"双一流"高校占比等情况。其中，职业教育与高等教育产业结构偏离度主要用于反映职业教育与高等教育产业结构布局情况。参考一些学者的研究，产业结构偏离度主要由第 i 产业开设专业数占全部专业数之比减去第 i 类产业生产总值占全部生产总值之比所得的差来反映。其测算公式为：产业结构偏离度 =（第 i 产业的专业开设数/职业院校开设的专业总数）-（第 i 类产业的总产值/三大产业总产值）。当产业结构偏离度>0 时，说明第 i 类产业的专业开设数偏多；当产业结构偏离度<0 时，说明第 i 类产业的专业开设数不足；当产业结构偏离度的绝对值越接近零时，专业结构与产业结构的契合度越高。[①]

（四）保障有力

主要从财力支持和人力支持两个角度进行衡量。其中，财力支持主要包括财政性教育经费占 GDP 比例、县域所有学校的教师培训经费占公用经费的比重、特教生均经费以及生均教学用房面积、生均体育场馆面积、生均仪器设备值等方面；人力支持主要包括高于规定学历教师数，县级及以上骨干教师数，体育、艺术（美术、音乐）专任教师数等相关指标。保障有力指标着重参考了义务教育优质均衡评估中的相关指标，在保障支持中突出了义务教育保障支持的优先度。

（五）特色鲜明

就海南教育发展的实际而言，特色鲜明主要体现在两个方面：留学海南品牌的树立和"特色印记"教育的推进。前者包括合作办学、境外独立办学机构等的引进，后者包括特色学校、特色项目的建设与培育等。

表1 海南教育高质量发展指标体系

一级指标	二级指标	评估参考值	确定依据
覆盖广泛	学前教育三年毛入园率(%)	≥90%	《"十四五"学前教育发展提升行动计划》
	普惠性幼儿园覆盖率(%)	≥85%	《"十四五"学前教育发展提升行动计划》

① 刘荣：《高职院校专业结构与产业结构的契合度分析——基于2020年辽宁省高职院校专业设置统计数据》，《职教通讯》2022年第3期。

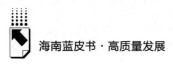

续表

一级指标	二级指标	评估参考值	确定依据
覆盖广泛	适龄残疾儿童义务教育阶段入学率(%)	≥97%	《"十四五"特殊教育发展提升行动计划》
	高中阶段毛入学率(%)	≥92%	《"十四五"县域普通高中发展提升行动计划》
	高等教育毛入学率(%)	≥60%	《中华人民共和国国民经济和社会发展第十四个五年规划和2035年远景目标纲要》
质量优良	新增劳动力平均受教育年限(年)	≥14	教育部公报
	劳动年龄人口平均受教育年限(年)	≥12	《中国教育现代化2035》
	校额达标率(%)	100%	义务教育优质均衡指标
	班额达标率(%)	100%	义务教育优质均衡指标
	国家课程开足开齐率(%)	100%	
	县域初中三年巩固率(%)	≥95%	义务教育优质均衡指标
	国家义务教育质量监测相关科目学生学业水平	≥Ⅲ级	义务教育优质均衡指标
	学校文化建设	≥良好水平	义务教育优质均衡指标
	教师5年360学时培训完成率(%)	100%	义务教育优质均衡指标
结构优化	省规范化幼儿园/省一级园市县覆盖率(%)	100%	
	省一级学校市县覆盖率(%)	100%	
	县域优质高中招生名额分配比例(%)	≥50%	义务教育优质均衡指标
	国家义务教育质量监测校际差异率(%)	≤0.15	义务教育优质均衡指标
	全县每年交流轮岗教师的比例(%)	≥符合条件教师的10%	义务教育优质均衡指标
	骨干教师轮岗比例(%)	≥轮岗教师的20%	义务教育优质均衡指标
	职业教育与高等教育产业结构偏离度		
	"双一流"高校占比(%)	≥4.5%	不低于全国平均水平,全国共137所"双一流"高校,占高校总数3013所的约4.5%

续表

一级指标	二级指标	评估参考值	确定依据
保障有力	财政性教育经费占 GDP 比例(%)	≥4%	
	县域所有学校的教师培训经费占公用经费的比重(%)	≥学校年度公用经费预算总额的5%	义务教育优质均衡指标
	不足100名学生村小学和教学点公用经费拨款标准(元)	按100名学生核定公用经费	义务教育优质均衡指标
	特殊教育学校生均公用经费	≥6000元	义务教育优质均衡指标
	义务教育每百名学生拥有高于规定学历教师数(人)	小学≥4.2人 初中≥5.3人	义务教育优质均衡指标
	义务教育每百名学生拥有县级及以上骨干教师数(人)	≥1人	义务教育优质均衡指标
	义务教育每百名学生拥有体育、艺术(美术、音乐)专任教师数(人)	≥0.9人	义务教育优质均衡指标
	义务教育生均教学及辅助用房面积(m²)	小学≥4.5m² 初中≥5.8m²	义务教育优质均衡指标
	义务教育生均体育运动场馆面积(m²)	小学≥7.5m² 初中≥10.2m²	义务教育优质均衡指标
	义务教育生均教学仪器设备值(元)	小学≥2000元 初中≥2500元	义务教育优质均衡指标
	义务教育每百名学生拥有网络多媒体教室数(间)	小学≥2.3间 初中≥2.4间	义务教育优质均衡指标
特色鲜明	国际高中、国际幼儿园建设(所)	≥15所	《海南省"十四五"建设国际旅游消费中心规划》
	境外理工农医类高水平大学和职业院校独立办学(所)	≥5所	《海南省"十四五"建设国际旅游消费中心规划》
	生态文明示范学校(所)	≥100所	《关于印发深化"阳光快乐"教育进一步打造海南中小学生"特色印记"行动方案(2022—2025)的通知》
	海南民族传统体育特色学校体育品牌(个)	≥60个	《关于印发深化"阳光快乐"教育进一步打造海南中小学生"特色印记"行动方案(2022—2025)的通知》

续表

一级指标	二级指标	评估参考值	确定依据
特色鲜明	省级劳动教育实践基地(所)	≥50 所	《关于印发深化"阳光快乐"教育进一步打造海南中小学生"特色印记"行动方案(2022—2025)的通知》
	省级劳动教育示范学校(所)	≥20 所	《关于印发深化"阳光快乐"教育进一步打造海南中小学生"特色印记"行动方案(2022—2025)的通知》
	海南民族传统艺术特色学校美育品牌(个)	≥50 个	《关于印发深化"阳光快乐"教育进一步打造海南中小学生"特色印记"行动方案(2022—2025)的通知》
	省级美育示范学校(所)	≥80 所	《关于印发深化"阳光快乐"教育进一步打造海南中小学生"特色印记"行动方案(2022—2025)的通知》

三 海南教育高质量发展指标表征

(一)教育普及水平开创新高度

1. 深耕教育内涵建设,普及率和普惠率再创新高

到 2022 年底,海南省"学前教育毛入园率"为 92.3%,高于全国平均值 2.6 个百分点;"九年义务教育巩固率"为 95.9%,高于全国平均值 0.4 个百分点;"高中阶段毛入学率"为 93.7%,高于全国平均值 2.1 个百分点;"高等教育的总入学率"为 60.8%,高于全国平均值 1.2 个百分点。①

2. 学校数量持续增加,招生规模不断扩大

截至 2022 年底,海南共有各级各类学校 4727 所,其中幼儿园 2726 所、特殊教育学校 17 所、普通小学 1358 所(不含教学点)、普通初中 410 所、普通高中 135 所。与 2021 年相比,除小学以及职业学校数量有所下降外,

① 海南省统计局、国家统计局海南调查总队编《海南统计年鉴 2023》,中国统计出版社,2023。

其他类别学校数量都在逐年增加。在高等职业教育方面，高职（专科）院校共12所，其中本科层次职业学校1所。在中等职业教育方面，共有中等职业学校57所（不含技工学校），初步形成了布局合理、数量得当、管理完善的职业教育体系。[1] 在高等教育方面，海南高等教育学校机构总计21所，其中普通本科学校共7所，5所分布于海口、2所分布于三亚；本科层次职业学校1所，为海南科技职业大学，位于海口。可见，高校数量保持稳定状态，但在地区分布上呈现不均衡的问题。

到2022年，海南省共增加基础教育学位5.1万余个。在这些新增学位中，幼儿园16000个，义务教育阶段中小学校31000个，高中4500个。多年来引进各类优质学校83所，提供优质学位超16万个。可见，海南教育规模正在逐步扩张，办学层次明显提高，重点转向优化结构和提高质量，推动教育普及水平开创新高度。

（二）教育全面提质跃上新台阶

1. 保障优质教育资源供给，走特色化创新之路

在基础教育发展上，海南在全省范围内实施"一市（县）两校一园"优质教育资源引进工作，推动海南引进优质教育资源进入全新阶段。目前，全省引进、建成并开学的中小学（幼儿园）共74所，已签约在建或待建的中小学（幼儿园）9所，引进总数达到83所，提供优质学位16万个，全面超额完成省委、省政府的引进目标要求总量。这些学校的入驻，不仅为帮扶学校带来了先进的教育理念、科学的教学方法，还将经验辐射到周边学校，渐成星火燎原之势，带动区域教育协同发展。

在职业教育发展上，持续落实"1+X"证书制度，即"学业证书+若干职业技能等级证书"制度，试点工作初见成效，拓展学生就业创业本领；探索"旺工淡学"旅游业人才培养新模式，打造人才培养可复制的成功经

---

[1] 《海南省教育厅2022年中等职业教育质量年度报告》，海南省教育厅网站，2021年12月29日，http://edu.hainan.gov.cn/edu/c100135/202112/9c3aad60f23f481eb74bd477040cc4a8.shtml。

验和示范标杆。

在高等教育发展上，构建"1+2+X"高等教育总体布局，集聚全省之力加快海南大学世界一流学科和国内一流大学建设，实施海南师范大学、海南医学院提升工程和应用型人才培养，推动海南热带海洋学院等高校特色发展，以提升全省高校办学水平，为全省高等教育高质量、内涵式发展提供坚强组织保障。

在特殊教育发展上，省教厅出台《"十四五"特殊教育发展提升行动计划》《特殊教育办学质量评价指南》，坚持"优先发展、特教特办"的特殊教育发展原则，努力探索特殊教育发展的"海南方案"，加大政策倾斜力度，为开展特殊教育办学质量评价提供必要的支持保障，为特殊教育儿童少年提供更优质的教育。

2. 构建高质量教育体系，走内涵式发展之路

在基础教育方面，海南实施了"引进中小学优秀校长和学科骨干教师"工程，在此期间，共引进优秀校长 51 名、学科骨干教师 249 名，其中有 75.33% 的教师任职、任教于贫困地区、民族市县、乡镇级以下的学校。"十三五"期间，海南引进 1.8 万名中小学"好校长、好教师"，其中有 300 余名特级教师、正高级教师、全国模范教师、全国优秀教师、全国劳模、享受国务院政府特殊津贴专家等。[①] 海南具有同类称号的基础教育教师占总人数的 35%，在一定程度上改善了海南基础教育教师队伍结构。

在职业教育方面，"十四五"期间，海南深入推进数字化工程建设，培育建设省级职教信息化标杆学校 10 所、省级示范性虚拟仿真实训基地 10 个、示范性智慧实训教室 10 个，建设省级职业教育精品在线开放课程 200 门，促进职业教育内涵式发展，达到持续改善办学品质的目标。[②]

---

① 《"十三五"建设发展辉煌成就系列之第十场新闻发布会》，海南省人民政府网站，2021 年 1 月 20 日，https://www.hainan.gov.cn/hainan/zxxx/202101/df72515a7f314051bb2f5bdd8a99 2b9e.shtml。

② 《海南省"十四五"教育现代化规划》，海南省人民政府网站，2021 年 7 月 8 日，https://www.hainan.gov.cn/hainan/szfbgtwj/202107/0a03e60156d1462bb6666a1426cd9da6.shtml。

在高等教育方面，全省着力推进一流本科"双万计划"，扩大研究生培养规模，打造高层次人才队伍，开展大学生创新创业教育，办好各类竞赛活动，持续做好高职扩招、"1+X"证书制度试点、"旺工淡学"人才培养、"冬季小学期"等工作，使全省的人才培养工作取得新进步，实现新跃升。

在特殊教育领域，海南（海口）特殊教育学校针对听力障碍学生开设厨艺类课程，初级中学开设糕点制作、美容、缝纫、电脑等职业类课程；针对视力障碍学生设置中医康复护理专业，并在中学设置家庭护理专业；针对智力障碍学生设置糕点制作、家庭护理等专业科目，以建立一套融合了特殊教育知识和技能的专业科目，确保特殊教育教学质量。

（三）教育结构优化呈现新亮点

1. 优质园数量增加，推进学前教育持续健康发展

目前，海南的省级示范幼儿园共计 19 所，省一级幼儿园共计 33 所，其中 2022 年新增省一级幼儿园 4 所，分别是农垦总局机关幼儿园、海口市秀英区中心幼儿园、常州市武进区机关幼儿园教育集团屯昌实验幼儿园、琼中黎族苗族自治县湾岭镇中心幼儿园，全省优质园数量占比显著提高。

2. 基础教育集团化办学全省落地，推进基础教育优质均衡发展

省教育厅等四部门联合出台的《关于全面推进基础教育集团化办学创建"新优质学校"的工作方案》明确指出，2022 年全省要培育创建不少于 55 个教育集团。据统计，截至 2022 年底，海南共创建教育集团项目 62 个，全省 18 个市县（不含三沙市）全落地，117 所学校被覆盖托管，如 2022 年海口市组建了 10 个教育集团，三亚市组建了 8 个教育集团。这在一定程度上实现了优质教育资源共享共建，促进了海南教育的高质量发展。

3. 省一级学校逐年增加，推进教育稳步培优发展

截至 2022 年底，海南累计拥有 37 所省一级学校，每个市县至少拥有 1 所省一级学校。按照地域分布来看，海南 37 所省一级学校，省会海口独占鳌头，差不多占了总数的 1/3。海南省一级学校，共分为甲、乙两个等级，37 所省一级学校当中，甲等为 25 所、乙等为 12 所，分别占总数的 2/3 和 1/3。

4. 建立健全专业动态调整设置，推进职业教育丰富多元发展

目前，海南职业教育覆盖 32 个大类 452 个专业。"十四五"期间，海南将继续鼓励有条件的高职院校试点创建职业教育本科专业，力争建设 40 个职业本科专业，在招生规模上实现职业本科不低于高等职业教育的 10%，并积极探索研究生层次职业教育形式。[①]

5. 形成学科、专业、课程一体化，推进高等教育稳定长效发展

高等教育高质量发展的突破口在于推进以学科为引领、以专业为载体、以课程为手段的一体化建设。海南大学作物学入选新一轮"双一流"重点建设学科，植物与动物科学、材料科学等 6 个学科进入 ESI 全球前 1%；全省获批 22 个国家级一流本科专业和 34 个省级一流本科专业；海南大学、海南师范大学、海口经济学院等 3 所高校 7 门课程入选首批国家级一流本科课程。[②]

6. 扩大办学规模，推进特殊教育健全完善发展

特殊教育的办学规模不断扩大，海南的每个市县均建有 1 所特殊教育学校，1 所特殊教育幼儿园、特殊教育学前部，有条件的市县建有 1 个残疾人中等职业学校特教部（班），人口较多的市县要建第 2 所特殊教育学校，促进海南高质量特殊教育体系逐步完善。

（四）教育保障能力达到新水平

财政是教育发展的重要保障，教师是教育发展的第一资源。因此，财政投入的增加、教师队伍规模的扩大以及教师队伍结构的优化都将推动海南教育高质量发展。

1. 强化财政投入保障机制，逐步提高投入水平

2022 年海南教育事业统计报表数据显示，2022 年，海南一般公共预算教育经费中，幼儿园一般公共预算教育经费投入为 30.06 亿元，较上年下降

---

① 《海南省"十四五"职业教育发展规划发布 构建适应海南产业发展的现代职业教育体系》，《海南日报》2022 年 3 月 18 日。

② 《十大关键词带你速览 2021 年海南教育》，《海南日报》2022 年 1 月 6 日。

了 0.29%；普通小学为 99.24 亿元，较上年增加了 0.69%；普通初中为 65.18 亿元，较上年增长了 3.85%；普通高中为 30.82 亿元，较上年增加了 3.73%。总的来说，除幼儿园的一般公共预算教育事业费投入有所下降外，其他阶段教育经费投入均有所上升。

在各级教育生均一般公共预算教育事业费投入上，幼儿园生均一般公共预算教育事业费投入为 14331.93 元，较上年增加了 2.9%；普通小学为 12878.22 元，较上年增加了 0.31%；普通初中为 18558.99 元，较上年增加了 0.25%；普通高中为 19728.39 元，较上年降低了 0.36%。由此可见，在生均一般公共预算教育事业费投入中，幼儿园、小学、初中均有所上升，但上升的比例较低。

2. 重视教师队伍质量建设，不断扩大规模数量

2022 年海南教育事业统计报表数据显示，截至 2022 年底，全省各级各类在校生合计 229.9 万人，各级各类学校教职工合计 20.4 万人，其中专任教师 15.1 万人。幼儿园专任教师 2.9 万人，较上年增长了 2.7%；小学专任教师 5.8 万人，较上年增长了 1.7%；初中专任教师 3 万人，较上年增长了 3.3%；高中专任教师 1.6 万人，较上年增长了 6.2%；中职专任教师 0.4 万人；特殊教育专任教师 492 人，较上年增加了 8.5%；高校专任教师 1.4 万人，较上年增加了 7.1%。4 年内共增加了 2.82 万人，其中全省中小学高级职称教师数量增长 50%，形成了与学生规模基本匹配的教师队伍格局，为推进海南教育高质量发展提供了有力支撑。

3. 深化教师队伍培养机制，持续优化队伍结构

学前教育教师队伍结构持续优化，在职教师学历层次明显提升，其中本科以上学历的教师占比达到 21.97%，受过师范院校专业教育的教师比例提高到 65%。2021 年至 2023 年 1 月，全省有幼儿园省级学科带头人 26 人，幼儿园省级骨干教师 125 人；2022 年，新增正高级专业幼儿园教师 3 人，为学前教育质量提升打下坚实基础。此外，2022 年，全省获中国福利会和中国教育学会联合表彰"宋庆龄幼儿教育奖"7 人，海南省教育厅表彰全省优秀幼儿园教师 8 人、优秀乡村幼儿园教师 2 人以及优秀幼儿园

教育工作者3人。

基础教育教师学历结构进一步优化，在省级示范幼儿园和省一级幼儿园中，高级职称的教师所占比例提高到8%～10%；在各级各类乡村学校中，高级职称的教师数量在原有基础上提高了3%～5%；在高中学校，高级职称的教师比例达到38%。在农村学校任职满25年的已评未聘教师、农村学校满足一定条件的急需高层次人才均可直接聘任，不受岗位结构比例限制；对竞聘上岗的农村基层高层次人才，采取特设岗位等方式，统筹解决岗位聘用问题，进一步激发了农村教师爱岗敬业、积极进取的工作热情。

为了锻造德技双馨的职教师资，海南实施职业院校"优师"工程，实施教师培养基地项目和师资"青蓝"培育项目，着力打造"双师型"教师队伍。[①] 为了加强高校教师师德师风建设，海南搭建了"全省高校思想政治理论课教师培训研修中心""全省高校辅导员培训基地"等思政工作平台以及一系列思政工作特色项目，形成高校思政工作体系，促进教师队伍建设。

2022年，全省共表彰优秀特殊教育教师1人、优秀乡村特殊教育教师1人、优秀特殊教育工作者1人，推荐年度全国特殊教育"最美教师"1人，这些先进典型工作者发挥正面引导作用，进一步促进了海南特殊教育高质量发展。

（五）教育办学方式展现新特色

1. 引进国外优质教育资源，促进对外开放

近年来，海南为落实对外开放政策，建设国际教育创新岛，引进了一批国际化学校。据统计，海南目前拥有22所国际化学校，其中民办学校13所，占比59%，公办学校7所，占比32%；外籍人员子女学校数量最少，仅有2所，占比9%。可见，海南国际化学校内部结构存在不均衡现象。从国际化学校的分布区域来看，海口和三亚的国际化学校较多，分别有9所和

---

① 《海口制定教育事业发展"十四五"规划 到2025年海口公办园学位超6.2万个》，《海南日报》2021年10月18日。

5 所，分别占比 41% 和 23%；陵水黎族自治县和澄迈县，各有 3 所，分别占比 14%；儋州市仅有 1 所，占比 5%。

此外，引进建设 15 所左右国际幼儿园，扩大教育对外开放，加速创建"留学海南"品牌。陵水黎安国际教育创新试验区已签约入驻 22 所国内外名校。中国大陆首个境外高水平大学独立办学项目——德国比勒费尔德应用科学大学（海南）正式落地。① 此外，海南下一步还将力争引入 2~3 所国际一流高校落地办学，做强做大"学在海南＝留学国外"品牌，推动国际办学迈上新台阶。

2. 搭建交流合作办学平台，推进协同育人

海南累计签约各级各类教育合作项目 130 多个，总投资 400 多亿元，累计签约引进英国考文垂大学、加拿大阿尔伯塔大学、北京大学、南开大学、电子科技大学等 45 所国内外知名高校，哈罗学校、人大附中附小等 83 所知名中小学校。除此之外，海南累计引进各类高层次教育人才 2.5 万人，其中不仅有海内外院士、教学名师，还有国家级突出贡献专家等，为建设国际教育创新岛贡献力量。

在学前教育方面，保亭黎族苗族自治县教育局与省级示范园海口市港湾幼儿园作为海南首个学前教育跨区域集团，举行了签约暨揭牌仪式。这一跨区域集团的建立，能够充分发挥优质资源学校的辐射带动作用，在省级示范园港湾幼儿园的帮扶与指导下，保亭学前教育的教学、管理水平不断提升，形成"以强带弱""以大帮小"的发展局面。

在职业教育方面，海南财税金融职业教育联盟正式成立，进一步加强政府、学校、行业、企业之间的合作，推进产教深度融合、校企协同育人共同发展。海南还将继续深入推进产教融合体制与校企合作机制，形成与全省"南北两极、东西两翼、中部山区"产业布局相协同，有力支撑"海澄文定"与"大三亚"经济圈的产教融合发展布局。②

在高等教育方面，全省高校本科以上层次的中外合作办学二级机构共计

---

① 《我省实现每个市县建有"省一级学校"目标》，《海南日报》2023 年 2 月 20 日。
② 《海南省"十四五"职业教育发展规划发布 构建适应海南产业发展的现代职业教育体系》，《海南日报》2022 年 3 月 18 日。

海南蓝皮书·高质量发展

7个，招生总规模达 8000 多人。陵水黎安国际教育创新试验区 6 所中外合作办学机构（项目）获批并正式招生开学。同时，为培养研究生层次国际留学生，支持陵水黎安国际教育创新试验区发展，海南将引进落地 2~3 所境外理工农医类高校独立、合作办学，进一步凝聚人才、培养合力，开创合作办学新局面。

四　海南教育高质量发展存在的主要问题

教育高质量发展是一个动态的过程，既是一种质量观，也是一种发展观。目前，海南教育发展增速、提质成效显著，某些教育指标达到或超过全国平均水平，在教育公共服务均等化、引进教育资源、教育对外开放、阳光快乐教育等方面亮点纷呈。可以说，全省教育面貌发生了全方位、开创性、格局性的变化。但从教育质量是教育活动或现象协调满足社会与人两方面需要的特性这一本质内涵来看，教育质量具有时代性、相对性、区域性、发展性等特征，在肯定海南教育事业发展所取得成绩的同时，还需要从追求教育更高质量发展的角度剖析存在的问题。

（一）教育资源总量不足

教育高质量发展更加注重教育规模的约束，不去单纯追求发展的高速度，而着重在提升发展质量和品质上下功夫，[①] 但要建成符合海南自贸港建设需要的高质量教育体系，教育事业和人力资源开发主要指标达到全国中上水平，教育资源总量不足是一个首要的制约因素。学前教育虽缓解了"入园难、入园贵"问题，普及普惠程度也有了显著提高，但学前教育三年毛入园率、普惠性幼儿园覆盖率、公办园在园幼儿比例、每千人常住人口拥有省级及市县级优质学位数、教师接受专业教育的比例、专科以上学历教师的比例等均有待提高，以满足国家人口发展战略对学前教育高质量

---

① 石中英：《教育高质量发展的政策内涵和实践路径》，《人民教育》2022 年第 23 期。

发展的需求。① 义务教育优质均衡发展达标率、义务教育专任教师中本科以上学历比例等亟待提高，城镇学校学位供给还不能满足学生入学需求，还存在 56 人以上大班额现象，小学、初中标准班额班级比例还不到 80%，学生寄宿需求不能得到有效满足。普通高中还存在大规模学校、"大班额"等现象，高中教师具有研究生学历的比例偏低，离中央、国务院关于加强县域高中建设的决策部署还有较大的差距。② 高等教育办学总规模、全日制研究生数量、高等教育毛入学率等还需要进一步提高。职业教育双师型教师占比以及学生现代学徒制培养比例偏低。此外，中外合作办学比例和国际学生占高校在校生的比例也有待提高。

（二）教育质量需大力提升

教育质量的提升是一个综合性、整体性的复杂过程，包括为教育所提供的人力、物力的质量，教育实践活动的质量以及所培养的学生的质量，而不是某个局部或部分水平的提高。由此来看，学前教育在科学保教、幼儿园与小学科学衔接、幼儿园保教质量评估体系、科研队伍及制度建设等方面仍需要加强。义务教育部分学校校舍建设年代久远，个别指标未达海南省义务教育学校办学基本标准。信息化平台建设和教学资源建设有待进一步加强，信息技术在促进教育公平和提升育人成效等方面的重要作用尚未完全发挥。城乡、校际之间育人质量的差距仍明显。部分普通高中的基础条件相对薄弱，普通高中招生管理不够规范。中小学编外聘用教师问题突出，全省临聘教师约 1 万人，影响教师队伍稳定和质量提高，教师的思想政治素质、职业道德水平、改革创新意识、教书育人本领等方面与海南自贸港建设对人才的要求尚有差距，特别是提升学生学业成绩的能力亟待加强。中小学校长队伍专业

---

① 《教育部等九部门关于印发〈"十四五"学前教育发展提升行动计划〉和〈"十四五"县域普通高中发展提升行动计划〉的通知》，教育部网站，2021 年 12 月 9 日，http://www.moe.gov.cn/srcsite/A06/s7053/202112/t20211216_587718.html? spm=0.0.0.0.OZEC35。

② 《教育部等九部门关于印发〈"十四五"学前教育发展提升行动计划〉和〈"十四五"县域普通高中发展提升行动计划〉的通知》，教育部网站，2021 年 12 月 9 日，http://www.moe.gov.cn/srcsite/A06/s7053/202112/t20211216_587718.html? spm=0.0.0.0.OZEC35。

化程度不高，主动谋划推动学校发展的积极性不强、能力不足，管理理念、政策水平、业务能力有待提升。中等职业学校办学条件、师资队伍、实习实训基地等与全国平均水平存在一定差距，职业教育服务自贸港建设战略、实现自身转型升级仍显乏力。优势突出的大学及学科专业不足，适合海南新兴产业需求的各类高水平人才培养需要加强，并进一步明确"分类建设一流大学和一流学科，加快培养理工农医类专业紧缺人才"的主攻方向，加强创新型、应用型、技能型人才培养。[①] 高水平教学及科研团队建设不足，高层次人才引进机制、薪酬激励机制、资源分配及共享机制、学校管理体制等学校内部治理体系改革创新不够，尚未形成充分激发教职工活力的体制机制。高等职业教育需要强化高水平项目的引领，统筹高标准开放与合作，加快产教融合。

（三）教育结构需要进一步优化

覆盖城乡、布局合理、更加均衡的公益普惠性学前教育公共服务体系需要加快建设，省级示范幼儿园、省一级幼儿园分布不均衡，部分市县有待实现零的突破。义务教育区域、城乡及校际发展差距亟待进一步缩小，教师资源配置城乡、校际差异大，农村地区义务教育还存在基本办学条件、学校寄宿条件、教育信息化水平、学科教学装备配置、校园安全防范设施、德智体美劳场所建设、校园文化环境建设等薄弱环节。五指山、屯昌、白沙等市县普通高中中尚有"省一级学校"，需要加大创建力度。中小学教师职称结构不合理，中高级岗位比例有待提升，特别是中西部地区、农村学校的高级教师比例较低。教师结构性缺员现象还比较突出，思政、音乐、体育、美术、信息技术、科学、心理健康等学科教师短缺，劳动教育师资不能满足国家对劳动课程开设的要求。[②] 围绕地方特色产业需求和国家发展战略的高校学科建设发展基础有待夯实，学科专业布局有待优化。海南高等职业学校数

---

① 陈宝生：《建设高质量教育体系》，《光明日报》2020年11月10日。
② 《中共中央 国务院关于全面加强新时代大中小学劳动教育的意见》，中国政府网，2020年3月26日，https://www.gov.cn/zhengce/2020-03/26/content_5495977.htm。

量偏少，办学规模偏小，还存在专业门类空缺、职业专科教育主体地位不突出、职业本科教育引领作用尚未充分发挥等问题。此外，中等职业学校毕业生升入高一级学校比例较全国平均水平还有一定差距。

（四）教育保障力度有待加大

教育基本公共服务标准化、专业化、法治化建设还需要加强。基础教育教师队伍建设的体制机制还存在许多"堵点""难点""痛点"，在师资配备、人事管理、编制管理、招聘制度、岗位设置、职称评审、临聘教师等方面存在的问题，需要通过推进综合改革解决，打通"堵点"、解决"难点"、消除"痛点"。教育人才引进的配套政策不完善，对本地教育人才关注不够、激励不足，严重影响了人才积极性、创造性的充分发挥。符合教师职业特点的待遇保障和激励机制不够完善，幼儿园教师工资普遍不高，发展活力不足。农村教师工作生活条件仍然较为艰苦，教师职业吸引力不强。编外聘用教师工资待遇亟待提高，社会保障不充分。高校的发展受相关制度制约较大，办学自主权没有得到很好落实，人员总量管理、岗位设置、招聘、绩效管理、经费拨款、项目审批等关键性体制机制障碍亟待破除。

（五）教育特色需要彰显

基础教育课程教学有待深化改革，需培育一批深入实施新课标、新教材，能起示范引领作用的典型区域和学校。在海洋文化、海南特色文化有机融入育人全过程，学生德育发展水平、身心素质、美育素养、劳动素养、科学素养等素质教育举措，海南学生"特色印记"培养等方面，需要更加彰显特色。职业教育在推行校企一体化育人，"订单式"培养、"旺工淡学"培养，校企联合招生、联合培养的现代学徒制，探索实施普通高中与中等职业学校学生之间适度流转的普职融通制度，推动普通高中和中等职业学校在课程资源、实训基地、师资队伍上互相融合等方面的特色措施还不够突出。

五 深入推进海南教育高质量发展的建议

综上所述，海南教育高质量发展在规模效益、基础教育普及与提高、特色内涵发展等方面取得了显著成效，高质量发展的成效愈加凸显，但与海南自贸港高质量发展要求、与全国发达地区相比还存在一定的差距。需要进一步认识教育在海南自贸港建设中的基础性、战略性支撑作用，以问题为导向，紧扣高质量发展的指标要求，持续性加大教育投入力度，深化人才强国战略部署，进一步夯实教育高质量发展的基础。

（一）增加投入建强师资规模，夯实教育高质量发展基础

一是加大对中西部地区及农村地区，特别是落后、薄弱地区的教育投入力度。围绕学校寄宿条件、教育信息化水平、学科教学装备配置、校园安全防范设施、德智体美劳场所建设、校园文化环境建设等薄弱环节加大投入力度，针对性出台相关奖惩机制，调动地方办学积极性，进一步推进标准化学校建设，提升落后地区学校硬件条件，进一步弥补城乡教育差距。二是进一步加大师资的培育和引进力度。一方面，通过师范院校订单培养模式，分阶段做好幼师、中师和职业学校师资的培育工作，发挥高等院校服务地方社会需要的职能，围绕思政、音乐、体育、美术、信息技术、科学、心理健康等学科教师短缺情况，纳入高等学校招生计划进行订单培养，通过五年教育规划不断解决地方师资不足的问题。此外，加强对小学编外聘用教师、全省临聘教师的在职培训，不断提升其教学技能水平和教学质量。另一方面，加大全国引才力度，有倾向性地把师范人才纳入省市紧缺人才行列，不断补齐教育资源总量不足的短板。

（二）创新模式问题导向聚焦内涵质量，提升教育高质量发展水平

一是推动优质教育资源下沉，实现基础教育均衡发展。根据城乡教育发展的不平衡现状，统筹城乡中小学校发展规划，优化高中、初中和小学学校数量、规模、结构，扩大城乡基础教育的覆盖范围，保障农村小学覆盖3公里范围，兜

底基础教育安全工程。新建或引进优质中小学学校资源，加强基础教育内涵式建设，夯实城乡基础教育质量，实现生源地学生教育回流，缩小城乡教育差距。二是继续发挥基础教育集团化办学优势，实现全省各市县全落地，同时搭建城乡优质教育资源共享平台，完善优质教育师资双向交流机制，推动基础教育均衡发展。三是创新教育培养模式，促进职业教育、特殊教育的内涵式发展。职业教育要紧扣地方产业发展需要，以就业为导向，探索职业教育与产业融合的订单培养模式和"旺工淡学"人才灵活培养方式，拓展新增职业本科专业，探索研究生层次职业教育形式，推动职业教育走内涵式发展之路。加大特殊教育学校投入力度，完善不同层次特殊教育体系建设，提升特殊教育的课程质量和水平，发挥正面示范引领作用。四是以问题为导向，多措并举促进海南高等教育高质量发展。要以人才引进为抓手，破解人才发展的体制机制障碍，推动高等教育"双一流"学科建设，为重点学科、特色优势学科搭建省级资助平台，推动产学研一体化建设，实现科研成果的加速转化。需要进一步提升教师整体待遇水平，使事业留人、平台留人，让教师热心从教、精心从教、长期从教、终身从教成为氛围。同时，依托自贸港的政策优势搭建学科建设平台，创新与国内一流大学的合作交流方式，深化高等教育学科建设、课程体系建设，提高教育对外开放水平，深化高等教育国际交流合作，创新合作培育模式，推动高等教育的内涵式建设，逐步缩小与国内"双一流"高校的差距。

（三）优化教育规模结构，形成教育高质量发展新格局

海南现有教育规模结构制约着教育高质量发展，需要进一步加强教育内涵式建设，调整优化规模结构。一是完善教育系统规划，补齐幼儿教育短板。根据各市县人口规模及教育需求，做好教育规模预判，有计划地新增或改扩建幼儿园，加大幼师订单培养力度，推动城乡优质教育资源的双向互动，组建幼儿教育集团向薄弱地区下沉，进一步提升各地学前教育三年毛入园率。二是合理构建国内与国际教育互动平台，二者协调发展。根据教育部、海南省人民政府联合印发的《境外高等教育机构在海南自由贸易港办学暂行规定》，依托制度优势进一步深化教育领域各层次的国际合作，打造

国际化教育交流合作新平台。加大外籍人才的引进力度，提升外籍教师比例，推动海南各层次教育的国际化水平提升。同时，"引进来"与"走出去"相结合，学习借鉴国际知名学校办学的有益经验，拓展国际合作的新模式。推动高等教育的国际化办学合作水平提升，探索课程体系、教学模式、合作培养、师资双向交流、留学生教育等方面的深度合作，进一步做大"学在海南＝留学国外"品牌，实现海南教育国际化。此外，搭建国际教育合作新平台，构建国内国际教育双向互动新格局。实现国内优质教育资源与国际教育资源的双向流动，多层次拓展教育内涵式发展，把握好教育规模、质量和效益的关系，突出教育对海南地方社会发展的驱动作用。

（四）扩充教育资源，完善教育高质量发展保障

一是紧扣海南教育高质量发展指标要求，加大学前教育、基础教育、职业教育和高等教育的投入力度，完善体制机制建设，弥补资源短板，夯实教育高质量发展根基。针对省市各级学校的办学条件、师资水平、教育教学、城乡教学差距、信息化平台建设等方面，出台制度化建设方案，以"省级统筹、厅局挂帅、市县落实"的工作机制，逐级细化任务清单，指导各地积极推进教育领域改革，多措并举补齐教育资源短板，夯实海南教育高质量发展的保障。二是围绕海南教育高质量发展的"堵点""难点""痛点"，以问题为导向，逐级细化任务指标，完善教育考核机制，调动各市县加大教育资源投入力度，吸引社会资金参与，不断弥补学前教育资源的不足。在学前教育方面，以学前教育三年毛入园率、普惠性幼儿园覆盖率、公办园在园幼儿比例、每千人常住人口拥有省级优质学位数以及市县级以上优质学位数、幼儿园教师接受专业教育比例、专科以上学历教师比例等问题为导向，做好规划路线图，下大力气弥补教育资源短板。在义务教育、职业教育和高等教育方面，紧扣义务教育优质均衡发展达标率、师资学历水平、大班额、高等教育办学总规模、全日制研究生数量、高等教育毛入学率等问题，分层细化指标任务，省级统筹挂图作战，设定任务目标要求，以久久为功的精神状态，扎实推进教育领域提质增效，进一步弥补教育高质量发展的短板。

（五）搭建教育高质量发展平台，推动海南国际教育创新岛建设

以陵水黎安国际教育创新试验区为载体，搭建国内国际教育资源共享平台，积极探索国际化合作办学新模式。一是全面深化改革，积极探索多层次教育的深度融合，在教学模式、课程体系、培养方式、学历互认等方面积极探索，加强省内高校与陵水黎安国际教育创新试验区的转化合作，把可复制的教育经验在全省推广。二是加强"留学海南"品牌宣传，积极探索多学科专业、多层次的留学生教育培养体系，吸引优质生源来琼发展，做大留学生教育规模，推动教育规模效益向人力资源社会效益转变。三是突出海南"特色印记"教育，打造具有海南自贸港特色的教育体系，包括特色学校的兴办、教育特色项目的建设与培育，如海洋、渔业渔产、生态环保、热带医疗、热带农业等特色教育体系的开发和建设。

总体而言，2022年海南教育领域取得了长足的发展，但与全国发达地区相比还存在一定的差距。随着海南自贸港建设的不断推进，海南教育迎来了前所未有的发展机遇，我们应以高质量发展为引领，进一步优化教育规模结构，推动城乡教育均衡发展，深化国际教育交流合作，积极打造海南国际教育创新岛，推动构建教育高质量发展的新格局，以教育高质量发展推动海南自贸港建设行稳致远。

B.8
2022年海南卫生健康高质量发展报告

马东　段玉柳　龚衍花　冯文*

摘　要： 为探究2022年海南卫生健康领域的高质量发展状况，本报告通过构建海南卫生健康高质量发展评价指标体系，从投入、运行、支撑和产出四个维度运用熵值法加以分析，同时结合纵向和横向比较。研究发现，海南省卫生健康得到进一步发展，卫生健康产出质量较高，卫生健康服务得分较低。与其他省份相比，海南省卫生健康投入指数较好，但运行和产出仍存在较大差距。从而本报告提出通过提升基层卫生健康治理能力，提升机构运营管理能力，推动卫生健康共建共享，进一步激励卫生健康人才发挥作用等建议，推动海南卫生健康事业的高质量发展。

关键词： 高质量发展　卫生健康投入　卫生健康服务　卫生健康支撑　卫生健康产出

党和国家确立了"把保障人民健康放在优先发展的战略位置"，全面推进全国卫生健康事业高质量发展。2022年，海南省积极推进卫生健康事业的高质量发展，不断提升卫生健康服务能力和水平，推动重点健康项目进一步发展。然而，卫生健康事业发展的问题和短板依然存在，为了推动卫生健

* 马东，海南医学院管理学院教授，主要研究方向为卫生经济学、社会保障；段玉柳，讲师，广西大学马克思主义学院博士研究生，主要研究方向为马克思主义中国化、政治学理论、社会保障；龚衍花，海南医学院硕士研究生，主要研究方向为公共卫生、全球健康治理；冯文，海南医学院硕士研究生，主要研究方向为公共卫生、全球健康治理。

康事业的可持续发展，海南持续推进卫生健康治理体系和治理能力建设，提升要素供给质量，加快标准化与特色化建设，以促进卫生健康事业的高质量发展，推动海南全域人民群众健康水平提升。

一 政策分析

2022年，中国政府加大卫生健康人力、资金、技术和制度等要素投入力度，推动卫生健康事业高质量发展。国家围绕卫生健康高质量发展需要，在完善医疗卫生服务体系、标准化制度推进、人才开发与激励、健康老龄化应对、公卫服务能力提升、医疗保障支撑及党建引领等领域，先后出台了45部文件给予支持。

2022年，海南卫生健康领域在认真落实国家卫生健康各项制度要求的基础上，坚持以制度集成创新为抓手，推进"更高水平健康岛"建设。海南出台《关于海南省构建网格化紧密型医疗卫生服务体系的实施意见》，直面卫生健康领域的短板问题，以高质量发展为主题，通过在全省范围内构建医学、医疗"双中心"，城市、县域"双主体"，慢病管理、公卫救治"双网络"，推动技术、资金"双提升"，体制、机制"双变革"，打造网格化紧密型医疗卫生服务体系，围绕"小病不进城、常见病多发病不出县、大病不出岛"的目标，为提升WHO重要标杆——人均预期寿命提供卫生健康保障。海南先后出台卫生健康领域系列"十四五"发展规划，推动海南卫生健康高质量发展。特别是印发了《海南省数字健康"十四五"发展规划》，该规划适应时代变革，充分运用ABCD技术[①]，通过构建"三医健康医疗大数据中心"、"三医联动平台"和"三医共用服务网"，再造卫生健康管理和服务模式，打造具备海南自由贸易港特色的数字健康服务体系，并确立了海南数字健康发展"弯道超车"进入全国一流梯队的标杆。海南省政府办公厅印发了全国乃至全球首个为数字疗法全周期提供支持

---

① ABCD技术指数字技术，即人工智能（Artificial Intelligence，AI）、区块链（Blockchain）、云计算（Cloud Computing）和大数据（Big Data）。

和保障的政策性文件《海南省加快推进数字疗法产业发展的若干措施》，细化科技、医保、医药与医疗的数字赋能与保障支撑，推进卫生健康事业、产业的高质量协同发展。海南省卫健委出台《海南省卫生健康领域进一步优化营商环境行动方案（2022—2025 年）》，为优化卫生健康领域的政务服务、竞争环境、服务贸易、卫生服务、人才引进持续发力。海南省政府办公厅印发《海南省推动公立医院高质量发展实施方案》，确立了公立医院在完善机制、强基扩能、网格布局、创新驱动、精细管理、赋能增效和两"心"① 引领等领域的重点工作内容，推动海南公立医院高质量发展，为健康海南提供有力保障。

二　经验借鉴

（一）贵州经验

1. 政策引领、资源扩容

贵州抢抓《国务院关于支持贵州在新时代西部大开发上闯新路的意见》文件机遇，卫生健康领域先后出台 58 项支持政策，从人才、资金、用地、科教、医保要素等方面完善配套措施，推动贵州卫生健康资源扩容。截至2022 年底，贵州卫生技术人员达 32.14 万人，卫生机构床位达 309703 张，与上年相比，分别增长 3.9% 和 4.3%；村医每月定额补助提高 200 元；实施 65 岁及以上老年人免费体检；新获批国家区域医疗中心项目 2 个、国家临床重点专科 8 个；新建省级区域医疗中心 3 个、三级公立医院 71 家、基层医疗卫生机构 2.73 万个、省级临床重点专科 200 个；纳入国家首批"千县工程"的县医院 60 个；常住人口的医疗卫生机构床位达 8.05 张/千人。②卫生健康资源的长足发展推动了医疗卫生机构创新，加强了医疗卫生事业与科研教育的深度交流，提升了医务人员和研究人员的综合素质，为贵州卫生

---

① 两"心"指以患者为中心、以医护为核心，建设公立医院高质量发展的新文化。

② 《一图了解 2022 年贵州省卫生健康事业发展统计公报》，贵州省卫健委网站，2023 年 6 月30 日，https://wjw.guizhou.gov.cn/zwgk/zdlyxx/tjsj/202306/t20230630080605517.html。

健康高质量发展奠定了坚实的基础。

2. 高端援建,人才破局

2022年,贵州针对卫生人才短板,通过高端援建、培育提升等多种方式助力卫生健康人才跨越式发展。一是持续做好引进专家建设工作。持续推动"医疗卫生援黔专家团"项目,专家达1531人(院士62人),比上年增长9.28%,"银龄计划"引才747人。二是积极走出去培育贵州人才。走进东部发达地区,举办黔医人才"北京班""浙江班""上海瑞金班"。三是大力培育本地人才。2022年,实现新增国医大师1人、全国名中医3人,新增卫生系列高级职称人员3700余人,引进博士研究生52人。贵州省还采取了一系列措施,优化工作生态,强化医疗卫生事业领域人才管理,让医务人员更专注于医疗卫生服务,提高了医疗卫生服务产出能力。[1]

3. 聚焦重点,管理提升

2022年,贵州集中资源推动医疗救治能力显著提升;关注"一老一小"健康资源供给,持续提供服务;积极作为,推动中医药传承创新发展;强化制度,推进医学检查检验结果共享互认。值得一提的是,2022年贵州积极落实"互联网+医疗健康"示范省建设,采取省级统筹的形式,建设全民健康信息平台,在全省二级以上公立医疗机构实现黔康码应用全覆盖,加快实施区域一体化信息联通、互认共享服务,促进卫生健康智慧型医疗、服务、管理同步提升,进一步改善医疗服务水平。

(二)浙江经验

1. 担起"两个先行",谋划卫生健康现代化

浙江省委、省政府按照中央部署,在高质量发展道路上确立了"共同富裕先行"和"省域现代化先行"的路径。围绕卫生健康现代化目标,指出夯实卫生健康现代化根本前提——织密公共卫生安全网;把握卫生健康现

---

[1] 《贵州省全力推进卫生健康事业高质量发展》,贵州农经网,2023年4月14日,https://gznw.guizhou.gov.cn/gznjw_gyz/fzlm/bzwzxxy/index.html? link =gznjw/kzx/xwrd/snxw/893284/index.html。

代化两条关键路径，一是优质资源——有序扩容，二是总体资源——均衡布局；树起卫生健康现代化先行标识——纵深推进卫生健康数字化改革；紧握卫生健康现代化先行的重要抓手——优化重点人群健康服务。对标"卫生健康现代化"目标，浙江卫生健康系统确立了将理念、体系和能力置于"变革"思维中实现全民全程的现代化健康服务体系。

2. 积极落实到位，创新卫生健康现代化格局

为落实卫生健康领域的现代化和共同富裕，在工作机制上，构建了工作闭环；在工作体系上，采取总分结合、同等参与、上下一体、合力推进等方式；在工作目标上，围绕缩小城乡、区域和不同人群之间的健康差距，调整总量与结构、数量与质量、效率与共享的关系，设定建设目标指标；在评价体系上，开发统一监测平台，建立"赛马"机制和督查激励机制。在公共卫生安全网层面，围绕将浙江建成全国公共卫生最安全省份，在服务体系、应急处理、科技创新等三方面设置 24 个主要指标，高标准高质量建设国家传染病医学中心，建立海上、航空应急医疗救援体系，形成陆海空全方位省域公共卫生应急网络。在优质医疗资源的有序扩容层面，推进心血管病、创伤、呼吸、妇产、儿童、癌症等 6 个国家区域医疗中心建设，均衡配置省内优质医疗资源。在总量资源的均衡布局层面，围绕长三角一体化和省"四大都市区"布局，实现大病不出省、一般病市县解决、日常疾病基层解决的目标，为推动山区海岛县卫生健康事业跨越式高质量发展，实施医疗卫生"山海"提升工程，弥补资源短板。在卫生健康数字化改革层面，浙江全省域推进"健康大脑+智慧医疗"，建设浙江省医疗健康大数据中心，构建"全科家医+区域名医+智慧云医"一体化服务新模式，通过构建数字化医疗服务体系、公共卫生体系和健康管理体系，提升高质量发展水平。

三　现状及评价

（一）海南卫生健康现状

2022 年，海南卫生健康工作取得积极成效，健康海南行动持续推进，

在卫生资源投入、医疗卫生服务体系、基层卫生综合改革和重点人群服务等工作上取得较大成果。

1. 卫生资源持续补给

依据海南省统计公报，2022年，全省的卫生机构数量相比上年增加了153个，其中社区卫生服务中心（站）数量增加了3个。此外，在医疗卫生机构方面，总床位数增加了168张。截至2022年11月末，各类卫生技术人员达到73773人，其中包括25054名执业医师和执业助理医师，以及35803名注册护士。2022年，全省报告甲类、乙类传染病发病人数41589人、死亡人数79人。报告发病率为每十万人896.58人，死亡率为每十万人0.78人。这些数据既是全省卫生领域发展的全面呈现，也是未来卫生事业发展的重要参考。

2. 医疗卫生服务体系建设进一步推进

2022年，省公共卫生中心项目等6个省级重点项目有力有序推进，超额完成年度投资目标。优质医疗资源提质扩容和均衡布局扎实推进，有3个项目已纳入国家区域医疗中心公布名单。省级临床医学中心建设效果明显，所有二级及以上综合医院已经完成胸痛中心建设。省中医院江东新院区顺利启动运营。县办中医院全覆盖的目标基本实现。

3. 基层医疗卫生综合改革取得新进展

近期，海南省基层医疗卫生改革取得了新的进展。其中，基层医疗卫生人才激励机制改革全面推进，为加强卫生人员队伍建设提供了有力支持。这一改革推动基层医疗卫生机构的诊疗人次明显回升，同比增长了12.67%，该项改革在实践中取得了良好的效果，为提升基层医疗卫生服务水平、保障公民身体健康奠定了坚实的基础。

4. 重点人群卫生健康服务能力得到提升

"一老一小"服务持续优化。2022年，全省新增托位近4800个，每千人托位数超过2.7个，圆满完成年度任务。妇幼健康事业扎实推进，基本实现全省孕产妇救治水平同质化。2022年全省孕产妇死亡率控制在7.75人/10万人，达到历史最好水平。

（二）海南卫生健康高质量发展评价指标体系构建

1. 评价指标理念

卫生健康的高质量，从结果看，是全球认可的三大健康评价指标；从过程看，卫生健康是一个高质量生产服务过程。基于国情，未来相当长一段时间内，卫生健康高质量发展的工作有三个方面需要重视：第一，提高卫生资源配置的质量，注重卫生资源扩充和均衡分布；第二，加速服务方式的转变，将疾病治疗向全周期健康服务的转变置于更加重要的位置；第三，提高消除卫生健康差距的能力，缩小不同人群卫生健康服务水平的差距，推动社会公平和卫生健康的全面可持续发展。这些方面的工作需要深入推进，建立科学合理的卫生服务制度和体系，并采取有效的政策、技术和经济手段，为卫生领域的高质量发展提供保障。此外，高质量发展的指标还是一个动态标准，海南卫生健康高质量发展，还应体现在与其他省份的比较中。

2. 指标体系构建

根据上述对卫生健康高质量发展的界定，秉承数据科学性、可操作性、可比性及有效性原则，借鉴相关学者的已有成果，结合海南卫生健康实际状况，本报告构建海南卫生健康高质量发展评价指标体系。指标体系包含卫生健康投入、卫生健康服务、卫生健康支撑和卫生健康产出4个一级指标、13个二级指标和34个三级指标（见表1）。数据来源于历年《海南省卫生健康统计年鉴》《海南统计年鉴》《中国卫生健康统计年鉴》，以及海南省卫健委网站，在计算方法和评价方法上采取一致性操作。

3. 指标说明

（1）卫生健康投入。基于指标构建理念和原则，卫生健康投入包含卫生机构、人力资源、卫生设施和卫生资金等二级指标。卫生机构包括医院数（卫生服务能力）、基层医疗机构数（基层卫生服务能力）和公共卫生机构数（公共卫生服务能力）等三级指标。人力资源包括每千人口卫生技术人员数（卫生导向）、每万人口全科医生数（健康导向）、基层医疗机构人员数（基层卫生健康可及性）和公共卫生机构人员数（公共卫生服务能力）等三级指标。卫生设施包括每千人口床位数（卫生服务能力）、基层医疗机构床位占比（卫生服务可及性与均等化能力）等三级指标。卫生资金包括政府卫生支出占卫生费用比重（汲取能力）、门诊病人药费检查费占门诊医药费比重（服务质量）、住院病人药费检查费占住院医药费比重（服务质量）等三级指标。

（2）卫生健康服务。为评估卫生健康服务运行和产出，下设医疗健康服务、基层医疗服务、中医药服务、妇幼保健服务4个二级指标。医疗健康服务包括医院医师日均担负诊疗人次（服务能力）、居民年住院率（服务能力）、住院病人手术人次占当年住院人数比重（卫生服务能力）和当年健康检查人次占常住人口比重（健康服务能力）等三级指标。基层医疗服务选取当年基层医疗卫生机构诊疗人次和入院人次占常住人口比重（基层能力）2个三级指标。中医药服务选取当年中医医疗卫生机构诊疗人次和入院人次占当地人口比重（中医药能力）2个三级指标。妇幼保健服务选取3岁以下儿童系统管理率和产前检查率两个三级指标。

（3）卫生健康支撑。卫生健康高质量发展所需的支撑要素，主要包括当地的经济支撑和环境支撑。经济支撑选取全体居民人均可支配收入、医疗保健支出占居民消费支出比重、个人卫生支出占卫生总费用比重3个三级指标。环境支撑选取健康教育培训人次、食源性疾病暴发报告事件数与当地百万人口比、供水普及率、$PM_{2.5}$浓度和绿化覆盖率5个三级指标。

（4）卫生健康产出。卫生健康产出代表了健康水平，主要体现为出生、死亡和预期寿命等二级指标。其中，出生选取出生率和自然增长率2个三级指标，死亡选取死亡率和婴儿死亡率2个三级指标。预期寿命无三级指标。

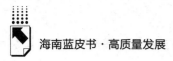

表1　海南卫生健康高质量发展评价指标体系

一级指标	二级指标	三级指标	指标属性	熵值得分
卫生健康投入	卫生机构	医院数(个)	+	0.0314
		基层医疗机构数(个)	+	0.0395
		公共卫生机构数(个)	+	0.0243
	人力资源	每千人口卫生技术人员数(人)	+	0.0336
		每万人口全科医生数(人)	+	0.0335
		基层医疗机构人员数(人)	+	0.0322
		公共卫生机构人员数(人)	+	0.0215
	卫生设施	每千人口床位数(张)	+	0.0305
		基层医疗机构床位占比(%)	+	0.0204
	卫生资金	政府卫生支出占卫生费用比重(%)	+	0.0369
		门诊病人药费检查费占门诊医药费比重(%)	−	0.0311
		住院病人药费检查费占住院医药费比重(%)	−	0.0227
卫生健康服务	医疗健康服务	医院医师日均担负诊疗人次(人次)	+	0.0413
		居民年住院率(%)	+	0.0213
		住院病人手术人次占当年住院人数比重(%)	+	0.0450
		当年健康检查人次占常住人口比重(%)	+	0.0227
	基层医疗服务	当年基层医疗卫生机构诊疗人次占常住人口比重(%)	+	0.0205
		当年基层医疗卫生机构入院人次占常住人口比重(%)	+	0.0233
	中医药服务	当年中医医疗卫生机构诊疗人次占当地人口比重(%)	+	0.0252
		当年中医医疗卫生机构入院人次占当地人口比重(%)	+	0.0298
	妇幼保健服务	3岁以下儿童系统管理率(%)	+	0.0187
		产前检查率(%)	+	0.0306
卫生健康支撑	经济支撑	全体居民人均可支配收入(元)	+	0.0261
		医疗保健支出占居民消费支出比重(%)	−	0.0313
		个人卫生支出占卫生总费用比重(%)	−	0.0212
	环境支撑	健康教育培训人次(人次)	+	0.0226
		食源性疾病暴发报告事件数与当地百万人口比(%)	−	0.0393
		供水普及率(%)	+	0.0190
		PM$_{2.5}$浓度(ug/m^3)	−	0.0314
		绿化覆盖率(%)	+	0.0325

续表

一级指标	二级指标	三级指标	指标属性	熵值得分
卫生健康产出	出生	出生率(‰)	+	0.0405
		自然增长率(‰)	+	0.0302
	死亡	死亡率(‰)	−	0.0267
		婴儿死亡率(‰)	−	0.0181
	预期寿命（岁）	—	+	0.0252

注：熵值得分为每项指标标准化计算后的分数，仅用以比较，并不说明发展状况。

（三）评价

1.纵向评价

各项一级指标得分[①]为：卫生健康投入 73.15 分，卫生健康服务 68.48 分，卫生健康支撑 77.61 分，卫生健康产出 81.30 分（见表2）。一级指标中，卫生健康产出得分最高，说明海南省卫生健康产出质量较高，部分原因是政府出台和实施了有力的卫生健康政策和措施，以促进人民健康，推进全民健身和疾病预防控制工作，加强数字化卫生健康体系建设等。这也为其他地区提高卫生健康产出质量提供了借鉴。海南卫生健康服务过程性指标得分最低，尤其是在基层医疗服务方面存在问题（见图1）。这可能反映了海南省在卫生健康服务流程管理、专业质量控制、基层医疗机构发展和管理等方面仍存在一定短板。为解决这些问题，需要加大对基层医疗服务领域的政策制定和投入力度，完善基层医疗机构管理机制，提升医疗服务人才质量等，使基层医疗卫生机构成为社区健康服务体系的支撑。

---

① 为便于比较，标准化的分数为0~100，本报告引入功效系数对标准化值加以改造，其中，正向指标 $Score_i = 60 + 40 \times [(X_i' - \min(X')) / (\max(X') - \min(X'))]$，负向指标 $Score_i = 100 - 40 \times [(X_i' - \min(X')) / (\max(X') - \min(X'))]$。

表 2 海南卫生健康高质量发展评价指标得分一览

一级指标	一级指标得分	二级指标	二级指标得分
卫生健康投入	73.15	卫生机构	75.32
		人力资源	72.08
		卫生设施	69.18
		卫生资金	75.04
卫生健康服务	68.48	医疗健康服务	87.90
		基层医疗服务	52.79
		中医药服务	74.98
		妇幼保健服务	60.03
卫生健康支撑	77.61	经济支撑	70.19
		环境支撑	82.06
卫生健康产出	81.30	出生	87.74
		死亡	81.19
		预期寿命	68.66

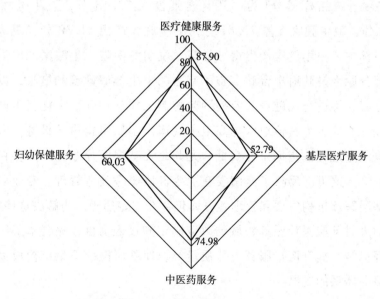

图 1 海南卫生健康服务二级指标得分

4 项一级指标中，卫生健康投入得分排名第 3，解构相关二级指标，其中卫生设施得分较低（见图 2）。这反映出海南省在卫生设施建设、设备更新和卫生资源配置等方面还有待提高。同时，卫生资金得分也靠后。为解决上述问题，需要加大卫生设施和设备的投入力度，加强资金管理、科学分配和精细化使用，改善卫生资源配置不均的问题，提高卫生投入效益，进一步促进社会医疗卫生服务保障水平的提高。

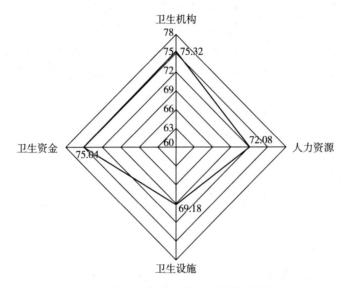

图 2　海南卫生健康投入二级指标得分

进一步分析卫生健康服务的三级指标。根据分析结果可知，海南省当年健康检查人次占常住人口比重、当年基层医疗卫生机构入院人次占常住人口比重、3 岁以下儿童系统管理率等得分较低，反映了基层医疗卫生服务方面的问题所在（见表3）。其中，当年基层医疗卫生机构入院人次占常住人口比重得分过低可能与医疗资源配置、医疗服务能力等方面存在问题有关。当年健康检查人次占常住人口比重得分低可能与健康宣传教育不够、群众健康意识不高等原因相关。而3 岁以下儿童系统管理率低可能与基层医疗卫生机构缺乏相应管理措施，以及医务人员专业素质不足等存在强关联。因此，提升基层医疗卫生服务水平，完善管理机制，加强医务人员专业能力培养，将是提升上述指标得分的重要途径。这些问题的解决需要加强政策宣传、加强专业能力培训等多方面的支持，以此推动卫生服务领域的健康发展和公民身体健康水平的提高。

表3　海南卫生健康服务二级三级指标转换得分

二级指标	二级指标得分	三级指标	三级指标得分
医疗健康服务	87.90	医院医师日均担负诊疗人次（人次）	94.00
		居民年住院率（%）	94.43
		住院病人手术人次占当年住院人数比重（%）	75.28
		当年健康检查人次占常住人口比重（%）	45.54
基层医疗服务	52.79	当年基层医疗卫生机构诊疗人次占常住人口比重（%）	60.00
		当年基层医疗卫生机构入院人次占常住人口比重（%）	45.57
中医药服务	74.98	当年中医医疗卫生机构诊疗人次占常住人口比重（%）	75.24
		当年中医医疗卫生机构出院人次占常住人口比重（%）	74.72
妇幼保健服务	60.03	3岁以下儿童系统管理率（%）	36.78
		产前检查率（%）	83.28

2. 横向评价

决定卫生健康发展质量的因素很多，经济基础是决定性变量。本报告选择"全体居民人均消费支出"为参考指标，以海南为基础，选择相关省份数据作为基准，比较相关省份在卫生健康投入、卫生健康服务和卫生健康产出指标中的表现，横向评价海南卫生健康相关指标的发展质量和水平。基于数据的可得性和可比性，在相关指标中，选择医院病床使用率、医院出院者平均住院日和人口死亡率等加以评价。经熵值法计算，海南与相关省份相比，综合排名第3，海南卫生健康高质量发展表现尚可（见表4）。

表4　2021年海南省与可比省份卫生健康高质量发展相关指标评价得分

项目		海南	河北	黑龙江	江西	内蒙古	陕西	四川
全体居民人均消费支出（元/年）	原始值	22302	22298	21708	21500	20890	20412	19848
	归一化后得分	0.5	0.5	0.5	0.4	0.4	0.3	0.2
	综合分	0.6	0.6	0.3	0.3	0.2	0.1	0.0

项目		海南	河北	黑龙江	江西	内蒙古	陕西	四川
医院病床使用率（%）	原始值	68.3	68.9	55.5	76.2	60.1	72.4	82.2
	归一化后得分	0.6	0.6	0.3	0.8	0.5	0.8	0.9
	综合分	0.1	0.1	0.1	0.1	0.1	0.1	0.2
医院出院者平均住院日（日）	原始值	9.1	9.2	10.8	9.0	9.4	9.0	10.4
	归一化后得分	0.8	0.8	0.4	0.9	0.8	0.9	0.6
	综合分	0.0	0.0	0.1	0.2	0.0	0.2	0.1
人口死亡率（‰）	原始值	6.0	7.6	8.7	6.7	7.5	7.4	8.7
	归一化后得分	0.6	0.3	0.1	0.4	0.3	0.3	0.1
	综合分	0.4	0.2	0.1	0.3	0.2	0.2	0.1
综合排名		3	6	7	1	5	4	2

注：结合全国平均水平和东部发达省份指标，为简化评分标准，医院病床使用率、医院出院者平均住院日均按照正向指标计算。

资料来源：2022年相关省份统计年鉴。

相对于其他省份而言，海南医院出院者平均住院日指标排名中等靠后。这一结果反映出海南医疗运营管理水平亟待提高。为提高医院出院者平均住院日这一管理水平，需要从内部流程优化、医患沟通协调、床位分配和医疗服务效率提高等多方面入手。因此，应加强医院运营管理，注重建设临床路径和医生制度，提高医疗服务效率，减少医疗资源浪费等，以改善该指标。除此之外，结合现有的学术研究成果，为提高该指标的管理水平，还需加强社区医疗和家庭医生签约服务等方面的建设，协同建设医疗保障体系，提高医疗质量和效率等。上述工作的推进需要政策的调整和改革的支持，是实现海南卫生健康高质量发展的必要内容。

海南医院病床使用率指标排名中等靠后，这一结果反映出海南卫生健康服务的质量与实际需求之间存在一定的失衡。根据纵向评价的结果，尽管海南的基层医疗卫生机构在床位方面有着充足的投入，但在卫生健康服务人才和技术水平等方面仍然存在短板。薄弱之处包括医疗卫生机构缺乏积淀、技术不足和基层患者健康意识不足等。针对这些问题，可通过设立科学合理的激励机制来提高各类卫生技术人员的技术水平，增强其职业荣誉感和责任感。同时，对基层医疗卫生机构采取更为激进的激励机制和考评制度等管理手段，使之成为保障城乡居民、社区居民健康的积极力量，促进海南卫生健康领域的高质量发展。当然，措施的执行需要多方联动，为海南卫生健康领域的高质量发展提供有效的制度保障和执行引导。

（四）面临的问题

通过分析海南卫生健康高质量发展评价指标体系的二级、三级指标和结合实地访谈的相关结论，海南面临的主要问题体现在基层卫生健康服务能力、医疗卫生机构运营管理能力、共建共享理念和卫生健康人才激励措施等方面。

1. 基层卫生健康服务能力不足

基层卫生健康服务能力的不足主要表现在供给和需求两个方面。在供给方面，基层医疗卫生机构存在服务能力不足的问题，包括医务人员素质较低、专业医师数量不足、床位配备不合理和医疗服务项目不够全面等情况。这些问题限制了基层医疗卫生机构向患者提供高质量和全面的服务。在需求方面，患者（尤其是基层患者）的卫生健康需求呈现增长趋势，而当前基层医疗卫生机构能力的不足，使得需求方和服务方之间存在矛盾，对患者的卫生健康造成了一定的影响。

2. 医疗卫生机构运营管理能力亟待提升

海南医疗卫生资源虽然在规模和布局上，通过一段时间的投入，总体状况不差，但是在实际运营管理方面，仍然存在一些问题亟待解决。具体表现为：医疗卫生机构内部管理能力有待提高，医疗服务效率尚未得到有效提升，医生的医疗技术水平有待提高，医疗信息技术应用仍未达到理想状态。这些问题均影响着患者的医疗保障水平和治疗效果。

3. 共建共享理念不强

共建共享是建设健康中国的基本路径，也是海南卫生健康高质量发展的实施路径。纵向评价结果反映了海南当年健康检查人次占常住人口比重、3岁以下儿童系统管理率等得分偏低，说明海南卫生健康高质量发展的社会参与度不高，距离共建共享的实现还有较大差距。这既表明了卫生健康相关宣传并未落实到位，导致卫生健康高质量发展的社会参与度不高，也暴露了卫生健康高质量发展的薄弱环节。

4. 卫生健康人才激励措施有待优化

根据数据统计结果可以发现，基层医疗机构人员数、每千人口卫生技术人员数、公共卫生机构人员数以及每万人口全科医生数得分均处于相对欠佳的水平。这表明卫生健康人才总量依旧存在一定的短缺，特别是基层机构人才的欠缺已成为制约基层能力提升的重大障碍。虽然已经对卫生健康人才激励进行了"两个允许"的制度性建设，但在实际实施中仍然没有形成有效的激励机制，使得卫生健康人才基层保有量流失和转制现象仍普遍存在。

四　政策建议

（一）提升基层卫生健康治理能力

第一，宏观层面加强政策规划和制度建设。不断推动实施和优化现有的卫生健康政策，并深入研究分析和制定新的卫生健康政策，以促进基层医疗卫生服务工作的创新与发展。进一步完善卫生健康服务资源分配政策，坚持公平公正、合理有效的原则，提高卫生健康资源的利用效率，确保能够向基层各类人群提供全面、优质、便捷的公共服务。第二，中观层面完善管理体系和服务体系。建立健全基层医疗卫生服务管理体系，提高卫生健康服务工作的科学化、规范化和标准化水平，加大基层卫生健康管理和服务改革力度，促进基层医疗卫生服务管理水平和效能的提升。同时，着力推进整个卫生健康服务体系的协作互动，促进卫生健康服务的网络化、信息化和智能化，提高卫生健康服务的响应能力和效率。第三，微观层面提升基层卫生服务人员能力。加强人才培育，创新人才激励机制，吸引更多的优秀卫生健康专业人才到基层服务。加大基层医疗卫生服务设施的建设力度，提高基层医疗卫生设施的服务能力和服务质量。

（二）提升机构运营管理能力

第一，加强医疗卫生管理体制改革。强化监管，打击非法医疗、低价竞争等破坏市场秩序的行为，保护医务人员和患者的权益，稳定医疗行业秩序。第二，优化医疗服务流程。应开展管理流程优化的工作，简化流程，提升患者的就医体验。例如，通过建档和检查结果认可制度，避免重复检查或过度治疗，降低医疗成本和负担。第三，提升医疗技术水平。不断更新医疗设备和技术，通过培养人才和引进知名专家到院指导或出诊，提高医生的精准诊断和治疗能力，同时降低错误率和治疗风险。第四，推进互联网医疗。通过完善互联网医院、在线问诊、远程监测等方式，为患者提供便捷就医途径，优化资源配置，提高医疗服务效率和质量。

（三）协力推动海南卫生健康共建共享

第一，政府层面应加强政策引导，实施全民健康行动。政府可出台一系列激励政策和鼓励措施，促进医疗卫生服务供给侧和需求侧的共建共享。强化全民健康教育和宣传，提高公众的卫生健康意识和科学素养。加强卫生健康服务管理。政府要加强基层卫生健康服务中心和社区卫生服务中心的管理，完善卫生健康服务管理制度，提升基层卫生健康服务管理水平。第二，社会层面应提高社会参与度。积极引导和促进全社会广泛参与，加强沟通，提高信息共享率，尊重民意，充分发挥各方优势。引入第三方积极参与医疗卫生服务评估，对各类医疗卫生服务供给方和需求方定期进行监督和评估，及时发现问题、解决问题，提高供给侧和需求侧的协作水平。第三，个人层面应增强健康意识、提高健康素养。个人需提高卫生健康意识和自我管理能力，采取积极、健康的生活方式，预防和控制疾病，避免不必要的医疗卫生服务需求。通过制度供给，激励个人积极参与卫生健康服务，了解相关政策，参加公共卫生活动，自觉接受医疗卫生服务。

（四）进一步激励卫生健康人才发挥作用

第一，在政策层面，应进一步用好"两个允许"政策，出台更具激励性的卫生人才政策。鼓励更多医疗卫生人才进驻海南，提高海南卫生健康服务人力资本的效力。加大对医疗卫生人才招聘、培养和活动经费的支持力度，提高海南卫生健康人才的薪酬待遇，吸引和留住海内外优秀的医疗卫生人才。扩大奖励机制，通过公开竞逐和评比等方式，激励和鼓励海南卫生健康人力资本发挥效力。例如，通过建立荣誉制度，加强对卫生健康人力资本的表彰，鼓励卫生健康人力资本积极投入卫生健康服务和公共卫生管理。第二，在执行层面，应建立完善的医疗卫生人才队伍建设机制，加强医疗卫生人才的培养和管理，提高医疗卫生人才的水平和素质，促进医疗卫生人才队伍的流动。通过医疗卫生人才队伍的流动和交流，提高海南卫生健康人力资本的质量和水平。鼓励省内跨医疗卫生单位和地域的人才流动，加强协调，优化人才资源的配置。第三，在医疗卫生机构层面，应加强人力资源管理。一是制定合理的招聘、录用和培训计划，加强医疗卫生人才岗位的管理，促进岗位间的流动和交流。二是建立分权分责机制。业务单位应该按照各自职责和功能，建立健全分权分责机制，明确人才培养和管理的责任，促进海南卫生健康人力资本的高效运作。

参考文献

孙统达等：《共同富裕视域下卫生健康发展评价体系构建及实证研究》，《卫生经济研究》2022年第9期。

王锐等：《卫生健康高质量发展的内涵与路径选择》，《卫生经济研究》2022年第7期。

梁旭等：《基于德尔菲法的卫生健康高质量发展指标评价体系构建研究》，《中国卫生经济》2022年第4期。

温勇、魏冲：《关注医疗卫生支出效率促进卫生健康高质量发展》，《人口与健康》

2021 年第 12 期。

裴玮:《基于熵值法的城市高质量发展综合评价》,《统计与决策》2020 年第 16 期。

李金昌、史龙梅、徐蔼婷:《高质量发展评价指标体系探讨》,《统计研究》2019 年第 1 期。

侯静静:《卫生健康事业高质量发展评价指标体系构建与应用研究》,硕士学位论文,南京医科大学,2021。

B.9
2022年海南就业和社会保障
高质量发展报告

陈　林　靳秀芬　刘国君*

摘　要： 就业和社会保障作为民生工程、民心工程，是民生福祉的重要内容。海南自由贸易港政策红利持续释放，就业和社会保障工作取得积极进展。通过社会保险保护程度、劳动力市场、劳动者报酬、就业结构、就业能力、财政保障等6个维度14个指标，构建海南就业和社会保障高质量发展水平指数模型。测度结果显示：海南自由贸易港就业和社会保障高质量发展水平指数逐年提高；就业能力和社会保险保护程度发展水平上升幅度较大；劳动力市场发展水平下降幅度最大，主要原因是新冠疫情对劳动力市场的负面影响。但总体而言，海南就业和社会保障高质量发展水平指数呈"M"形上升趋势。

关键词： 就业　社会保障　海南省

党的二十大报告指出："中国式现代化的本质要求是：坚持中国共产党领导，坚持中国特色社会主义，实现高质量发展，发展全过程人民民主，丰富人民精神世界，实现全体人民共同富裕，促进人与自然和谐共生，推动构建人类命运共同体，创造人类文明新形态。"高质量发展是

---

* 陈林，经济学博士，海南医学院管理学院教授，主要研究方向为劳动经济、社会保障；靳秀芬，海南省技师学院高级讲师，主要研究方向为职业教育；刘国君，海南医学院第一临床学院副教授，高级职业指导师，主要研究方向为就业。

全面建设社会主义现代化国家的首要任务，高质量就业是高品质民生的最基本支撑，高质量社会保障是共同富裕的重要内容。① 高质量就业不仅需要劳动生产率比较高、就业比较稳定、工作与生活之间比较平衡、工作种类多种多样，还体现在增进人民福祉和促进社会和谐。② 高质量的社会保障就是要构建"覆盖全民、统筹城乡、公平统一、安全规范、可持续的多层次社会保障体系"，整体而言，就是社会保障的体系质量、制度质量、运行质量和服务质量都要高；③ 具体而言，就是社会保障要覆盖人群广泛、制度体系完备、权责结构清晰、基金保障充分、政策定位清晰。④

一　海南就业和社会保障发展环境

　　党的十八大以来，党中央把就业和社会保障摆在了更加突出的位置，强化就业优先政策，健全就业促进机制，促进高质量充分就业；社会保障体系建设步入发展快车道，要求不断健全"覆盖全民、统筹城乡、公平统一、安全规范、可持续的多层次社会保障体系"，促进社会保障事业高质量发展、可持续发展。海南省委、省政府自觉践行习近平新时代中国特色社会主义思想，深入贯彻党中央、国务院关于就业和社会保障高质量发展的决策部署，出台了人力资源和社会保障、医疗保障、促进就业、社保医保经办管理服务等规划和行动计划，不断细化政策落地和实施举措，扎实推动海南就业和社会保障高质量发展。

---

① 金红磊：《高质量社会保障体系内容及构建路径：一项基于社会质量理论的分析》，《中国行政管理》2022 年第 11 期。

② 苏丽锋、赖德胜：《高质量就业的现实逻辑与政策选择》，《中国特色社会主义研究》2018 年第 2 期。

③ 何文炯：《中国社会保障：从快速扩展到高质量发展》，《中国人口科学》2019 年第 1 期。

④ 邓大松、张怡：《社会保障高质量发展：理论内涵、评价指标、困境分析与路径选择》，《华中科技大学学报》（社会科学版）2020 年第 4 期；夏鞠、徐立青：《共同富裕视域下我国社会保障体系高质量发展测度》，《中国流通经济》2023 年第 4 期。

2022 年，海南省实现地区生产总值（GDP）6818.22 亿元，按不变价格计算，比 2021 年增长 0.2%；截至 2022 年末，海南省常住人口 1027.02 万人，城镇新增就业 16.37 万人，基本养老保险参保人数 690.42 万人，工伤保险参保人数 194.51 万人，基本医疗保险参保人数 920.88 万人，失业保险参保人数 220.43 万人，基本实现全覆盖；地方一般公共预算支出中"社会保障和就业支出"为 282.21 亿元，占预算总支出的 13.47%。2022 年，海南省城乡居民月人均基础养老金 199 元，惠及城乡老人 79.6 万人次；落实医保待遇 2043.08 万人次、108.21 亿元；落实工伤待遇 2.32 万人次、2.63 亿元；落实职业年金待遇 56.59 万人次、2.21 亿元；海南省各项基金滚存结余稳步上升，实现滚存结余 879.59 亿元。[①]

二 就业和社会保障高质量发展水平评价指标体系的构建

（一）指标的选取

国内外对就业质量的评价指标体系比较丰富，欧洲、加拿大、瑞典、德国已经构建了比较完整的评价指标体系，张小健、马永堂、翟燕立、苏丽锋、赖德胜、刘素华、国富丽、王阳、张抗私等学者结合自己的研究和我国实际构建了就业质量评价指标体系；邓大松、张怡、何文炯、夏囊、徐立青、金红磊等学者从宏观、微观层面给出了社会保障质量的评价指标。本报告在已有的评价指标体系的基础上，结合数据的可获得性、指标的可代表性等构建就业和社会保障高质量发展水平评价指标体系（见表1）。

[①] 数据来源于《2022 年海南省国民经济和社会发展统计公报》《海南省社会保险服务中心 2022 年度工作总结》。

表1 海南就业和社会保障高质量发展水平评价指标体系

单位：%

维度	指标	定义	计算公式	指标属性
社会保险保护程度	社会保险参保率	基本养老保险、生育保险、工伤保险、失业保险、基本医疗保险等五项保险参保率的算术平均值	基本养老保险参保率的计算公式为(城镇职工基本养老保险参保人数+城乡居民基本养老保险参保人数)/年末就业人口;生育保险率、工伤保险参保率、失业保险率的计算公式为单项保险参保人数/(年末未就业人员-第一产业从业人口数)×100%;基本医疗保险参保率的计算公式为基本医疗保险参保人数/户籍人口数	正向
	社会保障水平	社会保险基金支出占GDP的比重	基本养老保险、生育保险、工伤保险、失业保险、基本医疗保险等五项社会保险基金支出/GDP×100%	正向
	职业伤害比例	城镇单位职工职业伤害人数占城镇单位在岗职工的比例	工伤享受待遇人次/工伤保险参保人数×100%	负向
劳动力市场	城镇登记失业率	城镇登记失业人口数占城镇单位从业人员数的比例	城镇登记失业人口数/城镇单位从业人员数×100%	负向
	城镇新增就业弹性	地区经济总量每变化一个百分点所对应城镇新增就业人口数量变化的百分比	(当期城镇新增就业人数/上期城镇就业人数)/当期GDP增长率×100%	正向
	和谐劳动关系度	当期受理的劳动者争议案件劳动者当事人数占就业人员年末人数的比例	争议案件劳动者当事人数/(年末就业人员-第一产业就业人口数)×100%	负向
劳动者报酬	收入公平性	劳动者报酬占GDP比重	劳动者报酬/GDP×100%	正向
	最低工资保障程度	最低工资标准占就业人员平均工资的比重	每类地区最低工资标准的算术平均数/社平工资×100%	正向
就业结构	第一产业从业人口上升率	第一产业就业人口数较上一期第一产业就业人口上升的比率	当期新增第一产业就业人口/上期第一产业就业人口×100%	负向
	第二产业从业人口上升率	第二产业就业人口数较上一期第二产业就业人口上升的比率	当期新增第二产业就业人口/上期第二产业就业人口×100%	正向
	第三产业从业人口上升率	第三产业就业人口数较上一期第三产业就业人口上升的比率	当期新增第三产业就业人口/上期第三产业就业人口×100%	正向

维度	指标	定义	计算公式	指标属性
就业能力	就业人员受教育程度	大专及以上学历就业人口占就业总人口的比例	大专及以上学历就业人口/就业总人口×100%	正向
	职业资格获得率	获得职业资格证书人数占鉴定人数的比例	获得职业资格证书人数/鉴定人数×100%	正向
财政保障	社会保障和就业支出水平	社会保障和就业支出占地方一般公共预算支出的比重	社会保障和就业支出/地方一般公共预算支出×100%	正向

（二）数据来源及说明

本报告选取 2017~2022 年《海南统计年鉴》、《海南省社会保险统计年鉴》、《中国劳动统计年鉴》中的数据，并根据表1所列计算公式进行运算得到每个指标的统计结果，利用 Stata15.0 软件对6个维度的14项评价指标进行平均值和标准差计算。观测得出，指标值围绕平均值波动区间越小，标准差越小；指标值围绕平均值波动区间越大，标准差越大。从14项评价指标统计结果来看，城镇新增就业弹性、职业资格获得率、社会保险参保率标准差居前三位，说明这3项指标值波动较大；而和谐劳动关系度、职业伤害比例、社会保障和就业支出水平标准差居后三位，说明这3项指标值波动较小（见表2）。

表2　2016~2021 年海南就业和社会保障高质量发展水平评价指标统计结果

指标	2016年	2017年	2018年	2019年	2020年	2021年	平均值	标准差
社会保险参保率（%）	61.38	59.53	61.59	62.85	66.68	68.19	63.37	3.356576
社会保障水平（%）	5.77	6.74	7.03	6.97	8.03	7.31	6.98	0.7396688
职业伤害比例（%）	0.25	0.26	0.27	0.3	0.23	0.17	0.25	0.044121
城镇登记失业率（%）	2.4	2.3	2.3	2.2	2.8	3.1	2.52	0.3544949

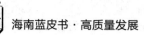

续表

指标	2016 年	2017 年	2018 年	2019 年	2020 年	2021 年	平均值	标准差
城镇新增就业弹性(%)	50.04	68.88	86.49	89.33	143.83	49.81	81.40	34.99836
和谐劳动关系度(%)	0.17	0.13	0.15	0.18	0.19	0.23	0.18	0.0344964
收入公平性(%)	50.98	50.67	50.57	51.32	55.64	54.32	52.25	2.171341
最低工资保障程度(%)	25.83	23.4	20.8	22.49	21.24	18.84	22.10	2.400508
第一产业从业人口上升率(%)	-1.32	-2.09	-3.51	-1.1	-2.49	-1.01	-1.92	0.9738994
第二产业从业人口上升率(%)	-1.78	-1.78	1.23	-0.83	0	-0.1	-0.54	1.164245
第三产业从业人口上升率(%)	2.35	6.76	5.46	1.04	3.08	1.63	3.39	2.255639
就业人员受教育程度(%)	18.1	18.2	19.1	21.1	20.3	22.5	19.88	1.739444
职业资格获得率(%)	82.38	81.38	79.58	71.59	82.77	89.43	81.19	5.772318
社会保障和就业支出水平(%)	13.4	12.7	12.3	11.9	12.8	13.2	12.72	0.556477

三 海南就业和社会保障高质量发展水平的测度

在发展水平指数模型构建中,通常采用层次分析法、主成分法、因子分析法、熵值法等计算指标的权重从而形成发展水平指数。王阳利用熵值法、层次分析法对北京市就业质量水平进行比较分析后,发现熵值法具有较高的可信度和精确度。[1] 张抗私和韩佳乐认为,在就业质量评价指数模型的构建中使用"信息熵"的算法使得计算过程更加优化。[2] 因此,本报告选用熵值法构建海南就业和社会保障高质量发展水平指数模型,避免了德尔菲法、层

---

[1] 王阳:《经济转型与就业优先政策》,中国工人出版社,2019。

[2] 张抗私、韩佳乐:《就业质量协调发展:评价指数与实证分析》,《宏观质量研究》2022 年第 5 期。

次分析法等中人为因素造成的主观影响。① 海南省相对完整的统计数据也为熵值法计算提供了支撑。

根据已构建的海南就业和社会保障高质量发展水平评价指标体系，结合表2形成的统计结果，利用 Stata15.0 进行熵值法运算得到 2016~2021 年海南就业和社会保障高质量发展水平各评价指标综合评价值。正向指标测度结果处于持续上升趋势，说明指标发展良好；负向指标测度结果也处于持续上升趋势，说明指标发展不好，需要持续改进（见表3）。

表3 2016~2021年海南就业和社会保障高质量发展水平评价指标测度结果

评价指标	2016 年	2017 年	2018 年	2019 年	2020 年	2021 年
社会保险参保率	0.0145	0.0001	0.0162	0.0261	0.0562	0.0680
社会保障水平	0.0001	0.0182	0.0237	0.0225	0.0425	0.0289
职业伤害比例	0.0231	0.0185	0.0139	0.0001	0.0324	0.0602
城镇登记失业率	0.0343	0.0392	0.0392	0.0441	0.0147	0.0001
城镇新增就业弹性	0.0003	0.0213	0.0409	0.0441	0.1048	0.0001
和谐劳动关系度	0.0264	0.0440	0.0352	0.0220	0.0176	0.0001
收入公平性	0.0107	0.0026	0.0001	0.0196	0.1327	0.0982
最低工资保障程度	0.0530	0.0346	0.0149	0.0277	0.0182	0.0001
第一产业从业人口上升率	0.0123	0.0428	0.0991	0.0036	0.0586	0.0001
第二产业从业人口上升率	0.0001	0.0001	0.0906	0.0286	0.0536	0.0506
第三产业从业人口上升率	0.0184	0.0802	0.0620	0.0001	0.0286	0.0083
就业人员受教育程度	0.0001	0.0020	0.0204	0.0612	0.0449	0.0897
职业资格获得率	0.0251	0.0228	0.0186	0.0001	0.0260	0.0415
社会保障和就业支出水平	0.0497	0.0265	0.0133	0.0001	0.0298	0.0431

注：结果为 0.0001 的数据是经过处理的数据，因为保留小数点后四位后仍为 0.0000，而 0.0000 并不代表数据结果为"0"，为了避免误读，统一用 0.0001 代替；但在求和计算上，"0.0001"仍按"0.0000"处理。

---

① 王文举、祝凌瑶：《北京经济高质量发展研究》，《北京工商大学学报》（社会科学版）2021年第3期。

（一）评价指标分析

从2021年测度结果来看，评价指标值排名前三依次是收入公平性（0.0982）、就业人员受教育程度（0.0897）、社会保险参保率（0.0680）（见图1）。其中，就业人员受教育程度和社会保险参保率处于近6年的最高水平，可见在新冠疫情的影响下，海南就业和社会保障高质量发展水平部分评价指标仍然表现良好。

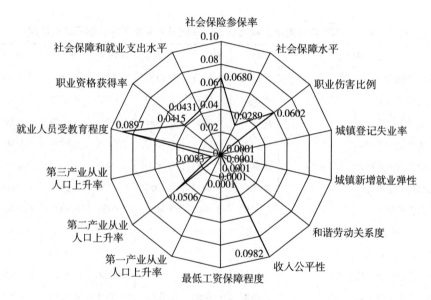

**图1　2021年海南就业和社会保障高质量发展水平
14个评价指标指数**

但从2016~2021年14个评价指标测度结果来看，2021年10个正向指标中有4个指标指数低于2016年水平；4个负向指标中有1个指标指数高于2016年水平。

社会保险参保率、社会保障水平、收入公平性、第二产业从业人口上升率、就业人员受教育程度、职业资格获得率等6个正向指标的发展水平指数呈稳定的增长趋势。2016~2021年，就业人员受教育程度的发展水平指数提高了 0.0896，平均每年增长 0.01792，说明海南对劳动者的吸引力增加，高学历（大专及以上学历）人才持续流入，人才政策红利凸显；收入公平性的发展水平指数提高了 0.0875，年均增长 0.0175，说明最低工资标准与社会平均工资的差距正在逐步缩小，收入公平性逐步提升；社会保险参保率的发展水平指数提高了 0.0535，年均增长 0.0107，这与海南持续推进全民参保计划、应保尽保有很大关系，说明海南居民参加社会保险的水平逐步提升。2021 年，第二产业从业人口上升率的发展水平指数为 0.0506，较 2016 年增加了 0.0505，说明 2016~2021 年海南省第二产业吸纳就业人口数在持续增加。2021 年，社会保障水平的发展水平指数为 0.0289，较 2016 年增加了 0.0288，说明 2016~2021 年社会保障基金支出占 GDP 比重增加，百姓社会保障获得感持续增强。

2021 年，职业资格获得率发展水平指数为 0.0415，较 2016 年增加 0.0164，说明实施职业技能提升计划，极大增加了劳动者获得职业资格比重。2016~2021 年，城镇新增就业弹性、最低工资保障程度、第三产业从业人口上升率、社会保障和就业支出水平等 4 个正向指标的发展水平指数下降。2021 年，海南城镇新增就业弹性发展水平指数仅为 0.0001，较 2016 年下降了 0.0002，但 2020 年较 2016 年增加 0.1045，这与 2020 年海南省应对新冠疫情所实行的强有力促就业、稳就业措施有关，而 2021 年出现较大幅度的下降，与海南加速推进形成的高速经济增长与新增就业人口增长率形成鲜明的对比有关。2021 年，最低工资保障程度的发展水平指数为 0.0001，较 2016 年下降了 0.0529，这与社平工资持续增长而最低工资标准调整缓慢有关。2021 年，第三产业从业人口上升率的发展水平指数为 0.0083，较 2016 年下降 0.0101，这与 2020 年新冠疫情对第三产业的影响有关。2021 年，社会保障和就业支出水平的发展水平指数为 0.0431，较 2016 年下降 0.0066，这与社会保障和就业支出占财政一般公共预算比重没有显著提升有关。

2016~2021 年，城镇登记失业率、和谐劳动关系度、第一产业从业人口上升率等 3 个负向指标的发展水平指数下降。2021 年，城镇登记失业率发展水平指数为 0.0001，较 2016 年下降 0.0342，这与海南实行保民生、促就业、稳就业措施，以及新增市场主体吸纳就业有关；和谐劳动关系度的发展水平指数为 0.0001，较 2016 年下降 0.0263，说明持续的和谐劳动关系宣传、法治人社的落实，使海南劳动关系更加和谐；第一产业从业人口上升率的发展水平指数为 0.0001，较 2016 年下降 0.0122，说明海南持续推进的农村劳动力转移成效显著。

2016~2021 年，负向指标职业伤害比例的发展水平指数上升。2021 年，职业伤害比例的发展水平指数为 0.0602，较 2016 年增加了 0.0371，虽然职业伤害比例在下降，但指数在上升，说明职业伤害比例在海南就业和社会保障高质量发展水平评价指标体系中的权重上升。

（二）维度指标分析

通过对 14 个评价指标的汇总，形成 6 个维度的发展水平指数。从整体上看，6 个维度的发展水平指数的涨跌不一。2016~2021 年社会保险保护程度、劳动者报酬、就业结构、就业能力发展水平指数呈上升态势，就业能力和社会保险保护程度上升幅度较大；劳动力市场、财政保障发展水平指数下降，且劳动力市场下降幅度较大（见表 4）。

表 4　2016~2021 年海南就业和社会保障高质量发展水平维度指标测度结果

维度	2016 年	2017 年	2018 年	2019 年	2020 年	2021 年
社会保险保护程度	0.0377	0.0367	0.0537	0.0486	0.1310	0.1571
劳动力市场	0.0609	0.1044	0.1152	0.1101	0.1371	0.0001
劳动者报酬	0.0638	0.0372	0.0149	0.0473	0.1509	0.0982
就业结构	0.0306	0.1230	0.2516	0.0322	0.1408	0.0588
就业能力	0.0251	0.0248	0.0390	0.0612	0.0709	0.1312
财政保障	0.0497	0.0265	0.0133	0.0001	0.0298	0.0431

1. 社会保险保护程度

2016~2021 年，海南社会保险保护程度发展水平指数呈波动上升趋势。2021 年，社会保险保护程度发展水平指数较 2016 年提高了 0.1194，2017

年、2019年均与上年相比出现小幅下滑，2021年达到测度区间历史最高值（见图2）。其原因可能是：海南省社会保障制度不断完善，全民参保计划实施、社会保险经办服务能力提升、社会保险各险种参保扩面工作扎实推进，人们参保积极性不断提高，"应保尽保"得到有效落实。2016年12月5日，海南省人民政府办公厅印发《海南省人力资源和社会保障事业发展"十三五"规划纲要》，要求"全面实施全民参保计划，促进和引导各类单位和符合条件的人员长期持续参保，基本实现法定人员全覆盖"。《海南省社保医保经办管理服务行动计划（2021—2025年）》要求全面实施全民参保计划，推动实现基本养老保险、基本医疗保险法定人员全覆盖；推动工伤保险向职业劳动者全覆盖。2017年10月18日，党的十九大报告指出要全面实施全民参保计划，完善城镇职工基本养老保险和城乡居民基本养老保险制度。党的二十大报告要求"扩大社会保障覆盖面"。海南省深入贯彻党的十九大、二十大精神，不断完善社会保险制度，认真落实全民参保计划的各项工作部署，有力地推动社会保险参保扩面，法定人员社会保险参保率不断提升。

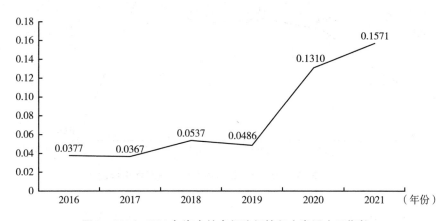

图2 2016~2021年海南社会保险保护程度发展水平指数

2.劳动力市场

2016~2021年，海南劳动力市场发展水平指数变化趋势呈倒"V"形。2016~2020年，海南劳动力市场发展水平指数呈现快速上升趋势，而2021年出现"断崖式"下跌,处于近年来的最低位(见图3)。其可能的原因是:海南积极引进市场主体,大力实施稳定和扩大就业措施,城镇新增劳动力持续增加,城镇登记失业率保持在合理区间,但是2021年新冠疫情对海南劳动力市场产生负面影响,城镇登记失业率上升、劳动争议案件当事人数上升。党的十九大报告指出,要坚持就业优先战略和积极就业政策,实现更高质量和更充分就业。党的二十大报告要求强化就业优先政策,健全就业促进机制,促进高质量充分就业。海南深入贯彻党中央、国务院的精神,印发《海南省"十三五"促进就业规划》,要求将促进就业创业放在经济发展的优先位置;印发《海南省"十四五"促进就业规划》,要求继续实施就业优先战略。新冠疫情期间,海南出台的一系列稳岗政策,确保了劳动力市场活力和稳定,但是2021年新冠疫情对海南劳动力市场的负面影响仍然存在。

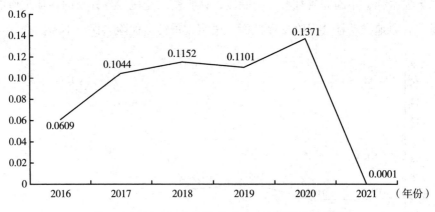

图3 2016~2021年海南劳动力市场发展水平指数

3. 劳动者报酬

2016~2021年,海南劳动者报酬发展水平指数变化趋势呈"W"形。2016~2018年,劳动者报酬发展水平指数逐年下降,2019年实现反转,在2020年达到最高位后又开始下降(见图4)。其可能的原因是:最低工资标准的相对稳定性(三年一调)与社平工资的动态性(每年调整)不匹配,因此出现较大波动；工资的刚性增长和经济快速发展也使得劳动者报酬增加。2018年4月13日，习近平总书记在庆祝海南建省办经济特区30周年大会上的讲话中强调，"海南要坚持以人民为中心的发展思想，不断满足人民日益增长的美好生活需要，让改革发展成果更多更公平惠及人民"。海南省深入贯彻习近平总书记"4·13"讲话精神，深化工资制度改革，增加劳动者收入，逐步缩小了地区间、劳动者间收入差距。

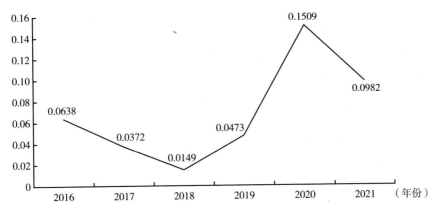

图4　2016~2021年海南劳动者报酬发展水平指数

4.就业结构

2016~2021年，海南就业结构发展水平指数呈"M"形变化态势。2018年，就业结构发展水平指数达到最高水平，之后出现剧烈波动，2020年较2019年波动上升后，2021年又呈下降态势，但2021年指数较2016年指数高出0.0282（见图5）。可能的原因是：第一产业从业人数仍较多且年转出率较低；第二产业从业人数稳定，波动较小；第三产业从业人数逐年增加，但增速仍然缓慢，整个就业结构呈现不对称的"哑铃型"，与理想的"倒三角"就业结构还有一定差距。习近平总书记在"4·13"讲话中指出，"现代服务业是产业发展的趋势，符合海南发展实际，海南在这方面要发挥示范引领作用"。近年来，海南认真贯彻习近平总书记关于海南产业发展的指示批示精神，调整产业结构，大力发展现代服务业，同步实施《百万人才进海南行动计划（2018—2025 年）》，引进各类人才效果明显，引导劳动者有序就业。随着海南建设加速，第二、第三产业吸纳就业的能力正驶上快车道，更加合理的就业结构逐步形成。

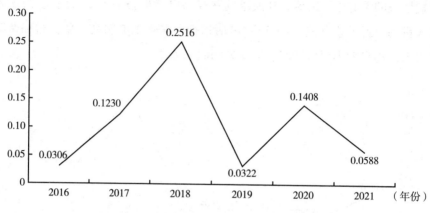

图5　2016~2021 年海南就业结构发展水平指数

5. 就业能力

2016~2021 年，海南就业能力发展水平指数呈快速增长态势。2021 年海南就业能力发展水平指数为 0.1312，为测度区间最高位，较 2016 年增加了 0.1061，平均每年增加 0.02122（见图6）。可能的原因是：就业人员平均受教育年限增加，职业资格鉴定的通过率更高，这与海南持续加大人才引进力度、提升劳动者素质有关。海南省出台了一系列政策促进劳动者就业能力提升，如围绕重点产业发展、乡村振兴战略和重点人群开展职业技能培训，提升劳动者技能；通过旺工淡学、电视夜校等方式提升劳动者素质，即使在新冠疫情对经济社会造成负面影响的 2020 年、2021 年，海南针对劳动者就业能力提升的政策、措施仍发挥重要作用，为市场提供高素质人力资源。

6. 财政保障

2016~2021 年，海南财政保障发展水平指数呈"V"形变化趋势。财政保障发展水平指数从 2016 年的 0.0497 最高位下降至 2019 年的 0.0001，随

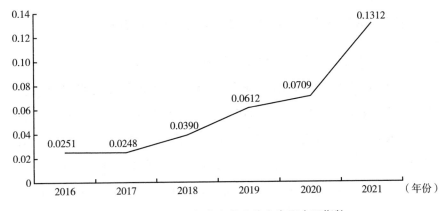

图6 2016～2021年海南就业能力发展水平指数

后在 2020 年开始快速上升，在 2021 年达到 0.0431，与 2016 年仅差 0.0066（见图 7）。可能的原因是：社会保障和就业支出占地方一般公共预算支出的比重没有随着财政收入的增加而同等提升，社会保障和就业支出增长速度偏低。社会保障和就业支出是民生保障的重要内容，海南一直以来非常重视民生保障，认真贯彻习近平总书记关于民生保障的一系列指示批示精神，社会保障和就业支出始终维持在相对稳定的水平，在 2020～2021 年新冠疫情对经济社会造成负面影响的情况下，海南仍能维持就业和社会保障支出处在相对稳定的水平。

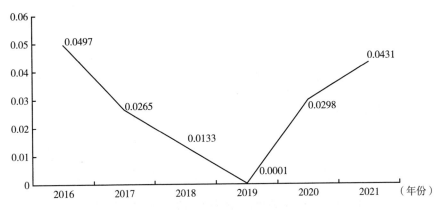

图7 2016～2021年海南财政保障发展水平指数

（三）海南就业和社会保障高质量发展水平指数分析

2016~2021年，海南就业和社会保障高质量发展水平指数总体呈"M"形的上升趋势。2016年海南就业和社会保障高质量发展水平指数只有0.2678，在经过两年的增长后于2018年达到0.4877后，在2019年快速下降至0.2994，在2020年又急速达到最高点0.6605，2021年又下降到0.4884；2021年发展水平指数处于近年来第二好水平。海南就业和社会保障高质量发展水平指数位于0~1区间，因而采用五等分（公差为0.2）进行划分，形成5个等级的指数标准，即0~0.2为极低水平、0.2~0.4为低水平、0.4~0.6为一般水平、0.6~0.8为高水平、0.8~1为较高水平。由此可见，2016~2021年海南就业和社会保障高质量发展水平仅在2020年达到高水平，2021年、2018年处于一般水平，其余年份处于低水平。2016~2021年海南GDP指数处于波动上升趋势，从2017年起指数增速持续处于下降趋势，直到2021年实现快速拉升（见图8）。经济的持续增长对就业和社会保障发展具有较好的推动作用。2020年，海南经受住了新冠疫情考验，GDP指数仍实现环比正增长，就业和社会保障发展水平创近年新高；2021年，海南GDP指数达到测度区间的高位，就业和社会保障发展水平没有随

图8　2016~2021年海南就业和社会保障高质量发展水平指数
与GDP指数变化比较

GDP 指数快速增长延续增长趋势而是出现下降。2020～2021 年，新冠疫情对经济社会产生负面影响，而受一系列稳岗位促就业政策的刺激，海南就业和社会保障发展水平明显好于预期。

结合表 4、图 8，计算 2021 年海南就业和社会保障高质量发展水平指数 6 个维度指标的贡献率。结果显示：社会保险保护程度对海南就业和社会保障高质量发展水平指数贡献最大，贡献率达到 32.16%；其次是就业能力，贡献率为 26.86%；再次是劳动者报酬，贡献率为 20.10%；而财政保障和劳动力市场贡献率处于较低位次，未来仍有较大提升空间（见表 5）。

表 5　2021 年海南就业和社会保障高质量发展维度指标贡献率排序

序号	维度指标	2021 年发展水平指数	贡献率（%）	贡献率排序
1	社会保险保护程度	0.1571	32.16	1
2	劳动力市场	0.0001	0.02	6
3	劳动者报酬	0.0982	20.10	3
4	就业结构	0.0588	12.04	4
5	就业能力	0.1312	26.86	2
6	财政保障	0.0431	8.82	5

四　海南就业和社会保障高质量发展的突出问题

2016～2021 年是海南发展史上极其不平凡的时期。一是海南调整了产业结构，重新拟定未来发展的产业方向，从改善房地产到支持 12 项重点产业再到"3+1"的产业格局，而人员的就业流向随着产业结构的调整而变化。二是 2018 年中国特色自由贸易港建设落地海南，自由贸易港建设的政策红利逐步释放，海南发展迎来新契机。三是 2020 年新冠疫情对经济社会造成负面影响，就业和社会保障发展承受较大压力。结合具体测度结果来看，海南就业和社会保障高质量发展存在以下几方面的突出问题。

（一）社会保障全民覆盖不到位，社会保险参保率分布不均衡

2016～2021 年，海南各类人群社会保险参保率从 61.38% 上升至 68.19%，总体呈现持续增长趋势，但是生育保险、工伤保险、失业保险等 3 项社会保险平均参保率分别是 44.93%、42.65%、51.09%，而此 3 项社会保险覆盖同一群体——城镇从业人员（城镇职工）也出现较大的参保率差异。2021 年，3 项保险参保率分别是 47.88%、49.28%、54.91%，最高的失业保险参保率与最低的生育保险参保率之间相差 7.03 个百分点，具体到两个险种的参保人数则相差 26.35 万人。

（二）参保扩面主动性不够，基本医疗保险参保率下降

2021 年海南基本医疗保险参保人数处于历史最高位，但参保率从 2016 年的 98.54% 下降至 2021 年的 96.46%，且出现 2019～2021 年连续下滑现象。《海南省社会保险统计年鉴》数据显示，2019～2021 年，海南城乡居民基本医疗保险参保对象中的成年人、大学生群体数量下降，其中成年人下降 20.36 万人、大学生群体下降 2.69 万人，当然城镇从业人员（城镇职工）、中学生参保人数上升。统计数据表明，2021 年较 2019 年增加了基本医疗保险参保对象 18.18 万人，户籍人口增加了 36.23 万人、常住人口增加了 35.2 万人，户籍人口、常住人口的增长人数均明显高于基本医疗保险参保对象增长人数。

（三）待遇保障政策有待调整，基本医疗保险保障待遇偏低

《海南省社会保险统计年鉴》数据显示，2021 年，海南省城镇基本医疗保险基金支出 1414388 万元，累计结余 2778334 万元，可支付月数为 23.57 个月，远高于国家规定的 9 个月上限。基本医疗保险基金积累过多，一方面，说明医疗保险待遇水平过低，导致基金支出不足；另一方面，说明医保基金管理较好，"冒跑滴漏"现象得到有效遏制。如此高的累计结余和可支付月数，除了表明历史待遇偏低外，也表明当前医保待遇虽经过多轮调整但仍有上升空间。

（四）劳动保护差异明显，劳动者就业稳定性下降

失业率高、登记失业人员数量大说明就业稳定性差。此外，非正规就业人数多、私营单位用工多也是导致就业不稳定的因素。《海南省人力资源和社会保障事业发展统计公报》数据显示，2021年，海南省城镇登记失业率为3.1%，登记失业人员10.1万人；登记失业率较2016年上升0.7个百分点，登记失业人员增加了4.6万人。2021年，海南新增城镇就业人数17.74万人，其中城镇非私营单位增加5.4万人、城镇私营单位增加12.34万人。由于私营单位在劳动保护、劳动时长、劳动权益等方面与非私营单位存在一定差异，当劳动者认为反差较大时，容易出现就业稳定性下降现象。

（五）最低工资标准偏低，一线劳动者收入保护不够

2016~2018年，海南省最低工资标准分别占当年社平工资的25.83%、23.40%、20.80%，呈逐年下降趋势；2019年上调最低工资标准后，2019~2021年海南省最低工资标准分别占当年社平工资的22.49%、21.24%、18.84%，占比仍然较低。当然也不能一味强调最低工资的上涨，应该看到，2016~2021年最低工资标准经历了一次调整，即2019年从1346.67元/月上调至1586.67元/月，上调幅度为17.82%；而社平工资从2016年的5212元/月上涨至2021年的8424元/月，上涨了61.63%，年均增长率为10.08%。一般认为，最低工资标准为社平工资的40%~60%较为适宜。[1] 因此，过低的最低工资标准，对最一线劳动者的收入保护较差。

（六）产业就业结构不合理，第一产业从业人员占比过高

作为全国唯一的热带省，海南有着丰富的热带农业资源。2016~2021

---

[1] 谢勇：《中国最低工资水平的适度性研究——基于重新估算社会平均工资的视角》，《社会科学》2016年第2期。

年，海南第一产业从业人数占比从 36.53% 下降至 31.07%，第二产业从业人数占比从 12.27% 下降至 11.40%，第三产业从业人数占比则从 51.2% 上升至 57.54%。2021 年，海南省第一产业从业人数占比高于全国平均水平（22.9%），高于农业大省河南省（24.24%）；第三产业从业人数占比则低于北京市、上海市的 81%、65.57%。海南作为建设现代服务业的典范，要着力做大做强做优第三产业，提升第三产业吸纳就业人口的能力。

五 海南就业和社会保障高质量发展的建议

党的二十大为全面建设社会主义现代化国家开好局起好步，谋划了高质量发展的新篇章。当前正值海南建设高速发展之际，应落实"以人民为中心"的思想，促进高质量就业和社会保障，筑牢中国式现代化的民生保障基础。

（一）开展制度创新，实现应保尽保

一是巩固现有参保成果，不断提高社会保险参保率。针对基本医疗保险参保率持续下滑的现象，要重点针对大学生群体、新落户居民主动作为，利用教育大数据、公安户籍大数据开展"基本医疗保险参保一件事"摸排和主动发现，① 将未参保的城乡居民户籍信息每月汇总至村居，并由村居知会未参保人，提醒及时参保，如果是困难群体，应及时联动至有关部门做好统一参保工作；未参保的学生信息及时反馈至所在学校，由学校知会未参保学生及其家长，提醒及时参保。二是创新参保的救济机制。对已过基本医疗保险集中征缴期的城乡居民，设计参保救济机制，对于长期外出、疾病、异地居住、新落户、婴儿（0~1 岁）等海南户籍城乡居民或未参保的海南常住人口，允许通过救济机制参加基本医疗保险。三是制度创新，扩围提标。针

---

① 万国威：《中国式现代化与社会保障的高质量发展》，《江淮论坛》2022 年第 6 期。

对城乡居民养老保险参保低档多、企业按最低缴费标准缴纳养老保险的现象，进行参保政策宣传，鼓励参保人多缴多得；针对被征地农民、失海渔民等无法匹配到适宜工作而"失业"的群体，针对具有相对稳定工作、收入的新业态群体，如从事快递、网约车等行业的群体，要创新失业保险、工伤保险、生育保险机制，将更多游离在现行制度外的人群纳入社会保险制度。此外，加快长期护理保险制度、参保人因急性病在省外就医的医疗费用结算规则、与省外相衔接的健康保险制度等的创建，不断完善多层次的社会保障制度。

（二）增进民生福祉，共享发展成果

党的二十大报告指出："必须坚持在发展中保障和改善民生，鼓励共同奋斗创造美好生活，不断实现人民对美好生活的向往。"具体到就业和社会保障高质量发展上，需要做到以下三个方面。一是逐步提高社会保障待遇。社会保障待遇体现在参保人身上，要比照 CPI 涨幅、GDP 增速、城镇职工养老金涨幅和城乡居民的生活标准等形成的城乡居民基本养老保险基础养老金动态调整的协同机制，不断提高基础养老金水平；要完善基本医疗保险门诊待遇保障机制，扩围门诊慢性特殊疾病病种、提高城镇职工医保普通门诊待遇标准；要创新职业伤害认定机制，将因工作紧张造成的心理疾病、过劳死等纳入职业伤害范畴；要落实国家人口战略，提高生育医疗待遇、生育津贴标准，生育津贴发放时长要逐步与生育假挂钩，通过生育待遇水平提升助推生育率提高。二是适度调整最低工资标准，促进收入公平。最低工资标准的调整要动态化，要与经济发展水平相适应，实施适度的较低工资有利于维护劳动者权益，提高员工特别是低收入劳动者的收入水平，[①] 同时有利于吸引更多的劳动者来海南"建功立业"。三是增加就业和社会保障公共财政投入。海南要坚决落实"保民生、保稳定"的方针，认真贯彻落实重大民生

[①] 《叶林祥 李实：完善最低工资增长机制 提高低收入群体收入水平》，党建网，2018 年 5 月 3 日，http://www.dangjian.com/djw2016sy/djw2016wkztl/wkztl2016djwztk/specials/ztkxysjd/ztksjdsl/201805/t20180503_ 4674566. shtml。

保障政策，稳定公共财政投入，如持续在社保、公益性岗位、再就业援助、创业扶持、就业驿站等领域加大投入和补贴力度，逐步形成与就业和社会保障承担的工作和任务相匹配的经费保障机制，保证就业和社会保障工作高效运转。

（三）强化就业优先，促进高质量充分就业

党的二十大报告提出，"实施就业优先战略"，"强化就业优先政策，健全就业促进机制，促进高质量充分就业"。海南建设就是要推动经济实现质的有效提升和量的合理增长，在产业调整中优化就业结构、在高质量发展中创造更多高质量就业岗位，促进高质量充分就业。[①] 一是进一步提升第三产业从业人员占比。习近平总书记的"4·13"讲话、《海南自由贸易港建设总体方案》均要求海南大力发展旅游业、现代服务业和高新技术产业。因此，在产业转型升级、构建现代产业体系中要重点发展第三产业，具体到就业结构方面，需要逐步减少第一产业从业人口占比，将转移出来的劳动者、新就业者合理地引导到不同类型的第三产业就业，形成劳动者在不同行业有序就业、合理配比。要特别关注在转型升级中低端服务业的劳动者、重点群体，运用积极的产业政策保留和增加低端劳动力就业岗位，在充分就业中实现更高质量、在更高质量中实现更充分。二是出台更加积极的政策提升劳动者素质。现在劳动力市场存在的就业难与招工难并存现象，主要原因是"人职"不匹配。因此，要积极开展技能培训、职业教育、学历教育，为劳动者打造终身教育平台，不断提高劳动者技能和素质。要特别关注旅游业、现代服务业、高新技术产业等产业全产业链人才供给和培养，为海南建设提供人才保障。三是不断降低失业率，保持劳动者就业稳定。海南要充分利用就业大数据，发挥失业预警机制的作用，及时出台政策措施，全力守好就业的底线。要特别关注受内外因素影响较大的重点产业和行业，制定专项就业援助政策，

---

① 赖德胜等：《促进高质量充分就业，助力中国式现代化笔谈》，《人口与经济》，网络首发时间：2023 年 3 月 28 日。

确保在重大风险发生时就业稳定。四是进一步发挥公共就业服务机构、平台的就业促进作用。利用好、发挥好"就业驿站"等机构、平台在促进不同群体就业中的作用，打通全省就业驿站、公共就业服务平台、人力资源服务市场等之间的信息壁垒，实现信息共建共享，促进高质量充分就业。

B.10
优化营商环境推动海南高质量发展报告

张云华*

摘　要： 2022 年，海南按下优化营商环境"加速键"，采取了许多创新举措，在助力海南相关政策落地见效、促进海南高质量发展等方面取得了一定成效，但依然存在许多问题和挑战。与海南自贸港的目标定位相比，同世界银行 B-READY 评价指标体系标准对标，与新加坡、中国香港及我国首批营商环境试点城市等相比，尚存一定差距。本报告以促进市场主体活力有效迸发、推动海南高质量发展为目标，在梳理总结 2022 年海南营商环境建设的重要举措和成效的基础上，深入剖析现存问题，从法治化、国际化和便利化三个维度提出优化营商环境的对策建议：一应持续完善营商环境法治体系为海南高质量发展保驾护航；二应对标国际最高经贸规则制定营造国际化一流营商环境行动方案；三应抓重点、补短板、强弱项，快捷高效为民为企全力服务。

关键词： 营商环境　法治化　国际化　便利化

党的二十大报告提出，"高质量发展是全面建设社会主义现代化国家的首要任务"。高质量发展离不开高质量的营商环境（Doing Business）。海南始终把营商环境作为自贸港建设的核心竞争力和关键所在，先后成立了海南省优化营商环境工作专班办公室、海南省营商环境建设厅，以"一年要有

---

* 张云华，博士，海南师范大学经济与管理学院教授，主要研究方向为财税理论与政策、营商环境。

新气象，三年要有大进步，五年要达到国内一流水平"为目标，积极谋划和统筹推进优化营商环境工作，深入创一流营商环境大会战，努力实现营商环境持续改善。2022 年，海南更是按下优化营商环境"加速键"，采取了许多创新举措，在助力海南相关政策落地见效、促进海南高质量发展等方面取得了一定的成效，营商环境口碑整体向好，市场主体满意度和获得感大幅提升。然而，海南营商环境建设毕竟时间短、起点低、基础比较薄弱，依然存在许多问题和挑战。习近平总书记在 2018 年的"4·13"重要讲话中就强调，要支持海南大胆试、大胆闯、自主改，加快形成法治化、国际化、便利化的营商环境和公平、开放、统一、高效的市场环境。因此，不断深化改革，努力营造海南一流营商环境，将有助于促进市场主体活力有效迸发，调动企业和投资者的积极性，加快推进海南高质量发展进程。

一　一流营商环境是区域综合竞争力和经济软实力的重要体现

"营商环境"一词，源于世界银行的一个项目调查。营商环境是市场主体在市场经济活动中所涉及的体制机制性因素和条件。为了增强区域经济发展竞争优势，各个国家或地区十分重视营商环境建设，以吸引更多的资本、技术、人才等生产要素进驻，从而促进本地经济增长和经济结构优化。为此，如何有效评价地区营商环境显得尤为重要。自 2003 年起，世界银行通过对比全球不同经济体和不同时期的商业监管环境，每年发布一期《营商环境报告》。由于营商环境评价体系本身存在一定的局限性，世界银行于2021 年 9 月暂时停止发布《营商环境报告》及相关数据。2022 年 2 月，世界银行公布新的宜商环境（Business Enabling Environment，BEE）评估体系项目说明，并启动试评估。2022 年 12 月，世界银行正式发布 BEE 概念说明书（Concept Note），并将 BEE 更名为 Business Ready（"B-READY"）。2023 年 5月 1 日，世界银行发布 B-READY 项目的《方法论手册》（*Business Ready Methodology Handbook*，BRMH）和《操作手册和指南》（*B-READY Manual* and Guide，B-READY MG）。至此，世界银行营商环境评估新体系 B-READY 框架初步搭建完成。

一流营商环境是区域综合竞争力和经济软实力的重要体现。我国高度重视营商环境优化，自 2020 年 1 月 1 日开始实施《优化营商环境条例》；2020 年 7 月 21 日，《国务院办公厅关于进一步优化营商环境更好服务市场主体的实施意见》印发；2021 年 11 月 25 日，《国务院关于开展营商环境创新试点工作的意见》正式发布，在北京、上海、重庆、杭州、广州、深圳等 6 个城市开展首批营商环境创新试点。经过建设，我国营商环境有了很大的改善。世界银行发布的《2020 年营商环境报告》显示，2019 年我国营商环境排名全球第 31，相较于过去两年提升了 47 个位次，连续两年跻身全球营商环境改善最大的经济体前十名，成为全球营商环境改善最显著的经济体之一。而首批营商环境创新试点城市经过建设，均已完成 1.0~5.0 版本的营商环境优化，形成了一系列可复制可推广的制度创新成果，也为各区域营商环境建设做出了重要示范。

二　部分国家或地区营商环境建设的经验借鉴

本报告比较总结了新加坡、中国香港以及我国首批营商环境创新试点城市[①]在营商环境建设中的经验，以期对海南营商环境的优化提供启示和借鉴。

（一）注重以公平规范为目标导向营造法治化营商环境

在政府采购和公平竞争方面，新加坡制定《政府采购法》，配以完善的电子化政府采购制度，先后出台《电子交易法》《电子交易（认证机构）规则》等以保证政府采购合规、公平、透明。北京建设政府采购电子交易平

---

① 《国务院关于开展营商环境创新试点工作的意见》，中国政府网，2021 年 11 月 25 日，https：//www.gov.cn/zhengce/zhengceku/2021－11/25/content_ 5653257.htm。该意见指出，在北京、上海、重庆、杭州、广州、深圳等 6 个城市开展首批营商环境创新试点。

台，实现了招标、投标、开标、评标、定标、合同签署等全过程高效在线办理。上海临港新片区实施垄断协议豁免制度，对垄断协议行为分类监管，综合考量行业类型、企业规模、市场份额、竞争状况等，对符合条件的经营者依法豁免。

在市场监管方面，新加坡几乎没有行政前置审批事项，实施事中事后信用监管体系，搭建"企业信息申报系统"共享平台，与所有监管机构实现信息互通，实时联动监管。深圳、北京等城市建立了政府监管、行业自治、企业自律、社会监督"四位一体"监管体系，并辅以惩罚性赔偿制度与包容审慎监管制度并行区别对待特定行业。上海出台《本市开展综合监管"一件事"改革试点工作方案》，优化再造监管对象的综合检查或联动监管程序，制定综合监管制度、制订相关工作计划，完善智慧化监管措施。

在知识产权和劳动保护方面，深圳市知识产权局印发《深圳市知识产权海外维权指引》，指导企业应对海外纠纷。2022 年，中国（深圳）知识产权保护中心编制《深圳企业海外知识产权布局实务指引》，从专利、商标、版权、商业秘密、域名等方面为企业提供指引。全国首个粤港澳大湾区知识产权调解中心在广州落成，整合三地专业调解资源及力量为大湾区内市场主体提供专业、高效、便捷的知识产权纠纷调解服务。新加坡颁布了《就业法》《工人赔偿法》《外籍劳工法》等法律加强劳动力保护。杭州成立市根治欠薪工作领导小组，促进劳资纠纷在法律程序启动前的即时解决。

在国际商事纠纷解决方面，新加坡建立了适应全球趋势的国际商事法庭及其纠纷解决机制。商事仲裁管辖权的确立以当事人的合意为基础，接受当事人通过协议管辖的形式选择国际商事法院；大多数国际商事法庭放宽了对法官国籍的限制；设置了"仲裁—调解—仲裁"程序，灵活对接仲裁与调解机制。上海法院建立"一站式"多元解纷平台，全面推进电子卷宗"单套制"归档改革和司法专递面单电子化改革，提升仲裁程序的效率。深圳通过深化深圳国际仲裁院与港澳的合作，探索"香港调解员+内地调解员"

和"香港调解员+内地调解法官"等在线联合调解模式，促进国际商事纠纷"一站式"解决。

（二）注重以国际最高水平经贸规则为标准营造国际化营商环境

在促进通关便利、节省通关成本方面，新加坡"一站式"网络清关"单一窗口"平台，提供通关、报税、缴费、监管等"一站式"服务。中国香港对大多数商品进出口无须报批，外来船舶免办进港申请及海关手续，实行非强制引水；除对烟草、酒精、甲醇、碳氢油类这4类商品征收进口关税外，一般进出口货物不需缴付任何关税、关税限额或附加税。

在促进服务贸易自由便利方面，新加坡设立25项金融服务负面清单，重点开放优势产业，保障本国居民和企业的服务可及性。上海编制了《中国（上海）自由贸易试验区跨境服务贸易特别管理措施（负面清单）》，共159项特别措施，在全国首创推出服务贸易共享信息池，为服务贸易提供政策信息。北京推出"技术贸易措施服务企业点对点直通车"平台，为技术服务贸易提供专业咨询服务。

在促进投资自由便利方面，中国香港交易所推出投资服务通，建设全新投资者关系联系平台，为中国香港上市发行人提供便捷、专业、低成本、高效率的渠道。广州推出投资政策智能化运算服务平台"投资政策大算盘"，为境内外投资者提供直观、便捷的决策参考工具。新加坡实行"负面清单"和"正面清单"相结合的投资管理模式，通过制定税收优惠、缩放清单等政策，及时调整相应领域开放力度；设置合格投资者制度，提高投资者保护服务质量。中国香港设置投资者赔偿基金和投资者赔偿有限公司，为投资者提供赔偿。上海金融法院推出"投资者教育基地"。广州设置中小投资者保护基金，创造对投资者有保障的营商环境。

在促进人员进出自由流动方面，全世界几乎80%的国家的民众可以免签进入新加坡并停留30~90天。中国香港对全球170多个国家或地区免签，免签停留时长为14~90天。新加坡成立了专门的人才招揽机构——"联系新加坡",并在全球人才资源丰富的区域设立了9个分支机构,在世界范围内建立潜在人才数据库,提早介入培养"未来人才"。在新加坡居留或者工作不少于183天的外籍人才最低可适用15%税率。新加坡实施宽松的永久居民和入籍政策。外籍人员可以通过技术移民、投资移民、留学等形式申请成为新加坡永久居民,新加坡将外国人员工作许可证划分为雇佣准证(Employment Pass,EP)、S准证(S Pass,SP)、外国工人的工作准证和其他准证等类型,对不同类型的准证提出不同的资格要求。

(三)注重以激活市场主体活力为目的营造便利化营商环境

在促进企业准入准营便利化方面,新加坡除公共事业、新闻传媒、武器制造和危害社会安全的行业以及劳动密集型、高污染或低附加值行业外,其他行业完全对外资开放,且给予外资国民待遇,不限制外资股权比例。北京开展企业住所(经营场所)登记便利化改革试点,建立企业标准化住所(经营场所)数据库和住所负面清单,申请人承诺企业住所(经营场所)真实、合法,即可办理企业开办和变更登记。广州优化"5G智慧导办",为企业名称登记、信息变更、预约银行开户等事项提供数字化、可视化全程导办服务,实行"人工智能+机器人"智能无人审批,实现"网购式"智慧开办企业。

在促进企业退出便利化方面,上海率先试点《市场主体退出若干规定》,实施简易注销、强制除名、强制注销、承诺制注销、代位注销等改革。深圳首创"歇业登记"制度,允许商事主体在经营遇到暂时困难时申请歇业。深圳全国首创区块链破产事务联动云平台,企业破产涉税事项办理时限由3个月压缩至1天。全国首家个人破产事务管理机构——深圳市破产事务管理署成立,在个人破产领域建构起法院裁判、机构管理、破产管理人执行、公众监督"四位一体"的破产办理体系。

在为企业提供全方位服务方面,深圳以"深i企"为统一归口,建立集公益性服务、功能性服务、市场性服务于一体的整体式、"一站式"市场主体智慧综合服务平台,推行涉企政策"免申即享",推动政策服务从"企业找政策"向"政策找企业"转变。广州积极提升企业全周期"管家+专家"帮办服务，优化全程免费帮办服务。上海开展企业服务云线上服务，健全企业需求与企业服务专员线上匹配机制，实现企业诉求"一键提"，政府部门"速反馈"，精准服务"更匹配"。

三　海南营商环境建设的主要举措与成效

（一）法治化营商环境建设的主要举措与成效

1.强化法律制度顶层设计，推动形成完整的立法体系

立法是法治基石。2022 年，海南敢于正视营商环境建设中存在的堵点、痛点、难点问题，加快推进改革，强化法律制度顶层设计。海南省人大常委会重点实施和新颁布的海南营商环境领域法规条例 40 余条，主要有《海南自由贸易港优化营商环境条例》《中国（海南）自由贸易试验区商事登记管理条例》《海南省多元化解纠纷条例》《海南自由贸易港公平竞争条例》《海南自由贸易港社会信用条例》《海南自由贸易港知识产权保护条例》《海南自由贸易港市场主体注销条例》《海南自由贸易港企业破产程序条例》等①，基本覆盖了市场主体全生命周期的各个环节，从支持海南旅游业、现代服务业、高科技、农业等重点行业发展的角度，为海南营商环境建设提供了较为完备的法律制度支撑。

2.聚力法规制度集成创新，营造公平高效的执法环境

（1）创新是执法活水

2022 年，海南持续凝心聚力法规制度的集成创新，制定了各种实施方案、工作方案、实施意见等，为有效落实海南营商环境领域的相关法律提供了具体的目标和实现路径。例如，《海南自由贸易港进一步优化营商环境行

---

① 《海南自由贸易港营商环境白皮书》，海南省营商环境建设厅网站，2023 年 3 月 9 日，https：//db. hainan. gov. cn/xwdt/zxdt/202303/t20230322_ 3384427. html。

动方案（2022—2025 年）》提出"八大领跑"行动,[1] 推进海南"零跑
动""准入即准营"等各领域达成从"跟跑"到"并跑",最终至"领跑"
的愿景。又如，2022 年 5 月，《海南省人民政府办公厅关于建立"土地超
市"制度的实施意见》出台，将政府符合条件的土地相关信息全部纳入
"土地超市"平台，使之与市场精准匹配，确保交易全程公开透明。据统
计，2022 年，海南通过"土地超市"平台上线土地 480 宗 2.4 万亩，供应
土地 194 宗 9485.7 亩，实现全口径出让收入 411 亿元。此外，在制度集成
创新方面，2022 年，海南积极探索和实施多种形式改革，分 3 批次发布了
29 个营商环境创新示范案例；发布《海南省开展营商环境示范市县（园
区）创建工作方案》，选择海口、三亚、陵水、琼中、洋浦经济开发区、
海口江东新区、三亚崖州湾科技城等 7 个市县和园区，率先启动营商环境
示范市县（园区）创建活动，推动形成全省"比学赶超"的营商环境建设
浓厚氛围，促进海南营商环境领域法律制度的有效落实。[2]

（2）信用是执法关键

完善的社会信用体系是法律法规制度得以有效贯彻实施的前提和关键。
2022 年，海南持续加强社会信用体系建设，实施《海南自由贸易港社会信用
条例》，不断完善信用"1+N"法规体系。成立海南省征信有限公司，建立全
省统一的公共信用信息"数据池"，累计归集公共信用信息 4.3 亿条。构建海
南金椰分应用平台，打造海南金椰分"信用+"便民服务创新模式，累计完成
30 个"金椰分"个人应用场景和超 40 个其他领域应用场景建设任务。全面推
行"信用+审批"，省级行政许可事项实施信用审批事项占 26.5%。城市信用
监测排名大幅提升，海口市在 36 个省会直辖市副省级城市中排名第 4，创历
史最好名次。推动全省 25 个行业厅局建立 40 个领域信用监管制度，有力释放

---

[1] "八大领跑"：零跑动，信用审批，准入即准营，工程建设项目审批制度改革，国土空间智
慧治理，跨境贸易自由便利，投资自由便利，知识产权创造、保护和运用领跑等。

[2] 《海南自由贸易港营商环境白皮书》，海南省营商环境建设厅网站，2023 年 3 月 9 日，
https：//db. hainan. gov. cn/xwdt/zxdt/202303/t20230322_ 3384427. html。

"信用+"应用效果,为海南社会信用体系建设赋能。①

(3)监督是执法保障

规范执法监督,可有效提高政府监管效能。2022年,海南更加严格地推行"双随机、一公开"监管制度,同时,依照不同行业特点进行信用风险分类,并采取不同监管措施。在生态环境、市场监管等23个省级执法部门制定包容免罚清单,开展包容审慎监管。建立营商环境问题受理平台,2022年累计收集营商环境问题4700多件,办结率高达88%,成功解决了21万户不动产登记历史遗留问题,盘活了遗留问题用地4887.591亩,推动解决了超过11.7亿元的政府拖欠账款。有效运行"机器管招投标"系统,全面推行招投标全流程电子化,在线识别围标串标等违法行为。成立我国首个公平竞争委员会,常态化开展市场准入限制的显性和隐性壁垒排查清理,推动111件违反公平竞争案件整改。建立"审管法信"联动机制,已在万宁等7个市县落地应用,建立"审批、监管、执法、信用"闭环管理体系,累计向监管部门推送行政许可办件超过1.89万件。②

3.不断探索司法体制改革,建设守正创新司法环境

(1)完善多元化国际商事纠纷解决工作机制

2022年,海南进一步健全国际商事纠纷案件集中审判机制,支持以多元非诉讼方式解决国际商事纠纷。在国际商事调解层面,已经有海南国际仲裁院国际商事调解中心、海口国际商事调解中心、三亚国际商事调解中心、中国贸促会海南调解中心等比较成熟的机构组织履行调解职责;上线运行涉外民商事纠纷在线多元化解(Online Dispute Resolution)平台,实时为当事人提供专业调解服务。在国际商事诉讼层面,成立了第一、第二涉外民商事法庭,集中管辖诉讼标的额50亿元以下的第一审涉外、涉港澳台民商事案件。在国际商事仲裁层面,由海南国际仲裁院、中国国际经济贸易仲裁委员会等

---

① 《海南自由贸易港营商环境白皮书》,海南省营商环境建设厅网站,2023年3月9日,
  https://db.hainan.gov.cn/xwdt/zxdt/202303/t20230322_3384427.html。

② 《海南自由贸易港营商环境白皮书》,海南省营商环境建设厅网站,2023年3月9日,
  https://db.hainan.gov.cn/xwdt/zxdt/202303/t20230322_3384427.html。

国际性仲裁法律组织，探索建立与国际接轨的仲裁规则，提升仲裁效率、质量和效果，为中外企业和当事人铺就一条便捷、高效解决国际商事纠纷的"快速通道"，让各类市场主体得以在海南自贸港放心投资、安心创业。

（2）强化知识产权保护

强化知识产权保护有助于维护市场公平，保护市场主体创新积极性。以种子为例，种子是农业的"芯片"，为杜绝在没有相关知识产权保护下，出现的"仿种子""假种子"事件，三亚崖州湾科技城管理局与国家有关部门合作共建"分子检测实验室"，通过 MNP 分子标记技术检测种子 DNA，建立"种子身份证"信息系统；建设育种材料存证和惠益分享平台，推动育种数据合理共享、育种资源有序流动，有效破解"育种材料商业秘密保护难""育种材料惠益分享保障难"等难题；加强海南自贸港知识产权法院建设，推行"1+5+11"机制，以 1 个知识产权法院为依托，在海南全省布局 5 个巡回办案点，在 11 个重点园区设立司法保护联系点，推动重点园区建设，满足重点产业需求，提升海南知识产权保护水平，强化知识产权司法服务保障。[1]

（3）创新司法方式

为加大保护企业尤其是中小企业合法权益的力度，着力打造利企兴企的柔性司法环境，海南部分地区人民法院通过设立不动产处置团队，允许被执行人自行处置财产，启动"预处罚"程序，增加"头条弹窗"功能，打出"调查令直通车""留水养鱼""法拍不贬值""信用修复"等一套组合拳破解司法执行难题，助力营商环境进一步优化。

（二）国际化营商环境建设的主要举措与成效

1. 促进国际贸易自由便利化的举措与成效[2]

2022 年，海南货物进出口 2009.5 亿元，比 2021 年增长 36.8%；实现

---

[1] 《海南自由贸易港营商环境白皮书》，海南省营商环境建设厅网站，2023 年 3 月 9 日，https：//db. hainan. gov. cn/xwdt/zxdt/202303/t20230322_ 3384427. html。

[2] 海南省马克思主义理论研究和建设工程专项课题组：《〈海南自由贸易港法〉框架下贸易投资领域配套法律制度研究》，中国财政经济出版社，2023。

服务进出口总额 353.62 亿元，比 2021 年增长 22.88%。这些成效与海南 2022 年实施的"零关税"政策、通关便利化举措、跨境服务贸易负面清单等息息相关。

（1）"零关税"政策效应进一步释放

生产设备、交通工具及游艇、原辅料等三张"零关税"清单效应持续释放。2022 年适用"零关税"清单进口货物减免税额 14.8 亿元，增长 72.9%；加工增值内销免关税 2.1 亿元，增长 7.4 倍；享受三张"零关税"清单的个人和企业增长 122.7%。

（2）通关便利化举措不断完善

海南所有口岸均开通"提前申报""两步申报"；提供 7×24 小时预约通关服务；推进海关政务服务"零跑动""快办""一件事一次办"改革，全部审批事项实现网上办理；进口符合条件的药品无须办理《进口药品通关单》，同时，将药品进口申请备案时间提前至进口药品启运环节；对进口原油实施"先放后验"、出口成品油"即检即放"监管模式；国际贸易"单一窗口"新增 17 项海南特色应用模块，在全国范围内处于领先地位。2022 年，海南口岸进口平均通关时间 31.04 小时，出口平均通关时间 0.89 小时，分别低于全国平均 9.14 小时和 0.37 小时，通关效率大大提升，创海南历史最高水平。

（3）跨境服务贸易负面清单管理效应逐步显现

《海南自由贸易港跨境服务贸易特别管理措施（负面清单）（2021 年版）》是我国首张跨境服务贸易负面清单，总体限制仅有 11 个行业 70 项，远少于上海的 31 个行业 159 项，为全国服务贸易最开放的地区。该负面清单发布以来，海南自贸港在境外游艇、非诉讼商事法律事务、船舶检验等 7 个领域均实现了"首单"落地，已推动 22 项开放措施落地。2022 年，海南商业服务进出口实现 138.66 亿元，同比增长 2.51 倍；海运服务进出口实现 128.57 亿元，同比增长 61.94%；旅行服务进出口实现 23.55 亿元，同比增长 6%；维护和维修服务进出口实现 13.62 亿元，同比增长 75.62%。

2. 促进国际投资自由便利化的举措和成效①

2022 年，海南持续推进外商投资准入负面清单、"双 15%"所得税优惠政策、合格境外有限合伙人（Qualified Foreign Limited Partner，QFLP）境内股权投资、国际投资"单一窗口"等措施，取得较为显著的效果；新设立外商投资企业 1320 家，实际利用外资 40.5 亿美元，比上年增长 15%；实际对外投资 17 亿美元，同比翻倍。

（1）实施全国最短的外商投资准入负面清单

海南自贸港外商投资准入负面清单共 27 条，是目前全国最简短的外商投资准入负面清单，尤其是在增值电信业务、国际教育、法律服务、咨询和调查等相关领域重点开放，并且放开了制造业和原有的禁止采矿业投资股比限制。

（2）"双 15%"所得税优惠政策效应持续释放

据统计，2022 年，1.1 万余名高端紧缺人才、超过 940 户企业享受"双15%"所得税优惠政策，减免税款合计 107.7 亿元；享受"双 15%"所得税优惠政策的个人和企业分别比上年增长 122.7%和 35.7%。

（3）海南 QFLP 试点企业办理相关业务的便利度不断提升

2022 年，《海南省关于开展合格境外有限合伙人（QFLP）境内股权投资暂行办法》继续发挥效应。2022 年 10 月，海南颁布《海南省地方金融监督管理局关于外商投资股权投资企业有关事项的补充通知》，给予 QFLP 在进行跨境融资和资金结算时更宽松的选择权和更大便利。2022 年 12 月末，海南已落地 QFLP 基金 84 支，同比增长 87%；注册资本 86.81 亿美元，同比增长 70%。

（4）持续完善国际投资"单一窗口"

海南国际投资"单一窗口"是海南推出的国内第一个全流程综合性的"套餐式"服务平台。2022 年，海南持续完善国际投资"单一窗口"服务，已在全省各地增设了 24 个线下服务窗口，重点优化升级投资咨询、企业开办、项目建设、配套服务，加强对"就近服务"以及其他多种形式的辅助，

---

① 海南省马克思主义理论研究和建设工程专项课题组：《〈海南自由贸易港法〉框架下贸易投资领域配套法律制度研究》，中国财政经济出版社，2023。

以满足不同类型客户需求。

3. 促进人员进出自由流动的举措与成效

海南59国人员入境旅游免签政策①实施后短短一年时间内效果显著。2019年，海南入境游客143.59万人次，同比增长13.6%。但之后，新冠疫情导致入境旅游免签政策发生调整，入境游客人数近年来呈下降趋势。《关于开展海南自由贸易港国际人才服务管理改革试点工作的实施方案》《海南自由贸易港外籍"高精尖缺"人才认定标准（2020—2024年试行）》《海南自由贸易港境外人员执业管理办法（试行）》等国际人才引进和就业执业相关政策在2022年继续发挥重要效应。外籍人才评定标准与清单制定均处于全国领先水平。居留许可、工作许可一体化政务服务平台得以完善，"一次提交、一网联审、一窗办理"联审制度和"容缺承诺+失信惩戒"制度也逐步健全，外国人申请工作许可、居留证件审批流程简化，办理时限大幅压缩。但同入境旅游免签政策一样，受新冠疫情影响，国际人才各项政策效果也表现出前期突出、后期欠佳的特征。

（三）便利化营商环境建设的主要举措与成效

1. 市场准入门槛逐步放宽

《国家发展改革委 商务部关于支持海南自由贸易港建设放宽市场准入若干特别措施的意见》在2022年得以贯彻落实，海南文昌商业航天发射场、海南电子处方中心、中国海南国际文物艺术品交易中心得以建成。2022年11月30日，《海南自由贸易港实施市场准入承诺即入制管理规定》正式发布，在具有强制性标准的领域，依法取消许可和审批，建立健全备案制度。目前，首批将6项行政许可事项实行承诺即入制，并试点将重点领域140项行政许可事项进行调整，实施事项由事前审批改为备案即入、承诺即入。由于市场准入门槛逐步放宽，2022年，全省实有市场主增至239.3万户，同

---

① 2018年，经报国务院批准，将赴海南旅游的免签旅游团国家由26国放宽到59国；2020年，受新冠疫情影响，海南59国免签政策于2020年3月28日起暂停；2023年3月15日零时，海南59国人员入境旅游免签政策正式恢复实施。

比增长 50.1%，增速连续 34 个月位居全国第一。

2. 推进政务服务更加高效便捷

全面推行"一枚印章管审批"改革。2022 年，海口、三亚等 8 个市辖区和全省其他 16 个市县（不含三沙市）推行"一枚印章管审批"改革，推动海南政府服务事项标准化，基本实现政府服务事项标准化乡镇（街道）全覆盖。深化工程建设项目审批制度改革，积极推进"机器管规划"赋能国土空间智慧治理，累计发放 2 万多张建设工程规划许可电子证照。完善"极简审批"制度，使企业开办和注销更为便捷。对 14 个园区实施极简审批，项目落地审批提速 90% 以上；开办企业缩短为 1 天，全省 72% 的市县和 100% 的园区实现开办企业"0 成本"；实施商事主体简易注销，率先在全国创设依职权注销机制。推广"全省通办""跨省通办"。创建"海易办"政务服务品牌，在全省 19 个市县设置服务旗舰店，整合 75 个部门的自身业务系统，开拓 29 个委办厅局移动服务等；累计实现 152 个高频政务服务事项"跨省通办"；依靠"e 登记"平台实施商事登记"全省通办"。大力实施政务服务"零跑动"事项。2022 年，全省实施了 2108 个政务服务"零跑动"事项，可办率 89.8%、使用率 94.6%。推进"一件事一次办""智能快办"。累计上线 130 个"一件事一次办"，全省累计办件总量超 3 万件。上线 33 项智能快办服务，老人优待证快办服务已惠及 13.3 万名老人，高龄老人长寿补贴快办服务累计办件 148 万。①

3. 完善企业服务制度体系

2022 年，海南相继出台了稳经济助企纾困发展特别措施，落实组合式税费支持政策共 268.9 亿元，缓缴社保费 9.4 亿元；设立 5 亿元自由贸易港助企纾困基金。"海易兑"平台发布惠企政策 1359 项并兑现奖补资金 3 亿元，发放各类消费券超 3 亿元。截至 2022 年 12 月中旬，海南省智慧金融综合服务平台为全省 4000 余家中小微企业提供服务，放款约 24.38 亿元，为

---

① 《海南自由贸易港营商环境白皮书》，海南省营商环境建设厅网站，2023 年 3 月 9 日，https：//db.hainan.gov.cn/xwdt/zxdt/202303/t20230322_ 3384427.html。

600 余家中小微企业解决了经营困难。此外，出台《海南省政商交往行为指引清单（试行）》，深入开展 1000 多场"政企面对面 服务心贴心"服务活动；全面推行企业首席服务专员制度，2258 名企业首席服务专员及其服务团队的服务"触角"已遍及 45 个省级有关部门、19 个市县、218 个乡镇（街道）和重点园区，收到问题线索 4921 件，办结率 96.3%；开展万名干部下企业服务行动，深入近 9000 家企业开展"一对一"精准服务。①

四 海南营商环境建设存在的问题

（一）法治化营商环境建设存在的问题

1. 在立法层面

与营商环境相关的法规、规章及行政规范性文件有待"立改费"。以《海南省大数据开发应用条例》为例，2023 年国家颁布《党和国家机构改革方案》，组建了国家数据局，导致海南省大数据管理局职能发生变化，即不再承担行政管理职能，而应聚焦信息化"建设"和"运营"，以企业化运营服务支撑公共和准公共服务以及社会服务。因此，有必要修订《海南省大数据开发应用条例》。又如，《海南自由贸易港营商环境重要量化指标赶超国内一流实施方案（1.0 版）》提出了 5 年内海南营商环境重要量化指标追赶全国一流的目标和实现途径。然而，2022 年 12 月海南省营商环境建设厅揭牌成立以来，该 1.0 版实施方案涉及的部分分工责任主体发生了调整，存在方案实施过程中任务目标与实际进展不一致的情况，因此也有必要对其执行效果进行全面系统的评估，提出修改方案。此外，通过与新加坡、中国香港及我国首批营商环境试点城市等相比，海南与营商环境相关的法规、规章还存在许多空白之处需要填补，法律层级也有待提升。

---

① 《海南自由贸易港营商环境白皮书》，海南省营商环境建设厅网站，2023 年 3 月 9 日，https://db.hainan.gov.cn/xwdt/zxdt/202303/t20230322_3384427.html。

2. 在执法层面

在执法层面仍存在不规范、不到位问题，执法"一刀切"，损害市场主体权益的不公平现象时有发生。究其原因，一是某些领域的执法裁量权偏大。比如在税收领域，现行《中华人民共和国税收征收管理法》的许多处罚规定弹性非常大，如果不加以指导和限制，可能导致税务机关裁量权被滥用，从而产生"吃拿卡要""人情税"等寻租行为，或者可能出现"同事不同罚"，让纳税人感觉不公平。二是一些法规和政策制定未能真正问需于民，影响精准施策。比如海南"一件事一次办"在改革之初，由于没有充分调研，梳理出来的高频事项不能充分反映市场主体需求，自然达不到期望效果。三是部门之间存在数据和信息壁垒，跨层级、跨区域、跨系统协调解决问题难度较大。例如，人才、发改、市监等部门与税务部门之间由于信息不对称，影响了海南税收优惠政策的有效实施；银行、财政、金融监管局等之间由于沟通不畅，让中小企业融资难与贵问题得不到最合意的解决。

3. 在司法层面

国际商事纠纷解决工作机制、知识产权保护机制和柔性司法机制还有待健全和加快推广实施。现有调解机构的专业调解服务水平有待提高，对于超过 50 亿元的涉外、涉港澳台民商事案件调解仲裁经验不足，效率、质量和效果有待提升。司法层面的知识产权保护机制有待完善，巡回办案点布局范围不够广泛，重点园区司法保护联系点的作用仍需进一步发挥。柔性司法方式的示范效应有待进一步推广。

（二）国际化营商环境建设存在的问题

1. 在促进国际贸易自由便利方面

进出口通关环节实操中仍存在明显堵点。"零关税"正面清单虽然包含了 1700 多个商品税号，占全部 8500 多种商品的 19.8%左右[①]，但与 RECP、

[①] 《海南自贸港实行"零关税"进口商品全流程监管》，中国新闻网，2022 年 9 月 17 日，https：//www.chinanews.com.cn/cj/2022/09-17/9854684.shtml。

CPTPP 等经贸规则所要求的 90% 以上货物实行"零关税",还相去甚远。居民消费品"零关税"清单尚未研究出台,影响了投资者的稳定预期。由于海南进口加工增值免税政策对企业核算制度要求较高,加工增值标准尚不明确,许多企业难以自行准确分析判断,因此影响该项政策落地。跨境服务贸易负面清单共计 11 个行业 70 项,比起 CPTPP 标准的平均 20 项,以及部分国家少于 10 项的负面清单,仍存在缩减空间。服务人才较为匮乏,促进服务贸易的基础设施等硬环境较差。

2. 在促进国际投资方面

对标 CPTPP 各缔约国负面清单,海南自贸港外商投资准入负面清单还需进一步缩减;该负面清单的描述较为笼统广泛,政策的指向性和可操作性不够,缺少相关指引。投资审批程序还比较复杂,便利度不够。例如,线上"海南 e 登记"的投资跨区域注册审批流程并未实现"一站式"的无差别服务标准目标。外商投资服务人员专业能力不足、素养有待提高;合格境内有限合伙人模式的试点工作进展有待加快;对"走出去"企业从事境外投资的政策、管理和服务比较匮乏。

3. 在促进人员进出自由流动方面

目前,招揽外籍人才的方式仍然比较传统,即事先制定好政策、设定好条件,被动将人才"引进来",这种方式存在人才与需求方不匹配的风险,也可能会因为信息不对称、宣传不到位而招揽不到合意的人才。主动"走出去"挖掘人才的渠道有待进一步拓宽。外籍人员入境及永久居留方面的制度建设有待完善,商务临时入境停留时长及延长事宜以及在免签事由、免签国范围、免签入境时间上还存在进一步放开的空间,尚未推行过境免签政策。外籍人才的认证体系标准多,相互交叉,不够规范。在外籍人才永久居留条件要求上,目前还未有海南自贸港专属的外国人才享有永久居留权的法律法规。此外,外籍人才在海南的生活配套设施及服务还不够完善。例如,城市场景的英文标识不够,旅游线路上的路标、路牌以及旅游网站资讯上的英文语言环境还有待改善,相关服务人员的英文水平有待提升。

（三）便利化营商环境建设存在的问题

文化、教育、医疗、旅游等重要领域的市场准入门槛有待进一步降低。首批 6 项行政许可事项实行承诺即入制政务服务的改革需加快推进。"一枚印章管审批""极简审批"工程建设项目审批制度尚存不完善之处。"全省通办""跨省通办""一件事一次办""智能快办"的事项覆盖范围还不够广，办件量和办结率仍然不高。对企业的服务在力度、覆盖范围、服务方式上均存在加大、扩大和完善空间，尤其是在当前经济恢复期，帮助企业纾困发展，仍然要打好财政补贴、税收优惠、中小企业融资、贴心服务等组合拳。越来越多外籍人才来海南工作和投资，但境外人员跨境支付的便利化水平还有待提升。

五　优化营商环境推动海南高质量发展的建议

（一）持续完善营商环境法治体系为海南高质量发展保驾护航

1. 立法铸基

应梳理现行与国家相关改革和经济发展不相适应的营商环境法律法规，充分利用海南自贸港在立法上的优势地位，在《中华人民共和国海南自由贸易港法》《海南自由贸易港优化营商环境条例》等法律框架下，尽快出台急需的法律法规，并提高立法质量。应对标世界银行 B-READY 评价指标体系标准和 RCEP、CPTPP、DEPA 等国际经贸规则要求，向新加坡、中国香港及我国首批营商环境试点城市等学习借鉴，坚持"立改废"并举，梳理"立改废"清单。此外，法治化不仅包括法律法规，还包括各种行业标准。解决行业标准供给问题不能全靠部委，商协会组织和龙头企业也要承担自己的责任，应鼓励企业家参与涉企政策制定，将"政府端菜"和"企业点菜"相结合作为重要指导原则，以期从根本上解决助企惠企难题。

2. 执法高效

应对执法者的裁量权加以指导和限制；制定法规和政策要经过充分调

研，真正做到问需于民；加强部门之间数据和信息的沟通，共同协调解决问题；应对标世界银行 B-READY 评价指标体系中，例如关于劳动力、国际贸易、争端解决、税收、企业破产、市场竞争等特别强调执法有效性和公平性的部分，努力对标这些规则执法，坚决杜绝在执法层面出现破坏营商环境的问题。

3. 司法公正

应在商事仲裁管辖权的确立、法官国籍限制、仲裁调解程序等方面不断完善多元化国际商事纠纷调解机制。对于涉及主体多、争议金额大、法律关系繁杂、法律适用疑难的纠纷，应借鉴深圳国际仲裁院与港澳合作的办法，扩大"朋友圈"，与国际上一些知名的国际仲裁机构进行交流与合作，形成合力，以最大限度化解纠纷。此外，化解纠纷不仅是在法庭或调解中心，还要选派专职调解员入驻海南重点园区，为各大境内外企业提供法律咨询、商事纠纷调解等法律服务。扩大知识产权保护范围，尤其是在跨境电商领域，应加大保护力度。进一步丰富柔性司法方式，努力打造既有温度又高效公正的司法环境。

（二）对标国际最高经贸规则制定营造国际化一流营商环境行动方案

1. 国际贸易自由便利化

应加强口岸基础设施建设，加快口岸制度集成创新，进一步优化通关程序，完善国际贸易"单一窗口"平台系统，提供更加完善的通关、报税、缴费、监管等"一站式"服务。完善"零关税"政策和关税配额制度，加快"零关税"负面清单出台，进一步完善海南进口加工增值免税政策，采取措施保证政策的落地见效。进一步推动企业配合支持 AEO 制度建设，从企业入驻海南的源头开始进行培育和指导。强化安全意识，创新海关监管模式，降低通关风险。进一步精简跨境服务贸易条目清单。加快打造琼港专业服务领域合作范本，有序推动开放专业的服务业市场。在负面清单之外的领域，按照境内外一致的原则管理，推进服务贸易准入和业务同步开放。推出服务贸易共享信息池，为服务贸易提供政策信息和专业咨询服务。

2. 外商投资自由便利化

实行更加开放灵活的外商投资负面清单管理制度。进一步精简外商投资准入负面清单；弱化部分行业负面清单限制强度；全面清理外商投资负面清单外领域的业绩要求；加强外商投资准入标准的统一，推进外商投资准入负面清单与跨境服务贸易负面清单的合并。推动外商投资便利化措施的落实。进一步完善实施投资审批负面清单；建立"标准制+承诺制"的投资准入便利制度；创新清单内行政审批方式；全面实行"容缺审批""联合审批"；全面实现全程网办，深入推进"极简审批"，优化国际投资"单一窗口"，拓展配套服务功能和范围，缩短审批时间和流程。加强外商投资监管制度建设。建立专门的审查机构，确保外商投资的安全；建立外商投资跨部门联合审查机制；建设事中事后智能监管系统；设置投资者赔偿基金和投资者赔偿有限公司；设立中小投资者保护基金，营造对投资者有保障的营商环境。

3. 外籍人员（人才）进出自由便利

构建开放、包容、便利、友好的人才"引、培、居"机制。实施更加开放的人才引进政策；建立科学合理的人才培养机制；构建便利友好的人才居留机制。完善高效顺畅的出入境管理制度；实行负面清单制度，扩大和完善免签入境的对象国，形成免签入境国家、免签停留时间动态调整机制；完善签证类型，进一步放宽免签入境事由范围。优化出入境检查流程，提高出入境通关便利化水平；规范调整外籍人员入境停留时间。实行宽松便利的外国人就业许可制度；降低外国人在海南自贸港的就业门槛，进一步完善外国人工作许可负面清单制度；推行工作许可多样化、层级化管理，实行外国人就业和居留一体化的许可制度，可适当延长续签工作许可的外籍人员的居留时间；推行签证、就业许可证和居留证三证信息共享和联审签证制度。

（三）抓重点、补短板、强弱项，快捷高效为民为企全力服务

优化营商环境的着力点在于给市场主体提供便利，有效降低制度性交易成本。当下，海南营商环境建设提出"便利化"而不是"市场化"要求，原因是海南当前市场经济体量仍然较小，许多市场尚处在培育阶段，按照

"市场化"要求建设营商环境显然不切合实际，而按照世界银行等国际组织关于营商环境指标体系，政府给予市场主体最大便利和成本节省也是非常关键的标准和要求。因此，在海南自贸港建设初期提出"便利化"要求符合实情。2022年，海南在营商环境相关领域的简环节、降费用、减时间、简程序等方面取得了不小的进步，大大提高了市场主体的办事效率。然而，当前高层次人才引进的住房提供、教育资源的合理配置、港口等基础设施建设的制约等，仍然是海南营商环境需要重点解决的难点和堵点问题。下一步，应在巩固现有成果的基础上，抓重点、补短板、强弱项，加大力度促进企业准入准营便利化，优化开业、变更、注销、破产登记程序，实行"歇业登记"制度，施行全程"智慧导办"。为市场主体提供全方位服务，将重心转向人才、教育、基础设施建设等重点领域。进行更加细致周到的调研，问需于民，坚持以提升市场主体实际体验为重要标准，推动政策服务从"企业找政策"向"政策找企业"转变，真正为解决市场主体的关切问题提供优质服务。

结 语

营商环境就是口碑，口碑就是竞争力。海南营商环境建设时间毕竟较短，无论是从顶层设计上，还是从具体的工作机制上都是摸着石头过河，是"干中学"的一种模式在逐步推进，难免遭遇坎坷，困难重重。为了优化海南营商环境，不仅要从思想上高度解放，而且要落实到具体的行动中，落实到市场主体的每一件小事上，大干真干，争创一流；不仅要从内容上不断丰富营商环境内涵，而且要从方式上不断推陈出新；不仅要从海南本土实际出发，而且要虚心向国内外先进地区讨教经验，加大宣传力度，逐步在全省上下营造人人都是营商环境、处处都是营商环境的建设氛围；不仅要构建完善的组织体系，而且要理顺工作机制、厘清工作职能，增强和提升营商环境工作干部的"店小二"服务意识和工作能力。唯如此，才能实现各领域由"跟跑"到"并跑"，并最终"领跑"的宏伟目标，才能迎来海南创一流营商环境大会战的伟大胜利。

特色专题篇

Special Topic

B.11

2022年海南数字经济高质量发展报告

李 昕[*]

摘 要： 数字经济的崛起和繁荣为经济社会发展带来了新的领域、赛道、动能和优势，发展数字经济已成为把握新时代战略高地的重要选择。2022年，海南数字经济快速发展，数字产业化和产业数字化规模进一步扩大，全省积极推动数字产业的发展，并大力推进实体经济和政务治理的数字化转型。然而，与广东、浙江等数字经济大省相比，海南数字经济发展仍存在信息化基础设施薄弱、高端数字化人才短缺、数据安全相关政策法规制度不完善等问题。数字经济是海南自贸港重要的发展机遇，未来，海南应加快推动数字经济与实体经济深度融合，以高质量的数字经济内循环促进经济外循环，以数字经济为发力点推动构建新发展格局。

---

* 李昕，博士，教授，博士生导师，海南师范大学经济与管理学院党委书记，主要研究方向为开放宏观经济学。

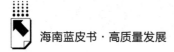

海南蓝皮书·高质量发展

关键词： 海南自贸港　数字经济　数字中国　数字政府

　　随着互联网、大数据和人工智能等数字技术的广泛运用，人类社会已进入智能化时代。数字技术在经济社会各领域发挥着重要作用，为传统产业的转型升级提供了支持。数字经济与实体经济的融合催生了全新的产业、业态和模式，通过重组市场要素资源，释放了更强的创新动力。党的二十大报告指出，要加快建设数字中国。中共中央、国务院印发《数字中国建设整体布局规划》，按照夯实基础、赋能全局、强化能力、优化环境的战略路径，明确了数字中国建设"2522"的整体框架，从党和国家事业发展全局的战略高度做出了全面部署。

　　2022年，数字中国建设取得显著成效。截至2022年底，我国网民规模达到10.67亿人，互联网普及率达到75.6%，城乡地区互联网普及率差异同比缩小2.5个百分点；5G用户达5.61亿户，全球占比超过60%。全国有18.45亿名移动物联网终端用户，110个城市达到千兆城市建设标准，中国是全球主要经济体中第一个实现"物超人"的国家。在用数据中心算力总规模位居世界第二；数据产量同比增长22.7%，占全球数据总产量的10.5%。数字经济规模达50.2万亿元，同比名义增长10.3%，占GDP的比重升至41.5%，总量稳居世界第二。电子政务发展指数国际排名从2012年的第78位上升到2022年的第43位，中国是上升最快的国家之一；电子政务外网实现地市、县级全覆盖，乡镇覆盖率达96.1%。2022年，我国信息领域相关PCT国际专利申请（近3.2万件）占全球的比重为37%，数字经济核心产业发明专利授权量达33.5万件，同比增长17.5%；数字领域国际合作不断增强，《金砖国家数字经济伙伴关系框架》《"中国+中亚五国"数据安全合作倡议》等陆续达成，与28个国家签署电子商务合作备忘录并建立双边电子商务合作机制。

　　海南高度重视数字经济的发展，在2021年将其列为本省三大战略性新兴产业之一，《海南省高新技术产业"十四五"发展规划》为数字经济的发展提供了指导和支持。2022年海南数字化建设成果丰硕，为自贸港建设持续赋能①。一是海南信息基础设施建设取得明显成效。截至2022年底，海南互联网出省带宽实现了显著增长，相比2018年初扩大了5倍，平均每万人拥有18.6个5G基站，各市县和乡镇室外连续覆盖5G网络，三亚获评全国千兆城市。二是海南在数字政府建设和数字治理方面取得了显著进展。数字政府平台"海易办"和"海政通"不断迭代升级，实现了更高效的政务服务。同时，用"数据跑路"取代"百姓跑腿"，推出了"海南省数据产品超市"，探索了新的公共数据资源开发和运营模式，构建了可信共享交换与开放体系，扩展升级了省级数据共享交换与开放平台。三是海南数字产业化规模持续增长，数字经济核心价值日益凸显。在字节跳动、腾讯等领军企业以及海南生态软件园、海口复兴城互联网信息产业园、清水湾国际信息产业园等特色园区的引领下，2022年海南数字经济核心业务的营收超过1200亿元，对高新技术产业的贡献超过45%，数字经济在海南的占比为7.5%。四是企业数字化转型创新加速。例如，海南省设立了首个"数字医疗健康创新基地"；东方市政府与吉利科技集团有限公司、海南海钢集团有限公司合作加强产业数字化建设，省内高新制造业企业金盘科技积极参与自贸港建设。从传统制造走向智能制造，海南特色产业数字化转型的巨大潜力在省、市、企业三个层面均得到体现。

一　政策分析

近年来，中国政府对数字经济发展给予高度重视。2021年12月，国务院印发《"十四五"数字经济发展规划》②，首次提出数字经济核心产业增

---

① 曹杰：《献礼4·13 | 打造"数字海南" 探寻海南自贸港数字经济发展路径》，《海南日报》2023年4月14日，第A09版。

② 《"十四五"数字经济发展规划》，商务部网站，2021年12月12日，http：//www.mofcom.gov.cn/article/zcfb/zcwg/202209/20220903345061.shtml。

加值占 GDP 比重这一新经济指标，明确到 2025 年，数字经济迈向全面扩展期，数字经济核心产业增加值占 GDP 比重预期要达到 10%。2022 年 10 月，《国务院关于数字经济发展情况的报告》① 强调，坚持科技自主创新，以数据为关键要素，推动数字技术与实体经济深度融合；同时，加强数字基础设施建设，完善数字经济治理体系，不断提升我国数字经济的竞争力和发展规模。同时，党的二十大报告提出，加快发展数字经济，促进数字经济和实体经济深度融合，打造具有国际竞争力的数字产业集群。2022 年 12 月，《国务院关于构建数据基础制度更好发挥数据要素作用的意见》② 提出，要从数据产权制度、数据要素流通和交易制度、数据要素收益分配制度、数据要素治理制度等方面加快构建数据基础制度体系。

作为我国重要的经济特区和自由贸易试验区之一，海南充分认识到数字经济发展对推动经济转型升级、提高产业竞争力的重要意义。海南早在 2018 年被确定为自由贸易试验区时，就将数字经济作为推动经济发展的重要方向之一，并出台了一系列相关政策。2018 年 4 月，中共中央、国务院印发了《关于支持海南全面深化改革开放的指导意见》③，明确将海南建设成自由贸易试验区和国际旅游消费中心，并提出了发展数字经济的任务。2018 年 7 月，海南省人民政府印发了《海南省信息基础设施水平巩固提升三年专项行动方案（2018—2020 年）》④，旨在推动信息基础设施水平提升。2020 年 6 月，海南省人民政府印发了《海南自由贸易港建设总体方案》⑤，提出加快数字经济发展的目标和任务，包括建设数字经济高地、推

① 《国务院关于数字经济发展情况的报告》，央广网，2022 年 10 月 28 日，https://news. cnr. cn/native/gd/20221029/t20221029_526045433. shtml。
② 《国务院关于构建数据基础制度更好发挥数据要素作用的意见》，新华网，2022 年 12 月 2 日，http://www. news. cn/mrdx/2022-12/20/c_1310685338. htm。
③ 《关于支持海南全面深化改革开放的指导意见》，中国政府网，2018 年 4 月 11 日，https://www. gov. cn/zhengce/2018-04/14/content_5282456. htm。
④ 《海南省信息基础设施水平巩固提升三年专项行动方案（2018—2020 年）》，海南省人民政府网，2018 年 7 月 19 日，https://www. hainan. gov. cn/hainan/15512/201807/eab8cada4eee 4cb59e1f872b7b8198ea. shtml。
⑤ 《海南自由贸易港建设总体方案》，中国政府网，2020 年 6 月 1 日，https://www. gov. cn/zhengce/2020-06/01/content_5516608. htm。

动数字产业集聚发展、完善数字基础设施等。2021 年 11 月，海南省人民政府印发《关于 2020 年度海南省科学技术奖励的决定》[①]，对为推动科学技术进步、经济社会发展做出突出贡献的科学技术人员和组织给予奖励。2022年，海南出台的数字经济建设相关政策聚焦数字基础设施建设、数字经济新形态培育和数字赋能。特别是 2022 年 7 月发布的《海南省政府数字化转型总体方案（2022—2025）》[②]，对海南省信息基础设施建设、特色数字产业集群打造、产业数字化转型、数据要素市场培育、自贸港特色开放型数字产业创新发展等做出系统部署。海南省及各市县发布的"十四五"规划中，更是突出强调要培育优质数字产业，加快推动新型工业、特色农业、海洋经济等产业的数字化转型。

首先，海南聚焦信息化"建设"和"运营"，不断增强数字政府效能。在 2022 年 6 月发布的《海南自由贸易港进一步优化营商环境行动方案（2022—2025 年）》[③] 中，海南省提出要构建高效便捷的政务服务环境，推进政府数字化转型，推进数字政府建设；完善"海易办"平台，促进"一网通办"；完善"海政通"平台，促进"一网协同"。《海南省政府数字化转型总体方案（2022—2025）》[④] 提出，要充分激活数据要素潜能，构建内部协同平台，推动政务服务的互联互通，同时强化政府监督的数字化手段，以实现高效的政务监管。通过以上举措的综合推进，实现政务监管的高效运行，同时促进数字政府、数字经济和数字社会的有机协同发展，为海南的发展注入新的动力。此外，2022 年 7 月，海南印发了《海南省电子政务

---

① 《关于 2020 年度海南省科学技术奖励的决定》，海南省人民政府网，2021 年 11 月 27 日，https：//www. hainan. gov. cn/data/zfgb/2022/01/9519/。

② 《海南省政府数字化转型总体方案（2022—2025）》，海南省人民政府网，2022 年 7 月 15 日，https：//www. hainan. gov. cn/hainan/szfbgtwj/202207/bb8d7f404cc54e399b26763f1eacbc29. shtml。

③ 《海南自由贸易港进一步优化营商环境行动方案（2022—2025 年）》，海南省人民政府网，2022 年 6 月 1 日，https：//www. hainan. gov. cn/hainan/szfbgtwj/202206/e919993c128c4862b2540280200f42ca. shtml。

④ 《海南省政府数字化转型总体方案（2022—2025）》，海南省人民政府网，2022 年 7 月 15 日，https：//www. hainan. gov. cn/hainan/szfbgtwj/202207/bb8d7f404cc54e399b26763f1eacbc29. shtml。

云计算中心管理办法》，旨在规范省电子政务云计算中心的建设管理，以推动全省信息资源整合，促进电子政务资源共享。

其次，海南多措并举引进和培育高新技术企业，提升数字产业化和产业数字化水平。2022 年 1 月发布的《海南省高新技术企业发展专项和经费管理暂行办法》① 提出，对科研机构引进培育扶持项目等提供专项重点支持。为引导中小企业通过数字赋能行动加快数字化转型升级，海南组织开展了中小企业数字化转型案例征集工作并进行宣传推广。2022 年 2 月，海南在《海南省创新型省份建设实施方案》② 中制定了到 2025 年建成具有海南特色的"一省两市三高地"区域创新体系、进入创新型省份行列的发展目标。2022 年 6 月，海南省科学技术厅印发的《关于组织申报 2022 年度海南省高新技术企业相关财政补助资金的通知》③ 明确了符合条件的高新技术企业将获得资金奖励，进一步保障了海南数字产业的发展。此外，为促进科技类民办非企业研究机构发展，海南省科学技术厅印发了《海南省促进科技类民办非企业研究机构发展若干措施》④，以吸引、鼓励社会力量做大海南省创新主体体量。2022 年 8 月，根据《关于开展财政支持中小企业数字化转型试点工作的通知》，海南省工业和信息化厅对制造业中小企业数字化转型需求及数字化转型服务机构赋能情况开展调研；2022 年 9 月，对中小企业数字化转型试点推荐申报工作中的有关事项进行了详细安排。此外，2022 年 9 月印发的《海南省加快推进数字疗法产业发展的若干措施》⑤ 提出，将数字疗法作为海南健康产业高质量发展的新引擎。

---

① 《海南省高新技术企业发展专项和经费管理暂行办法》，海南省科学技术厅网站，2022 年 1 月 30 日，http：//dost. hainan. gov. cn/xxgk/xxgkzl/xxgkml/202201/t20220130_3138017. html。
② 《海南省创新型省份建设实施方案》，海南省人民政府网，2022 年 2 月 26 日，https：//www. hainan. gov. cn/hainan/szfwj/202203/c1371eb08543496aac8807c63bc31cf8. shtml。
③ 《关于组织申报 2022 年度海南省高新技术企业相关财政补助资金的通知》，海南省科学技术厅网站，2022 年 6 月 5 日，http：//dost. hainan. gov. cn/xxgk/xxgkzl/xxgkml/202206/t20220606_3206699. html。
④ 《海南省促进科技类民办非企业研究机构发展若干措施》，海南省科学技术厅网站，2022 年 9 月 6 日，http：//dost. hainan. gov. cn/xxgk/xxgkzl/xxgkml/202209/t20220906_3262198. html。
⑤ 《海南省加快推进数字疗法产业发展的若干措施》，海南省人民政府网，2022 年 9 月 29 日，https：//www. hainan. gov. cn/hainan/zchbhnwj/202210/a231c28b9448421e87badce2681b3924. shtml。

最后，海南加强制度建设，保障数据跨境流动和数据安全。2020年6月，《海南自由贸易港建设总体方案》①将"数据安全有序流动制度""有序扩大通信资源和业务开放"作为重要内容；2020年8月，在《智慧海南总体方案（2020—2025年）》②中，海南提出了打造开放型的数字经济创新高地、基本建成"智慧赋能自由港""数字孪生第一省"的"智慧海南"建设方案，肯定了海南在数据领域先行先试的关键地位。2021年6月，为保障数据安全，《中华人民共和国海南自由贸易港法》③提到，要促进以数据为关键要素的数字经济发展，支持探索区域性国际数据跨境流动制度。2022年7月，《海南省促进商用密码应用和产业发展若干政策措施》④提出15条政策措施，旨在保障自贸港的网络和数据安全。2022年11月，《海南自由贸易港博鳌乐城国际医疗旅游先行区医疗药品器械管理规定》⑤提出，先行区管理机构依法建设和维护先行区医疗药品器械监督管理平台，会同先行区医疗药品监管机构建立先行区医疗器械数据安全管理制度。通过实施上述措施，海南致力于保障数据的安全和流动，在数字经济发展中发挥积极作用，为推动数字经济的可持续发展提供有力支持。

二 广东与浙江数字经济发展经验借鉴

根据中国信通院发布的《中国数字经济发展白皮书（2022年）》，截至2021年，国内有16个省份的数字经济规模突破万亿元，其中广东位居第

① 《海南自由贸易港建设总体方案》，中国政府网，2020年6月1日，https：//www.gov.cn/zhengce/2020-06/01/content_5516608.htm。
② 《智慧海南总体方案（2020—2025年）》，海南省人民政府网，2020年8月14日，https：//www.hainan.gov.cn/hainan/5309/202008/24ab4a2a31664627a3b9223a9935b103.shtml。
③ 《中华人民共和国海南自由贸易港法》，海南省公路管理局网站，2021年6月10日，http：//jt.hainan.gov.cn/hnsglglj/zwxx/xzzf/202207/t20220720_3233538.html。
④ 《海南省促进商用密码应用和产业发展若干政策措施》，海南省国家密码管理局网站，2022年7月6日，http：//sca.hainan.gov.cn/xxgk/zcfg/202207/t20220708_3383411.html。
⑤ 《海南自由贸易港博鳌乐城国际医疗旅游先行区医疗药品器械管理规定》，海南省人民政府网，2022年11月30日，https：//www.hainan.gov.cn/hainan/dfxfg/202212/c235f67026c346728af048e999ed74d9.shtml。

一，北京、浙江等地的数字经济成为主导地方经济发展的重要推动力。北京以成为全球数字经济标杆城市为新目标，浙江提出以更大力度实施数字经济创新，上海力争成为具有世界影响力的国际数字之都，广东谋划成为全球数字经济发展高地，福建则致力于引领数字应用领域。

海南数字产业整体规模较小，技术服务能力弱，产业数字化、网络化、智能化发展水平与国内发达地区相比还有较大差距。因此，学习借鉴广东、浙江等地的数字经济发展经验，对于海南解决数字经济发展的关键问题具有重要的现实意义。

（一）浙江数字经济发展经验

早在 2003 年，浙江就开始推动"数字浙江"建设，成为国内最早发展数字经济的地区之一。2017 年，浙江提出将数字经济作为"一号工程"来重点推进，并在 2018 年制定实施了"数字经济五年倍增计划"。到 2022 年，浙江数字经济核心产业增加值达 8977 亿元，高技术产业、战略性新兴产业、装备产业和高新技术产业增加值分别增长 11.5%、10%、6.2% 和 5.9%。目前，浙江已发展成数字经济强省，数字经济已成为浙江高质量发展的"金名片"。

浙江建立了一套相对完备的数字经济政策体系。早在 2003 年，浙江省人民政府就发布了《数字浙江建设规划纲要（2003—2007 年）》，强调将全面推进全省国民经济和社会信息化建设作为重点工作。随后，浙江省人民政府陆续出台《浙江电子商务服务体系建设实施意见》《浙江跨境电子商务实施方案》等一系列政策文件，积极打造数字变革高地。

浙江重视数字基础设施建设，包括高速宽带网络覆盖、数据中心建设和云计算服务等，在全省推广"城市大脑"等数字化应用。截至 2021 年，杭州"城市大脑"已成功建成 11 个领域 48 个应用场景 390 个数字驾驶舱。除杭州以外，浙江其他地市也在加快推进"城市大脑"建设，并已成功实现温州"城市大脑"的上线应用。

浙江聚焦核心技术研发、创新及应用。党的十八大以来，浙江努力推动数字核心技术策源地的建设。2021年，浙江数字经济成绩亮眼，数字经济高新技术企业数量达1.1万家，科技型中小企业数量达1.8万家，数字经济核心产业中的制造业新产品产值较上年增长了37.3%，全省规模以上数字经济核心产业的利润总额达到3014亿元[①]。

浙江在推动数字经济发展过程中积极打造数字产业集群。自党的十八大以来，浙江在推进5G、大数据等新技术应用方面加快了步伐，引领了一大批龙头企业的发展，其中网易等企业成为代表性企业。除此之外，自2021年至今浙江累计有201家企业入选国家级专精特新"小巨人"企业，在全国名列第一。2021年，浙江计算机、通信和其他电子设备制造业以及信息传输、软件和信息技术服务业两大数字经济核心产业的投资分别比上年增长了59.2%和66.7%。浙江在推动数字产业集群和数字经济核心产业发展方面为海南提供了经验借鉴。

浙江强化数字赋能社会，进行政府和社会的数字化改革。党的十八大以来，浙江一直致力于深化"数字浙江"建设，为政府和社会的数字化改革提供全力支持。根据国家网信办发布的《数字中国发展报告（2021年）》和中央党校发布的《省级政府和重点城市一体化政务服务能力调查评估报告（2021）》，浙江在数字化综合发展水平和省级政府一体化政务服务能力方面均荣登全国榜首。这一成就得益于浙江在推进数字化发展过程中所采取的积极举措。

浙江注重发展新业态和新模式。党的十八大以来，浙江专注实施"一号工程"，这一举措有效促进了跨境电商等新业态和新模式的蓬勃发展。根据浙江省商务厅的数据，2021年，全省网络零售额占社会消费品零售总额的86.4%，显示出数字经济的重要地位；浙江的跨境电商进出口规模位列全国第二；浙江快递服务企业在业务收入和业务量方面均领先全国。

---

① 杨士鹏：《数字赋能引领高质量发展 数字经济迸发出无限活力》，《统计科学与实践》2022年第10期。

（二）广东数字经济发展经验

广东的数字经济发展规模自 2017 年一直领跑全国其他省份，数字经济成为引领广东高质量发展的新引擎。广东是国内最早出台数字经济政策的地区之一，其先导作用得以体现。省内已率先建成新型基础设施体系，5G 基站和窄带物联网基站规模走在全国前列，为数字经济的高质量发展提供支撑。此外，广东已初步建成全省范围内的数据中心集群。

广东重视科技创新，不仅积极引导网信企业加强数字技术的开发和应用，同时支持与新一代信息技术相关的新业态发展，积极推动建设 5G 应用场景和"5G+"新模式。这些举措旨在促进广东数字经济的发展和创新。

为了促进产业集群的发展和壮大，广东推动经济实现跨越式发展，建立了省领导定向联系负责 20 个战略性新兴产业集群的"链长制"，以此进行数字产业集群建设。同时，广东积极打造 5G 产业园、智能移动终端和智能手机产业基地。

近年来，广东省政府率先推行"粤政易"网上政务系统，成为数字化政务领域的一大亮点。通过推行数字化政务，广东的政务服务水平得到了较大的提升，为实现政务数字化发展注入了新的动力。

《广东省数字经济促进条例》是广东加强新兴领域立法的一项重要成果，是国内出台的首个数字经济地方性法规。广东作为数字经济大省，在数字经济立法上先行先试，大胆探索实践，为全国提供了先进经验和可借鉴的模式。

（三）数字经济发展经验借鉴

完善的数字经济政策体系是数字经济发展的基础，虽然目前海南已出台大量数字经济相关政策，但相比浙江和广东较完备的数字经济政策体系还有一定差距。因此，海南要借鉴浙江和广东建设数字经济政策体系的经验，同时要坚持走创新型发展的道路，加强制度创新，充分发挥本省在一些领域先行先试的政策优势，争取在构建完善的数字经济政策体系和与国际接轨的数据跨境流动制度等方面取得新突破，努力开辟数字经济新赛道。同时，可以借鉴广东经验加强新兴领域立法，在数字立法方面走在全国前列。

2022年11月，在海南省科学技术奖励大会上，时任海南省委书记沈晓明提出了"要让海南从科技小省、科技弱省，发展成为国家科技创新体系中的重要省份"的目标。毫无疑问，海南应该在创新主体、创新投入、成果转化、制度供给、人才建设等方面发力，提高全省科技创新水平。

海南应借鉴浙江和广东创建高质量产业集群的经验，依托重点园区、优势产业资源加快数字信息产业布局。持续加强5G通信等基础设施配套建设，促进传统行业和企业转型升级，加强政策宣传，主动开展对外合作交流，促进政策互惠互利，吸引龙头企业，拓展产业链，为打造具有自贸港特色的数字产业创新集群创造良好条件。除此之外，海南应贯彻落实2022年4月印发的《海南省高质量打造重点产业集群的实施方案》，着力提升产业集聚能力和竞争力。同时，海南应按照集群建设方案配套相应扶持政策，重点扶持洋浦经济开发区、海口国家高新区、海南生态软件园等自贸港重点园区，在聚焦千亿元级和500亿元级产业集群的同时，培育壮大深海科技、航天、现代种业以及高端食品加工等产业集群；充分利用自贸港优势政策，从财政金融、制度创新、要素保障和人才引进等方面对产业集群创建给予大力支持，打造高能级产业平台。

"粤政易"网上政务系统和"数字浙江"的建设对于海南来说是值得借鉴的成功经验。大力发展数字化产业、推进政务大数据建设以及促进公共信息共享等都是数字化服务的重要内容。海南可以通过完善"海易办"和"海政通"平台，建立可信可靠的数字化识别建档体系，推进政务服务朝"无纸化、多足电子化、一站式"等方向发展，时刻关注社会人群的需求变化，随时调整政策和服务项目，以更优质的服务体验开发虚拟服务，进一步提升服务水平，逐步加快推动数字化政务发展。

海南应把握自贸港建设的发展机遇，借鉴浙江的发展经验，积极发展跨境电商这一新业态，以数字化赋能企业发展；继续加强跨境电商基础设施建设，提高通关效率和服务质量；加强对跨境电商企业的培育与扶持，加快海南跨境电商的发展步伐；加强自身品牌建设和国际合作，提升国际竞争力。

三 海南数字经济发展现状

近年来，海南充分发挥自身优势，大力建设数字经济基础设施，使数字经济基础设施处于全国领先水平。

（一）全省数字经济规模稳步增长

近年来，海南数字经济年复合增长43%以上，2020年海南数字经济规模达到千亿元级别，2021年海南数字经济规模为1215.5亿元，产业数字化和数字产业化规模稳步增长（见图1）。

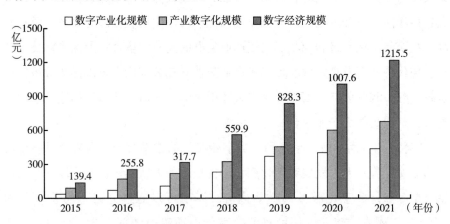

图1 2015~2021年海南数字产业化、产业数字化及数字经济规模

数据来源：共研产业咨询（共研网）。

（二）数字经济已成为促进海南经济高质量发展的重要驱动力

本报告构建经济高质量发展水平指标体系（见表1），并在此基础上利用向量自回归模型（VAR模型）探讨数字经济与海南经济高质量发展的关系。采用熵权法测度2011~2021年海南经济高质量发展水平的全国排名，结果如图2所示。可以发现，除2015年以外，2011~2021年海南经济高质量发展水平的全国排名均在第20名及以下。总体而言，海南经济高质量发展水平低于全国平均水平。

表1 经济高质量发展水平指标体系

一级指标	二级指标	三级指标	指标说明
经济高质量发展	创新发展	GDP增长率	GDP增长率
		研发投入强度	规模以上工业企业R&D经费/GDP
		投资效率	投资率/GDP增长率
		技术交易活跃度	技术交易成交额/GDP
	协调发展	需求结构	社会消费品零售总额/GDP
		城乡结构	城镇化率
		政府债务负担	第三产业占GDP比重
		产业结构	政府债务余额/GDP
	绿色发展	能源消耗弹性系数	能源消费增长率/GDP增长率
		单位产出的废水	废水排放总量/GDP
		单位产生的废气	二氧化硫排放量/GDP
	开放发展	对外贸易依存度	进出口总额/GDP
		外商投资比重	外商投资总额/GDP
		市场化程度	地区市场化指数
	共享发展	劳动者报酬比重	劳动者报酬/GDP
		居民收入弹性	居民人均可支配收入增长率/GDP增长率
		城乡消费差距	城镇居民人均消费支出/农村居民人均消费支出
		民生性财政支出比重	住房保障支出、医疗卫生支出、地方财政教育支出、社会保障和就业支出占地方财政预算支出的比重

数据来源：历年《海南省统计年鉴》《中国统计年鉴》《中国环境统计年鉴》《中国能源统计年鉴》《海南省国民经济和社会发展统计公报》及中国市场化指数数据库。

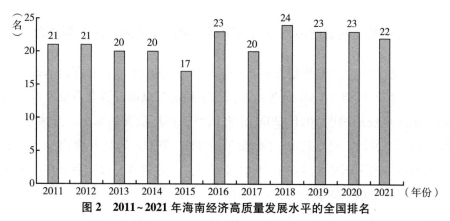

图2　2011~2021年海南经济高质量发展水平的全国排名

数据来源：笔者估算。

进一步构建数字经济发展水平指标体系，如表2所示。通过主成分分析法将指标标准化降维处理后，得到的测度结果见图3。

表2　数字经济发展水平指标体系

一级指标	二级指标	三级指标
数字经济综合发展指数	数字普惠金融发展	数字金融普惠指数
	互联网普及率	每百人互联网用户数
	互联网相关从业人员数	信息传输、软件和信息技术服务业城镇单位从业人员数
	互联网相关产出	人均电信业务总量
	移动互联网用户数	每百人移动电话用户数

数据来源：历年《中国城市统计年鉴》、中国数字金融普惠指数。

运用VAR模型分析数字经济发展水平与经济高质量发展水平之间的动态关系。一是变量的单位根检验。采用ADF单位根检验法对时间序列进行平稳性检验，检验结果表明数字经济发展水平和经济高质量发展水平这两个序列满足一阶单整。二是格兰杰因果关系检验。在建立VAR模型并对其进行平稳性检验的基础上，进一步检验两者之间的因果关系，格兰杰因果关系检验结果表明，数字经济发展水平是经济高质量发展显著的格兰杰原因（P值为0.0001）。三是建立VAR模型。采用Johansen进行协整检验，检验结

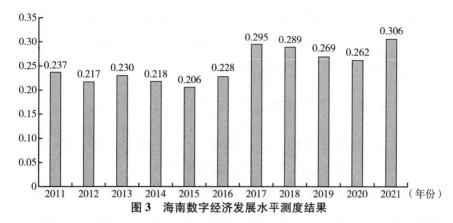

图3　海南数字经济发展水平测度结果

数据来源：笔者估算。

果显示两者存在一组协整关系，因此可以使用 VAR 模型。由于尚未明确两变量之间的因果关系，在对数据进行一阶差分的基础上，综合考虑 AIC/SC 指标，建立滞后一期的 VAR 模型。四是检验海南数字经济对海南经济高质量发展的影响。VAR 模型的单个参数估计值仅能反映局部关系，容易引起检验结果偏误。脉冲响应函数能反映各变量之间的动态关系，采用脉冲响应函数检验模型在特定冲击下产生动态影响的结果如图 4 所示。

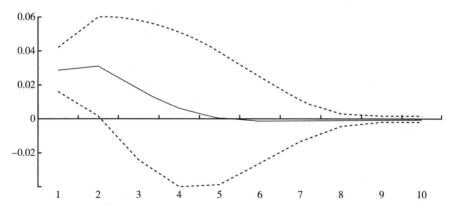

图4　海南数字经济发展引发的经济高质量发展指数变化

说明：中间的实线代表受一单位脉冲冲击以后，脉冲响应函数图像的走势，两侧的虚线代表脉冲响应函数走势的两倍标准差。

数据来源：笔者估算。

由图 4 可知，经济高质量发展水平经过数字经济发展水平一个标准差的正向冲击后会产生正向的响应，并在第 2 期升至波峰。海南数字经济发展已然成为推动海南经济高质量发展的动力之一。

（三）数字产业化优势突出

海南大力推进通信基础设施的全面建设，全省电信通信业务处于优势发展水平，为大力发展数字经济提供了基础设施保障。

第一，海南电话普及率持续提高，互联网用户增加。《2022 年海南省国民经济和社会发展统计公报》显示，截至 2022 年底，全省固定电话用户比上年末增长 2.3%，增加至 177.67 万户；移动电话用户比上年末增长 0.6%，增加至 1166 万户；互联网用户比上年末增长 7.7%，增加至 1550 万户。固定电话普及率每百人 17.42 部，比上年末增加 0.19 部；移动电话普及率每百人 114.16 部，比上年末增加 0.1 部。

第二，海南信息传输、软件和信息技术服务业以及互联网和相关服务业发展迅速。工业和信息化部公开数据显示，2022 年，海南数字经济发展迅速，其中，信息技术、计算机和软件业规模以上法人单位营业收入同比增长约 16.3%，全年研发投入共计 43.05 亿元，同比增长 91.4%。如图 5 所示，2021 年，海南互联网和相关服务业发展迅猛，互联网业务收入增加了 1179 亿元，比 2020 增长了 77%。2021 年，海南互联网企业从 2020 年的 1180 家发展到 1478 家，增长了约 25%，占全国互联网和相关服务业企业总数的比重由 1.90% 增长至 1.94%，企业数量在全国排第 14 名。

海南重点打造"亮点"园区，吸引了一批国内互联网头部企业在海南生态软件园和海口复兴城互联网信息产业园入驻。2021 年是上述两个园区发展较快的一年，入驻企业总计超 15000 家，总营收超 3000 亿元，助力全省数字经济产业增加值达到 450 亿元，占全省 GDP 的比重约为 7%。

第三，互联网和相关服务业规模持续扩大。截至 2021 年底，海南网站数量较 2020 年底增长约 0.4 万个，增幅为 13.2%，总规模超 3.2 万个（见图 6）；已备案网站主体近 2.0 万个，平均每个网站主体拥有网站 1.61 个；

顶级域名数量3.3万个，较2020年增加0.6万个，增幅为22.2%。虽然增长迅速，但海南网站个数仅在全国排第24位。

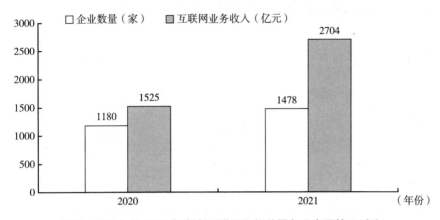

图5　2020年和2021年海南互联网和相关服务业发展情况对比

数据来源：海南省工业和信息化厅。

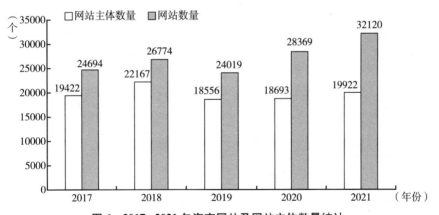

图6　2017～2021年海南网站及网站主体数量统计

数据来源：海南省通信管理局、共研产业咨询（共研网）。

第四，海南互联网基础资源更加丰富。一是海南5G行业应用稳步推进，全省移动基站数量为8.7万个，增幅为6.1%，其中，5G基站数量为1.1万个，较2020年底增长0.4万个，增幅为57.1%（见图7）；二是海南网络应用更加广泛，海南去重后网页数量和综合搜索类网站的用户覆盖率均稳步增长，去重后网页数量为151408个（见图8），占全国各省份去重后网页总数的0.5%，居全国第23位；2021年，海南综合搜索类网站以99.2%的用户覆盖率位列全国第一；在移动端，海南通信聊天应用以96.5%的用户覆盖率位列全国第一。

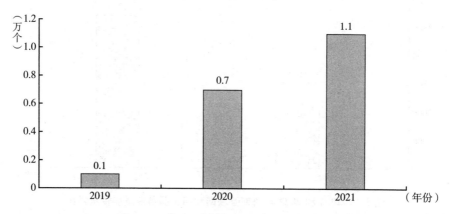

图7　2019~2021年海南5G基站个数情况

数据来源：《海南省互联网发展报告（2021年度）》。

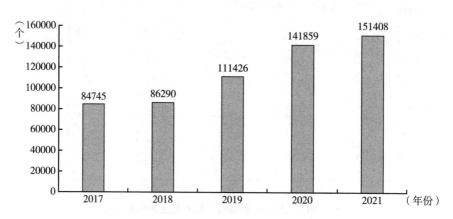

图8　2017~2021年海南去重后网页数量统计

数据来源：《海南省互联网发展报告（2021年度）》。

（四）产业数字化发展迅速

海南的工业、制造业和数字医疗领域正在积极实施数字化转型。在工业互联网领域，工业互联网标识解析是实现工业数字化转型的关键基础设施。由海南电信牵头的工业互联网标识解析二级节点已经成功在海南部署。该项目是海南工业产业开展数字化转型的重点，可以逐步推动海南工业产业数字化的快速发展。在制造业数字化转型方面，海南电信联合其生态合作伙伴，不断地加大对工业领域的资源与资金投入，共同研发为海南创造数字价值的应用，并全力推进工业云服务平台的实际应用部署。在数字医疗领域，第六届海南国际健康产业博览会上，作为国内领先的数字化精准健康管理平台，妙健康签约并入驻了海南生态软件园，为海南数字医疗产业的升级赋能。

（五）海南县域数字经济不平衡发展

海南县域之间的数字经济发展很不平衡，但各具优势。（1）海口市。2022年海南各市县数字经济发展指数TOP10（见图9）显示，海口市作为海南省会及经济发展程度最高的城市，在数字经济发展方面同样领跑其他市县。海口市拥有的重点园区数量最多，其中突出的是海口复兴城互联网信息产业园，该产业园已形成优势明显的数字产业集聚效应。据统计，海口复兴城互联网信息产业园内入驻企业超过4000家，包括数字贸易、智能物联、金融科技、国际创新等信息技术产业。相比海口市，三亚市、澄迈县、儋州市作为海南数字经济发展的"第二梯队"，同样发展势头强劲。（2）三亚市。三亚市致力于打造战略性新兴产业增长引擎，培养和支持"专精特新"企业，同时推动空天技术等国家战略科技和高新技术产业的发展，已成功实现从旅游城市向旅游科技双轮驱动的现代化滨海城市转型的战略目标。（3）澄迈县。相比三亚市，澄迈县努力探索数字化转型发展的新路径，依靠数字、互联网技术实现产业转型和智慧城市建设，围绕低碳制造与数字经济建设发展新技术、新产业。澄迈县的海南生态软件园是国家级科技企业孵化器，入园企业超过1.3万家，2022年实现营收超过2000亿元，税收超过150亿元，2020~2022年税收平均增长92%。（4）儋州市。儋州市洋浦经济开发区作为国家新型工业化产业示范基地，着力推动数字经济发展。2022

年，洋浦经济开发区营收达 8461 亿元（全省重点园区营收合计约 18246.43
亿元），占全省的近一半，增速达 50.5%。

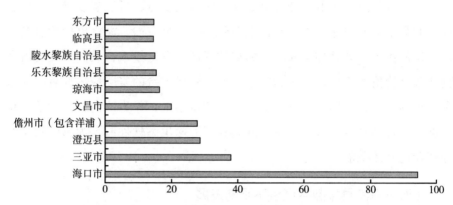

图9　2022 年海南各市县数字经济发展指数 TOP10

说明：海南各市县数字经济发展指数模型采用标杆法计分，从创新发展度、产业集聚度、
企业发展度、用户活跃度、政务活跃度 5 个一级维度出发，细分了 28 个二级维度，共涉及数
十万条数据，力图多角度量化海南各市县数字经济发展现状。

数据来源：易观千帆、企查查。

四　海南数字经济发展存在的问题

2023 年 2 月，中共中央、国务院印发《数字中国建设整体布局规划》，
提出构建开放共赢的数字领域国际合作格局，高质量共建"数字丝绸之
路"，积极发展"丝路电商"。海南能够利用区位优势和特色产业优势，积
极构建"数字丝绸之路"枢纽，制定和实施有地方特色和借鉴意义的行业
数字化转型方案，在数字经济领域取得新发展。与此同时，海南数字经济发
展面临挑战，包括信息化基础设施需要进一步完善、高端数字化人才短缺、
数据安全相关政策法规制度不完善、实体经济发展不足等。

（一）全省电子信息制造业基础相对薄弱

海南的电子信息制造业企业总数和企业营收均未超过全国平均水平，

全省电子信息制造业基础相对薄弱。2021年，海南电子信息制造业企业仅有4家（见图10），占全国电子信息制造业企业总数的0.013%，总营业收入（15.4亿元）和营业利润（1.8亿元）均明显低于全国平均水平（全国平均营业收入为5779.86亿元，平均营业利润为337.83亿元）。就单个企业而言，海南电子信息制造业企业的平均营业收入（3.85亿元）和营业利润（0.45亿元）也低于行业平均水平（行业平均营业收入为6.6亿元，平均营业利润为0.46亿元）。海南的数字经济产业生态还不完善，相较于国内其他地区，海南的数字化转型服务机构较少，这阻碍了自贸港建设过程中数字化改造的进程①。

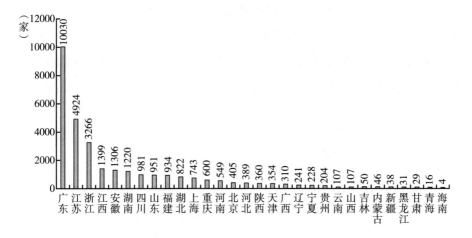

图10 2021年全国电子信息制造业企业个数

数据来源：海南工业和信息化厅。

（二）全省高端数字化人才缺失严重

海南数字技术人才严重缺乏，"产业缺人才"和"人才缺产业"的矛盾十分突出。海南工信厅厅长尹丽波指出，海南数字经济发展面临的关键制约

---

① 尹丽波：《数字经济与实体经济融合 赋能海南产业高质量发展》，《今日海南》2022年第3期。

因素是缺乏高端数字化人才①。海南存在人才供给和人才需求的矛盾，在人才供给方面，北上广头部和传统 IT 企业集聚地是数字化相关产业从业人员的首选；在人才需求方面，海南在高端企业集聚和薪酬回报方面对人才的吸引力不足。数字技术人才数量不足成为制约海南数字经济产业发展的关键因素。

（三）全省数字安全相关政策法规制度不完善

海南数据安全相关法规的制定和落实较为滞后，无法满足数据跨境流动规模快速增长的需求。近年来，我国陆续颁布了《中华人民共和国数据安全法》《中华人民共和国个人信息保护法》等相关法律法规，但是尚未制定具体的数据分类分级标准，企业的网络安全意识不强，数据安全存在隐患。互联网新业态发展的相关政策法规不完善，企业的一些非法行为得不到约束监管，可能损害合法经营的其他企业的正当权益，不利于营造良好的运营环境。

（四）全省实体经济发展不足

海南的经济结构比较单一，经济基础较为薄弱。2021 年以来，海南加快构建以旅游业、现代服务业、高新技术产业和热带特色高效农业为主导的"3+1"现代服务体系，随着自贸港政策的落地实施，海南正在逐渐补齐产业短板。

五　海南数字经济发展政策建议

作为自贸港，海南的政策吸引的外资和先进技术为数字经济的创新和发展提供了机遇，同时，海南拥有丰富的自然和文化旅游资源，这为数字经济

---

① 尹丽波：《数字经济与实体经济融合　赋能海南产业高质量发展》，《今日海南》2022 年第
　　3 期。

发展提供了广阔的市场空间。除此之外，海南拥有良好的区位优势和交通便利性，这使得海南具有发展数字经济的天然优势，可以成为我国与亚太地区其他经济体开展数字经济合作的桥梁，加强数字经济的国际交流与合作。但是，海南在发展数字经济过程中存在的问题不容忽视。海南存在数字经济基础设施建设不太完善、网络覆盖不足等问题，加强基础设施建设是数字经济发展的重要挑战。随着数字经济的发展，数据安全和隐私保护面临越来越严峻的挑战，加强数据安全管理和隐私保护，建立健全制度和法规体系，也是海南发展数字经济的重要任务。此外，海南数字经济发展中的创新创业环境亟待优化，缺乏政策支持和资金扶持，加强创新创业支持体系的建设，提供更多的政策和资金支持，激发创新创业活力，对海南来说同样是一个重要的挑战。因此，海南应积极制定落实相关政策、补齐短板，推动自身数字经济快速发展。具体而言，有以下四个方面。

第一，加强数字基础设施的建设，筑牢硬件基础。加快推进5G独立组网的规模化部署，重点建设工业制造等领域的5G虚拟专网，为行业数字化转型创造条件；应充分发挥自身优势，结合海洋资源优势加快布局建设数据中心，打造成"数字丝绸之路"的重要枢纽。

第二，结合产业优势，打造产业数字化"海南样板"。充分利用《中华人民共和国海南自由贸易港法》的政策优势，重点推动文化产业、旅游产业等特色产业的数字化转型。例如，以大型消费场所为试点打造集旅游、住宿、购物等高端消费于一体的5G数字化场景，创建海南国际智慧旅游岛，建设宜居、宜游的智慧服务环境等。

第三，坚持自主创新引领，推动高科技产业发展，提高数字产业化水平。进一步营造数字化企业创新环境，通过资金奖励和人才引进等机制提高数字化企业入驻意愿，保证企业"愿意来"也"留得住"。引导和支持企业交流合作，加大对高科技产业的资金投入和金融支持力度，建立高科技产业数字集群，以高科技产业为支撑推动全省数字经济核心产业发展。集中力量突破关键核心技术瓶颈，对做出技术创新贡献的企业和个人给予奖励。制定完善的法律法规，加强数据交易安全，重视数字知识产权发展，着力推动大数据、游戏等相关产业发展。

第四，完善数字政府治理，优化发展环境。充分释放"海南数据产品超市"的数据价值，围绕企业数字化转型和招商引资的全过程推进政务服务标准化、规范化，进一步优化数字化政务平台的设计和运营，提升数字政府的运行效率和服务能力。

参考文献

尹丽波：《数字经济与实体经济融合 赋能海南产业高质量发展》，《今日海南》2022 年第 3 期。

杨士鹏：《数字赋能引领高质量发展 数字经济迸发出无限活力》，《统计科学与实践》2022 年第 10 期。

曹杰：《献礼 4·13 | 打造"数字海南"探寻海南自贸港数字经济发展路径》，《海南日报》2023 年 4 月 14 日，第 A9 版。

《"十四五"数字经济发展规划》，商务部网站，2021 年 12 月 12 日，http：//www. mofcom. gov. cn/article/zcfb/zcwg/202209/20220903345061. shtml。

《国务院关于数字经济发展情况的报告提请全国人大常委会审议》，央广网，2022 年 10 月 29 日，https：//news. cnr. cn/native/gd/20221029/t20221029_526045433. shtml。

《二十大报告全文来了!》，"光明网"百家号，2022 年 10 月 26 日，https：//baijiahao. baidu. com/s？id=1747765358691438651&wfr=spider&for=pc。

《国务院关于构建数据基础制度更好发挥数据要素作用的意见》，新华网，2022 年 12 月 2 日，http：//www. news. cn/mrdx/2022-12/20/c_1310685338. htm。

《关于支持海南全面深化改革开放的指导意见》，中国政府网，2018 年 4 月 11 日，https：//www. gov. cn/zhengce/2018-04/14/content_5282456. htm。

《海南省信息基础设施水平巩固提升三年专项行动方案（2018—2020 年）》，海南省人民政府网，2018 年 1 月 19 日，https：//www. hainan. gov. cn/hainan/15512/201807/eab8cada4eee4cb59e1f872b7b8198ea. shtml。

《海南自由贸易港建设总体方案》，中国政府网，2020 年 6 月 1 日，https：//www. gov. cn/zhengce/2020-06/01/content_5516608. htm。

《海南省政府数字化转型总体方案（2022—2025）》，海南省人民政府网，2022 年 7 月 15 日，https：//www. hainan. gov. cn/hainan/szfbgtwj/202207/bb8d7f404cc54e399b26763 f1eacbc29. shtml。

《海南省人民政府关于 2020 年度海南科学技术奖励的决定》，海南省人民政府网，

2021 年 11 月 27 日，https：//www. hainan. gov. cn/data/zfgb/2022/01/9519/。

《海南自由贸易港进一步优化营商环境行动方案（2022—2025 年）》，海南省人民政府网，2022 年 6 月 1 日，https：//www. hainan. gov. cn/hainan/szfbgtwj/202206/e919993c128c4862b2540280200f42ca. shtml。

《海南省高新技术企业发展专项和经费管理暂行办法》，海南省科学技术厅网站，2022 年 1 月 30 日，http：//dost. hainan. gov. cn/xxgk/xxgkzl/xxgkml/202201/t20220130_3138017. html。

《海南省创新型省份建设实施方案》，海南省人民政府网，2022 年 2 月 26 日，https：//www. hainan. gov. cn/hainan/szfwj/202203/c1371eb08543496aac8807c63bc31cf8. shtml。

《关于组织申报 2022 年度海南省高新技术企业相关财政补助资金的通知》，海南省科学技术厅网站，2022 年 6 月 5 日，http：//dost. hainan. gov. cn/xxgk/xxgkzl/xxgkml/202206/t20220606_3206699. html。

《海南省促进科技类民办非企业研究机构发展若干措施》，海南省科学技术厅网站，2022 年 9 月 6 日，http：//dost. hainan. gov. cn/xxgk/xxgkzl/xxgkml/202209/t20220906_3262198. html。

《海南省加快推进数字疗法产业发展的若干措施》，海南省人民政府网，2022 年 9 月 29 日，https：//www. hainan. gov. cn/hainan/zchbhnwj/202210/a231c28b9448421e87badce2681b3924. shtml。

《智慧海南总体方案（2020—2025 年）》，海南省人民政府网，2022 年 8 月 14 日，https：//www. hainan. gov. cn/hainan/5309/202008/24ab4a2a31664627a3b9223a9935b103. shtml。

《海南省促进商用密码应用和产业发展若干政策措施》，海南省国家密码管理局网站，2022 年 7 月 6 日，http：//sca. hainan. gov. cn/xxgk/zcfg/202207/t20220708_3383411. html。

《海南自由贸易港博鳌乐城国际医疗旅游先行区医疗药品器械管理规定》，海南省人民政府网，2022 年 11 月 30 日，https：//www. hainan. gov. cn/hainan/dfxfg/202212/c235f67026c346728af048e999ed74d9. shtml。

《中华人民共和国海南自由贸易港法》，海南省公路管理局网站，2021 年 6 月 10 日，http：//jt. hainan. gov. cn/hnsglglj/zwxx/xzzf/202207/t20220720_3233538. html。

B.12
2022年海南上市公司高质量发展报告

许玫 李昕*

摘　要： 本报告基于海南2022年推出的政策文件《"尖峰岭"上市公司培育专项行动计划（2021—2025年）》，从区域均衡性发展、行业集中度、盈利能力、创新能力4个维度对海南现有的28家上市公司进行比较分析，结果显示：海南上市公司的区域集中度与行业集中度较高。90%以上的上市公司集中在海口市，1/3以上的上市公司集中在传统的农林牧渔和有色金属行业，而更具盈利能力与创新能力优势的高新技术行业数量及规模依然较小。未来，海南应进一步通过加大各项投入、优化营商环境、完善配套政策等措施，构建传统行业上市公司稳健发展、非传统行业上市公司"百花齐放"、高新技术行业上市公司高质量发展的新格局。

关键词： 上市公司　区域均衡性发展　行业集中度　盈利能力　创新能力

"企业兴，则发展强。"上市公司的高质量发展能为海南资本市场带来巨大的经济效益，已成为推动海南自贸港高质量发展的中流砥柱。《海南省金融业"十四五"发展规划》指出，到2025年，海南上市公司数量将达到50家。《2022年海南省政府工作报告》指出，海南将实施"尖峰岭"上市

---

* 许玫，经济学博士，教授，现任海南师范大学党委书记，主要研究方向为政治经济学、思想政治教育等；李昕，经济学博士，教授，现任海南师范大学经济与管理学院党委书记，主要研究方向为开放宏观经济学。

公司培育专项行动计划，力争新增上市公司1~2家，培育上市后备企业60家。然而，根据中国证券监督管理委员会海南监管局发布的"海南辖区上市公司名单"，对比2022年1月和2022年12月的上市公司名单发现，2022年海南上市公司数量从1月的34家降至12月的28家。ST东电、ST罗顿、ST东海、ST海创、ST海医由于各种原因于2022年4~6月先后退市，国新健康于2022年7月8日发布公告迁至山东省青岛市。当前，海南上市公司发展依然较为脆弱。超过1/3的海南上市公司集中于农林牧渔等传统行业。传统行业上市公司多处于成熟发展阶段，增速已近饱和，对未来海南高质量发展的经济贡献有限。本报告拟从区域均衡性发展、行业集中度、盈利能力、创新能力等4个维度对海南上市公司进行比较分析，以期为海南上市公司及海南自贸港高质量发展提供对策建议。

一 政策分析

为了推动资本市场的高质量发展，2022年海南采取了一系列措施来提升全省上市公司质量。一是集中力量发展属于海南旅游业核心资源的上市后备企业，推动建设海南国际旅游消费中心。二是致力于建立上市后备企业资源库，重点关注具有海南特色的现代服务业核心项目，以促进形成以服务型经济为主导的产业结构。三是重点发展高新技术产业链，加速培育多个千亿元和百亿元级别的高新科技产业集群。四是大力发展具有海南特色的热带农业，培育高效农业优质企业。五是培育一批在科技方面具有主导作用的后备科创板企业，以发挥海南制造业的新优势。为了实现上述目标，海南省政府发布了《"尖峰岭"上市公司培育专项行动计划（2021—2025年）》等政策文件，在营商环境优化、上市后备企业培育和中小企业发展等方面进行谋划。

（一）在营商环境优化方面

海南省政府关注市场主体的需求，以优化审批流程、完善现代化监管机制、加强公平竞争和加快建设服务型政府为重点，深化"放管服"改革。与此同时，海南致力于引进和培育一批对产业发展有支撑作用的总部企业。通过实施总部企业"引育"专项行动，推动重点产业链和产业集群的发展，有效促进资源要素的跨区域和跨境配置。

（二）在上市后备企业培育方面

海南省政府积极培育一批具备境内外上市（挂牌）资质的行业领军企业，并为此设定了五方面目标，具体包括建立海南上市后备企业资源库、制定企业上市专项奖励措施、多源引流提供民营经济支持、引进培育总部企业和加大政府支持激励力度。到2025年，海南计划培育150家具备上市（挂牌）条件的后备企业，使其中50家成功上市（挂牌），实现直接融资额400亿元。同时，海南将致力于孵化一批科技创新标杆企业。通过实施名为"倍增"和"精英"的行动，构建以企业为主导的技术创新体系，进一步壮大高新技术企业队伍。预计到2025年，海南高新技术类企业总数将达到3000家，而"精英梯队"也将基本形成。这将为海南的新兴产业提供领军者、转型升级的示范者以及大型企业集团的后备力量，进一步推动海南的经济发展。

（三）在中小企业发展方面

海南省政府将实施名为"雏鹰"的专项行动，旨在培育一批专注细分市场、创新能力强、市场占有率高、掌握关键核心技术的"专精特新"中小企业。到2025年，预计省级"专精特新"中小企业将达到500家。同时，海南将努力培育国家级专精特新"小巨人"企业，预计到2025年将有40家企业达到这一级别。这些企业将成为行业内的领军者，在市场竞争中展现出强大的综合实力和市场影响力。此外，海南还将致力于培育国家级制造业单项冠军企业。预计到2025年，海南有1~2家在特定领域内具有最高竞争力的企业。通过进一步推动这些"专精特新"、"小巨人"和单项冠军企业的快速发展，海南将进一步优化产业结构，提升经济发展的质量和效益。

二　上市公司发展经验

截至 2023 年 6 月 8 日，中国 A 股上市公司共计 5196 家，累计总市值达 891569.06 亿元。其中，A 股上市公司总数超过 100 家的省份有 12 个，分别是广东（847 家）、浙江（682 家）、江苏（665 家）、北京（463 家）、上海（423 家）、山东（297 家）、福建（171 家）、四川（169 家）、安徽（169 家）、湖南（141 家）、湖北（141 家）、河南（108 家）。广东省以 847 家稳居第一，为 A 股上市公司总数的"第一大省"（见图 1）。

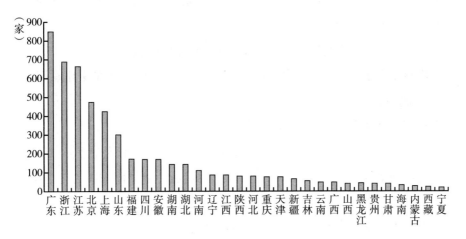

图 1　中国 A 股上市公司省份分布

说明：不含港澳台地区。
数据来源：Wind 数据库。

Wind 数据库公开资料显示，截至 2022 年底，海南上市公司有 28 家，总市值为 3347.8 亿元，在全国 31 个省份排第 27 名。海南无论是在上市公司数量方面，还是在质量方面，在全国仍然处于相对薄弱的位置。因此，学习借鉴广东和浙江上市公司的发展经验，对于海南实现上市公司高质量发展具有重要的现实意义。

（一）广东上市公司发展经验

以广州为例，为了推动上市公司高质量发展，广州市于 2020 年 5 月 25 日出台《广州市加快推进企业上市高质量发展"领头羊"行动计划（2020—2022 年）》，分别围绕重点支持战略性新兴产业和传统优势产业，拓展服务的广度和深度，营造优质的企业上市环境，提高推动企业上市的工作效能和服务精准度以及支持上市公司及拟上市公司产业链发展等方面来促进广州上市公司高质量发展。

1. 重点支持战略性新兴产业和传统优势产业

重点针对具有战略意义的高新科技产业和传统产业配套出台相应的帮扶政策。广州联合上海和深圳的证券交易所，通过资本市场发展本市的高新科技产业和传统优势产业。

2. 拓展服务的广度和深度，营造优质的企业上市环境

广州致力于拓展服务范围和深化服务层次，以增强企业的上市意识和信心，并加大推动企业上市的力度。

3. 提高推动企业上市的工作效能和服务精准度

一方面，广州建立了符合上市条件的培育制度，政府为企业提供证明函件及上市路演等服务；另一方面，广州协调解决企业悬而未决的历史问题，并提供企业合规性证明。

4. 支持上市公司及拟上市公司产业链发展

广州充分发挥粤港澳大湾区的优势，坚持产业链有机结合资本链的思维，采取多种资本并购手段，以促进上市公司和拟上市公司配套发展。

（二）浙江上市公司发展经验

为了推动上市公司高质量发展，早在 2017 年 10 月，浙江省政府就出台了《浙江省深入实施促进经济高质量发展"凤凰行动"计划（2021—2025 年）》，围绕实施上市公司引领高质量发展专项行动、实施企业股改上市提升工程、打造多层次资本市场和着力解决上市公司提升质量过程中的突出问

题等方面来促进本省上市公司高质量发展。

1. 实施上市公司引领高质量发展专项行动

首先，深入开展上市公司产业引领行动。推动并建设以上市公司为依托的区域性创新平台，持续孵化具有引领效应的科技项目和企业。支持上市公司利用资本市场做强产业链、做深价值链，提升产业链、供应链的稳定性和竞争力。同时，加大本省中介服务机构培育力度并积极引进一批境内外优质中介服务机构，有效地发挥行业协会的功能作用，为企业对接资本市场和整合资源提供优质服务。其次，支持上市公司充分利用资本市场融资工具，通过资本市场再融资注册制及小额快速融资机制等，采用定向增发、配股、优先股、债转股、可转债、公司债及资产证券化融资等方式拓展融资渠道。

2. 实施企业股改上市提升工程

首先，发挥政府产业基金引导作用，撬动天使基金、风险投资基金等社会资本参与新一代信息技术、生命健康、新材料、高端装备、新能源等产业股改培育。其次，建立企业股改上市培育清单，进一步完善企业股改上市扶持政策，充分调动银行、证券、保险等各类金融机构的资源，加大资金保障力度，降低企业改制成本。最后，积极推动优质企业多渠道上市。支持主业突出的成熟型企业到主板（中小板）上市，成长性强的创新创业企业到创业板上市，符合国家战略、突破关键核心技术、具有核心竞争力的科技型企业到科创板上市。

3. 打造多层次资本市场

首先，建立与注册制全面对接的企业上市培育、登记信息衔接、挂牌企业上市协调等机制。其次，积极发挥区域性股权市场的"塔基"作用，建立区域性股权市场普惠服务体系和规范培育治理体系，推动"专精特新"企业、"雏鹰"企业和高新技术企业在区域性股权市场挂牌。最后，依托长三角一体化的国家战略发展视角和浙江自贸试验区的油气全产业链优势，共同建设长三角油气期现一体化交易市场，实现上海期货交易所战略入股浙江国际油气交易中心，共同打造多层次油气交易市场。

4. 着力解决上市公司提升质量过程中的突出问题

首先，积极稳妥化解股票质押风险。坚持控制增量、化解存量，加强股票质押风险监测预警，建立多部门共同参与的工作机制。其次，建立高风险上市公司清单管理制度，落实地方政府风险化解属地责任，综合运用金融、财税、行政、司法等途径帮助高风险上市公司摆脱困境，防范化解上市公司引发的区域性风险。最后，积极做好其他各类风险防范。科学引导企业境外上市，审慎开展脱离主业的境外资产收购，防止资本无序扩张，防范盲目投资风险。动态关注上市公司控股权变更等相关风险，畅通主动退市、并购重组、破产重整等多元退市渠道，有效化解上市公司退市风险。

（三）海南上市公司发展经验借鉴

上市公司高质量发展对于海南经济发展有重要影响，虽然海南已出台大量上市公司高质量培育相关政策，但相比浙江和广东完善的上市公司培育方法及相应配套政策仍有较大差距。海南在借鉴广东和浙江的上市公司培育政策的同时，要坚持具有海南本省特色的发展道路。

一是深入实施《"尖峰岭"上市公司培育专项行动计划（2021—2025年）》，加大培育上市后备企业的力度，持续优化营商环境，在防范资本市场风险的同时，发挥资本市场服务海南自贸港高质量发展的作用。

二是借鉴浙江和广东创建高质量产业集群的经验，依托重点园区、优势产业资源加快上市后备企业资源库布局。海南省政府应持续落实企业融资、上市公司配套服务等上市公司高质量培育平台建设，促进传统行业和企业转型升级，加强政策宣传，主动开展对外合作交流，促进政策互惠互利，吸引龙头企业，拓展产业链，为打造具有海南自贸港特色的高质量上市公司创造良好条件。除此之外，海南应落实2022年4月印发的《海南省高质量打造重点产业集群实施方案》，着力提升所属相关产业公司的集聚能力和竞争力。按照集群建设方案配套相应扶持政策。重点扶持洋浦经济开发区、海口国家高新区、海南生态软件园等自贸港重点园区，在聚焦千亿元级和500亿元级产业集群的同时，海南省政府应重点培育生物医药、电力设备、新能源汽车等相关产业的中小企业及"专精特新"企业，充分利用自贸港优势政策，从财政金融、配套服务和人才引进等方面对海南上市后备企业资源库的创建给予支持。

三是海南应把握海南自贸港的未来发展机遇，借鉴浙江企业股改上市提升工程的发展经验。首先，海南省政府应加快搭建以海南自贸港建设为背景的政府产业基金，带动海南及全国的风险投资基金等社会资本参与海南新一代高新技术上市后备企业的培育。其次，海南省政府应建立企业股改上市培育清单，充分调动国有及私有资本等各类金融机构资源，加大对企业的资金保障力度，降低企业股改的资金成本。最后，海南省政府应积极探索本省上市后备企业的未来上市渠道，结合科创板上市的标准，鼓励海南高新技术类企业在科创板上市。

三 海南上市公司现状分析

本部分将从区域均衡性发展、行业集中度、盈利能力、创新能力4个维度对海南上市公司的发展状况进行分析。

（一）海南上市公司区域均衡性发展情况

截至2022年底，除去已经退市及迁移的上市公司，海南共有28家上市公司，其中25家分布于海口市，其余3家分别在三亚市、澄迈县和昌江黎族自治县（见表1）。海南上市公司总市值约为3347.8亿元。其中，海口所拥有的上市公司总市值约为3159.2亿元，占海南上市公司总市值的94.4%。三亚、澄迈和昌江的上市公司总市值仅占海南上市公司总市值的5.6%。海南上市公司城市集聚效应明显，全省大多数上市公司集聚于海口市，在一定程度上反映出海南区域经济发展不均衡的现状，除海口、三亚、澄迈和昌江以外，在海南一般预算性收入排名前五的城市中，儋州市和陵水县没有上市公司进驻。

表1　截至 2022 年底海南上市公司情况

地区	上市公司个数(家)	总市值(亿元)	总市值占全省比重(%)
海南	28	3347.8	100.00
海口市	25	3159.2	94.38
三亚市	1	31.1	0.92
澄迈县	1	22.5	0.67
昌江黎族自治县	1	135.0	4.03

数据来源：同花顺。

　　与注册资本规模大的企业相比，注册资本规模小的企业更容易成长为上市公司。以注册资本 5000 万元及以上为标准，2010 年 1 月至 2022 年 9 月海南注册资本 5000 万元及以上的新增注册企业依然存在显著的区域差异。海口市的企业新增数量远高于三亚市、儋州市等（见图2），资本、资源基本集中在海口市。

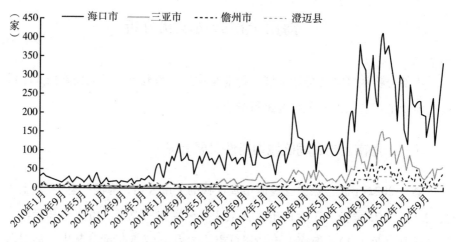

图2　2010 年 1 月至 2022 年 9 月海南注册资本 5000 万元及以上企业新增数量

数据来源：Wind 数据库。

　　从注册资本 5000 万元及以上企业的存量来看，海口市注册资本规模大的企业的存量也远高于海南其他地区。截至 2023 年 4 月，海口市注册资本 5000 万元及以上企业的存量为 15850 家，三亚市为 4647 家，儋州市为 2061 家，澄迈县为 1419 家。海口市注册资本 5000 万元及以上企业的存量约为三亚市的 3.4 倍，约为儋州市的 7.7 倍，约为澄迈县的 11.2 倍。虽然海口市拥有数量众多的注册资本规模大的企业，但企业的上市转化率较低，平均 743 家注册资本 5000 万元及以上的企业中有 1 家上市，三亚市、澄迈县转化率更低。海南政府亟须推进落实各项助力企业发展的政策，推动海南注册规模、资本、体量大的企业在资本市场更好发展。

（二）海南上市公司行业分布情况

截至 2022 年，除已经退市或迁移的 6 家上市公司外，海南 28 家上市公司分别分布于农林牧渔、种植业、农产品加工，交通运输，房地产，非银金融，纺织服装，食品饮料，医药生物，交运设备，电力设备，有色金属，煤炭，石油石化，传媒，社会服务，建筑材料，航空机场等行业，行业较为分散（见图 3）。占比较高的前五大行业分别是交通运输（26.48%），航空机场（15.85%），有色金属（12.61%），电力设备（11.49%），农林牧渔、种植业、农产品加工（10.10%），累计占海南全部上市公司总市值的 76.53%。

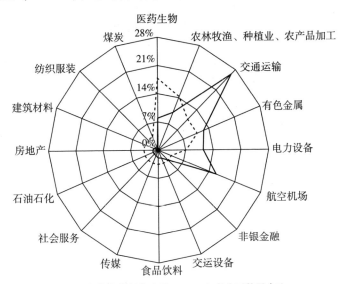

图 3　上市公司总市值占全行业比重及上市公司数量占比

数据来源：Wind 数据库。

根据国家统计局发布的《战略性新兴产业分类（2018）》，本报告将海南上市公司所属的电力设备与医药生物视为战略性新兴行业，而将剩余的交通运输，石油石化，纺织服装，房地产，有色金属，农林牧渔、种植业、农产品加工等视为传统行业。从图4可以看出，无论是上市公司数量，还是上市公司市值，传统行业均显著高于战略性新兴行业。

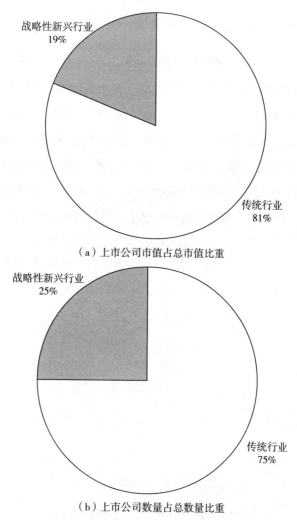

（a）上市公司市值占总市值比重

（b）上市公司数量占总数量比重

图4 传统行业和战略性新兴行业上市公司市值占比及数量占比

数据来源：Wind 数据库。

海南上市公司仍然以传统行业为主导，这可能不利于海南上市公司的高质量发展。一是相比高新技术行业上市公司，农林牧渔、种植业、农产品加工及交通运输等传统行业上市公司的发展已经接近饱和。其中，京粮控股、罗牛山、神农科技、海南橡胶的营收和利润在 2021 年、2022 年均出现增速放缓甚至有不同程度的下滑。二是大多传统行业上市公司的经营业务非环境友好型，容易对生态环境造成影响。例如，传统农林牧渔业上市公司对海南土地和海洋资源依赖程度较高，容易导致海南自然资源环境被过度开发。以从事生猪养殖和屠宰加工业的罗牛山股份有限公司为例，由于海南属于闭环海岛，饲养生猪所产生的污物在此环境中的处理流程较为烦琐，易对海南的水资源环境造成影响。三是海南部分上市公司面临退市的风险，如已经退市的部分上市公司 ST 东海、ST 东电、ST 罗顿、ST 海创和 ST 海医，均因财务状况问题被证监会做退市处理。在推出"尖峰岭"上市公司培育专项行动计划前，海南资本市场对上市公司扶持较少，加上海南营商环境没有得到进一步的优化，大多数传统行业上市公司在"温水煮青蛙"的环境里发展，进一步加剧了潜在的财务危机。数据显示，海南传统行业普遍存在财务状况不佳的问题，该问题或将对海南资本市场和投资者信心造成负面影响。

相比海南农林牧渔、种植业、农产品加工等传统行业上市公司，成立时间较短且数量较少的医药生物和电力设备等战略性新兴行业上市公司创造了更多的经济效益。战略性新兴行业已成为海南经济增长的主要驱动力之一，2022 年医药生物和电力设备行业上市公司的净利润分别达到 4.99 亿元和11.04 亿元，而农林牧渔、种植业、农产品加工行业上市公司的净利润仅为3.42 亿元。

（三）海南上市公司盈利能力

上市公司的盈利能力是其长期稳定发展的必要条件，决定了公司的未来发展。本部分将盈利能力指标分成了 3 个部分，分别为盈利能力与成长性、资本结构及财务稳健性和二级市场稳健性。

1. 盈利能力与成长性

根据定义的盈利能力与成长性指标，本报告通过计算海南28家上市公司的复合营业收入增长率和 ROE（净资产收益率）三年（2020～2022年）均值并按行业进行排序，选取盈利能力与成长性排名前五的上市公司进行分析，详见图5。

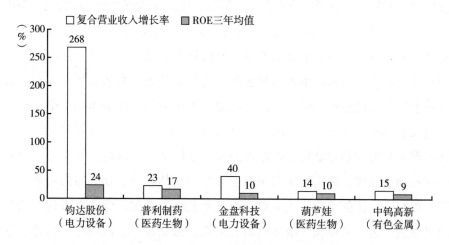

图5 2020～2022年海南盈利能力与成长性排名前五的上市公司

数据来源：Wind 数据库。

2020～2022年，海南复合营业收入增长率较高的前5家上市公司集中在医药生物和电力设备行业。其中，钧达股份和金盘科技的主营业务为太阳能光伏设备，2020～2022年的复合营业收入增长率分别高达268%和40%。结合海南的地理位置和气候因素分析，与太阳能光伏设备相关的海南上市公司具备得天独厚的优势。普利制药和葫芦娃的2020～2022年复合营业收入增长率分别为23%和14%，主营业务分别为抗生素药物和儿童制药。考虑制药公司产品研发周期长、前期投入大，普利制药和葫芦娃的复合营业收入增长率和 ROE 三年均值仍保持着较高增速，其中既有新冠疫情因素对医药产业的正向影响，也有医药生物行业作为海南自贸港战略性新兴行业发展的利好政策刺激。

与此同时，根据定义的盈利能力与成长性指标，本报告对复合营业收入增长率和 ROE 三年均值排名靠后的 5 家上市公司按行业进行了分析,详见图 6。海南盈利能力与成长性排名靠后的 5 家上市公司主要集中在建筑材料、交通运输和社会服务等传统行业。由于 2020 年新冠疫情对中国经济造成冲击,海南以传统业务为主的上市公司遭受了较大损失,相比高端制造业和科技类公司,以传统业务为主的上市公司抵御外部风险的能力较差,经营风格较为保守,自主创新能力较弱。因此,在盈利能力与成长性方面,海南战略性新兴行业上市公司要远强于传统行业上市公司。

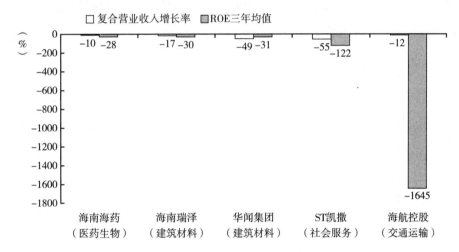

图 6　2020~2022 年海南盈利能力与成长性排名后五的上市公司

数据来源:Wind 数据库。

高新科技上市公司的高盈利性和高成长性可以为海南打造本省企业品牌助力,为未来海南的经济增长注入新的驱动力,这些上市公司可以在政策利好的大环境下成长为高质量的上市公司。

2.资本结构及财务稳健性

财务风险是公司的主要风险之一,糟糕的财务状况将严重影响公司的正常经营,削弱其整体实力。良好的资本结构可以使公司的资本成本达到经济含义上的帕累托最优,进而使公司价值达到最高。本报告选取利息保障倍数、资产负债率两个指标来衡量上市公司资本结构及财务稳健性。

第一，利息保障倍数为企业所获得的税前利润与企业相应的利息费用的比值。该指标用来衡量企业长期偿债的能力。若数值越大，说明企业支付利息费用的能力越强。根据图7可知，资本结构及财务稳健性排名前五的上市公司里，中钨高新、欣龙控股和神农科技均具有较高的利息保障倍数且其主营业务属于传统行业。根据已有公开资料可知，这3家上市公司的上市时间均已超过15年，在海南资本市场已有稳定的地位。与其相反的是，属于医药生物行业的双成药业和普利制药上市时间较短。根据公开的资产负债率发现，这两家医药生物行业上市公司的资产负债率较高，利息保障倍数也维持在较高水平，说明它们仍然处于扩张期。

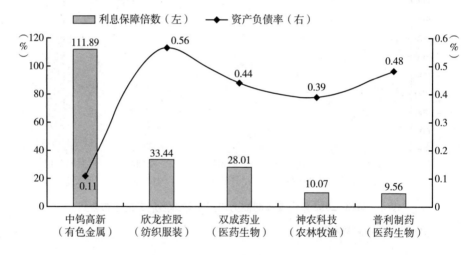

图7　2022年海南资本结构及财务稳健性排名前五的上市公司

数据来源：Wind数据库。

第二，本报告选取资本结构及财务稳健性排名靠后的5家上市公司进行比较分析发现，排名靠后的5家上市公司均属于传统行业，利息保障倍数均为负，同时资产负债率均较高，反映出这5家上市公司的营运能力或存在不足，具有一定的偿债压力（见图8）。相比传统行业上市公司，海南战略性新兴行业上市公司能在扩充营运规模、保持高速增长的同时维持良好的收益水平。

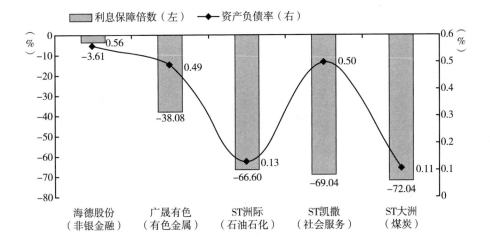

图8 2022年海南资本结构及财务稳健性排名后五的上市公司

数据来源：Wind 数据库。

3. 二级市场稳健性

在二级市场上，优质的上市公司被公认为更具长期稳定性，反映在其股价上就相对更为稳健。因此，股价波动性在一定程度上可以代表上市公司在二级市场的表现。本报告以 2020~2022 年的股票标准差除以股票收益率来衡量上市公司的二级市场稳健性。其中，股票标准差通常用来衡量股票波动性，除以股票收益率可以很好地消除测量尺度的影响。

通过测算二级市场稳健性指标并分行业对海南上市公司进行排序，本报告同样选取了排名前五与后五的上市公司进行对比分析。结果显示，二级市场稳健性指标下的上市公司主要集中在电力设备和医药生物行业（见图9），即在海南，战略性新兴行业上市公司的成长性更强，其股价总体呈上涨趋势，资本市场对该类上市公司的未来发展前景保持正面预期。

二级市场稳健性指标排名靠后的上市公司所属行业同样集中在农林牧渔、建筑材料、社会服务和传媒等传统行业（见图10）。这一方面说明传统行业上市公司分化较为明显；另一方面说明传统行业上市公司多处于发展成熟阶段，资本市场对传统行业未来发展的平均期望不高。

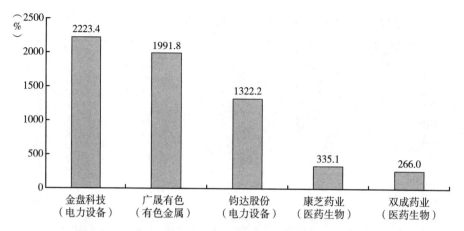

图9 2020~2022年海南二级市场稳健性排名前五的上市公司

数据来源：Wind数据库。

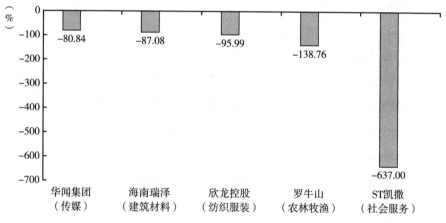

图10 2020~2022年海南二级市场稳健性排名后五的上市公司

数据来源：Wind数据库。

（四）海南上市公司创新能力

本报告通过海南上市公司披露的财务数据中的销售毛利率、研发费用率两大指标来定义上市公司的创新能力。一般而言，上市公司的创新能力决定了上市公司的竞争力，后者主要体现在符合市场需求、产生规模效应、通过研发投入提升产品质量、开发新产品以维护和巩固现有优势地位等方面。

首先，由于公司的创新能力主要体现在研发投入上，部分研发投入较低的传统行业上市公司因市场垄断地位具有较高的销售毛利率，故赋予销售毛利率和研发费用率相同权重会导致指标结果不准确。相对于销售毛利率而言，研发投入是增强公司创新能力的关键，有助于培育和提高公司的竞争力。在对文献进行回顾的基础上，本报告分别赋予销售毛利率和研发费用率20%和80%的权重，构建上市公司创新能力指标。

其次，本报告将上市公司根据创新能力指标进行排序并按行业分类比对。根据图11可知，海南上市公司创新能力排名前五的公司有80%属于医药生物行业；其中排名第一的上市公司普利制药的创新能力为0.57，远高于其他上市公司，海南医药生物行业上市公司始终保持较大的研发投入。创新能力的提升有助于海南医药生物行业上市公司进一步申请更多医药产品专利，打造海南本土品牌。

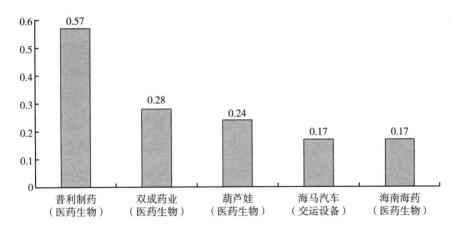

图11　2022年海南创新能力排名前五的上市公司

数据来源：Wind 数据库。

最后，根据定义的创新能力指标，本报告同样选取了创新能力排名靠后的5家上市公司。由图12可知，海南创新能力较弱的上市公司集中在交通运输、农林牧渔和有色金属等传统行业。创新能力较弱的上市公司难以保持较高的增长速度，在激烈的资本市场竞争环境中容易处于弱势。

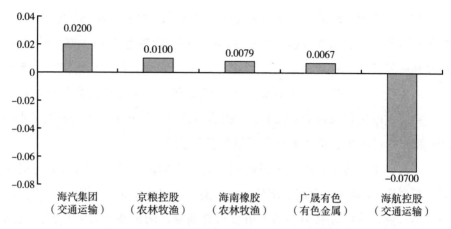

图 12　2022 年海南创新能力排名后五的上市公司

数据来源：Wind 数据库。

综上，根据盈利能力与成长性、资本结构及财务稳健性、二级市场稳健性及创新能力 4 个维度指标的具体分析可以看出，4 个维度指标排名均靠前的上市公司属于医药生物和电力设备行业。医药生物和电力设备行业的快速发展符合海南战略性新兴行业"十四五"发展目标。与此同时，战略性新兴行业企业需要投入大量资金进行产品研发，且未来应用场景的多样性和市场的景气度促使企业处于高速发展状态。相比传统行业上市公司，战略性新兴行业上市公司更容易受到资本的青睐，在短时间内可以较好地将资本转化为公司的增长驱动力并保持较高的增长速度，为海南的资本市场注入新的活力。

四　存在的问题

（一）大规模现代农业企业发展受限于海南的农业资源和市场规模

目前，海南有代表性的几家上市公司都以农业为主，但海南的热带农业体量和市场规模相对较小，现有的农业基础资源和产业发展环境还不足以支撑大规模现代农业企业的快速发展。此外，本地农业企业在开拓海外业务方面的能力较弱，这也导致个别农业企业不得不寻求其他利润增长点，如进军房地产等领域。这使得一些海南上市公司似乎偏离了其核心业务，盲目地追求多元化经营。以海南某上市公司为例，早在 2020 年 3 月 24 日，该公司就公告称计划剥离房地产业务，专注畜牧业。然而，根据海口市市场监督管理局发布的行政处罚决定书，该公司因发布涉嫌违法的房地产广告，在 2022 年 4 月 22 日被罚款 60 万元。这表明海南本土企业要真正实现"去房地产"发展面临较大困难。

（二）企业创新存在"乏力"现象

海南上市公司普遍存在研发能力薄弱的问题。一方面，海南农林牧渔和交通运输等传统行业公司的研发投入占营业总成本的比重低于1%；另一方面，相较于研发投入比重较低的传统行业上市公司，海南战略性新兴行业上市公司的研发支出也亟须进一步提升，医药生物行业上市公司仍然存在研发经费投入比例不足2%的现象。研发投入比例过低限制了该类企业的未来发展。一些海南药企通过申请高科技公司认定，谋求政府的各类财政补贴，但实际上这些企业的研发能力并未得到提升，仍然严重依赖进口，在实验室进行简单的调配后贴牌包装销售。虽然各种利好政策体现了海南政府对培育上市公司的重视和鼓励，但过多的财政补助反而使海南上市公司逐渐成为"温室之花"，不利于增强提升核心竞争力和自身运营能力的市场化发展意识。一般来说，上市公司是经过市场优胜劣汰后才上市的，但在海南部分行业里却有所差异。上市公司若过多依赖政府，长此以往将难以成长为真正具有核心竞争力的市场主体。

（三）上市公司行业集中度过高

超过 1/3 的海南上市公司仍集中于传统的农林牧渔和交通运输行业，传统行业上市公司占据了海南资本市场的主要地位。首先，对于传统行业上市公司而言，其财务运营状况一般，如海航控股 2020~2022 年财务亏损严重，

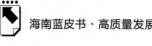

间接降低了海南资本市场的吸引力。财务运营状况不佳的上市公司能为海南提供的经济增长驱动力有限。其次，尽管海南战略性新兴行业上市公司数量仍然较少，但它们的成长速度远超传统行业上市公司，且战略性新兴行业上市公司的营收增长率和净利润率等财务指标远超传统行业上市公司。

（四）海南上市公司规模仍处于存量水平

2022年海南上市公司的数量相比2021年和2020年处于下滑趋势，每年登陆A股市场的上市公司数量仍低于退出A股市场的上市公司数量。与此同时，海南部分上市公司已经面临退市风险，说明海南上市公司的发展仍存在诸多问题，上市公司存活率仍较低，海南资本市场的发展需要更多政策助力。

五　政策建议

（一）建立"优胜劣汰"退出机制

严格监管海南资本市场上市公司的财务运营状况。财务运营状况较差的上市公司对海南资本市场的负面影响较大，进一步影响了投资者信心。海南省政府应构建"优胜劣汰"退出机制，严格监管财务运营状况不佳的上市公司。财务运营状况良好的上市公司不但可以进一步提升海南资本市场的优质资源数量，而且能为海南的就业、财政收入方面助力，为海南经济增长提供潜在驱动力。

（二）加快引导海南科技创新型企业上市

目前，海南上市公司仍集中在传统行业，以高科技为主业的战略性新兴行业上市公司数量较少。海南省政府应出台配套政策，大力扶持相关行业的中小企业和"专精特新"企业高质量发展，支持拥有关键核心技术、科技创新能力突出的企业在科创板上市；支持初创型、创新型中小企业在新三板挂牌；鼓励企业进入创新层、精选层并转板上市。

（三）促进资本运营手段多样化

支持资本市场化，引导企业并购重组，鼓励上市公司盘活存量、提高质量和运营效率。支持现有上市公司围绕优势产业、优质项目、优质资产开展分类并购重组。引导财务业绩较差的海南上市公司引进战略投资者，提升公司的资产质量，强化持续经营能力。鼓励业绩增长速度突出的战略性新兴行业上市公司进行并购重组，带动产业集群发展。推动国有控股上市公司结合国企改革三年行动，进一步发挥国有资本在海南自由贸易港建设中的引领作用。

（四）出台配套政策鼓励公司加大研发投入

海南省政府应出台配套政策鼓励海南上市公司加大研发投入，提升公司竞争力。首先，海南传统行业上市公司发展速度趋于平缓，但这些公司依旧是海南资本市场的主要支柱，海南省政府应根据上市公司研发投入比例出台专项梯度补贴政策，激励传统上市公司增加研发经费投入，以促进公司提升发展速度。其次，海南省政府应为海南战略性新兴行业上市公司出台科研人员专项奖励政策，鼓励研发导向型的战略性新兴行业上市公司吸纳研发型人才，助力企业提升竞争力，为海南资本市场注入新的增长活力。

参考文献

胡杨、尚悦、魏宇：《海南省上市公司股价长期波动率的影响因素分析》，《海南大学学报》（人文社会科学版）2023 年第 1 期。

《"尖峰岭"上市公司培育专项行动计划（2021—2025 年）》，海南省人民政府网，2022 年 4 月 1 日，https：//www. hainan. gov. cn/hainan/tingju/202204/9eb9a809dfbb404487 4f8034c63f31b1. shtml。

《海南省人民政府关于提高上市公司质量促进资本市场发展的若干意见》，海南省人民政府网，2021 年 4 月 8 日，https：//www. hainan. gov. cn/hainan/flfgxzgfxwj/202104/716

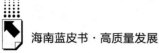

fd86fe9c5480591817c13b0c67a86. shtml。

《促进中小企业"专精特新"发展工作实施方案》,海南省工业和信息化厅网站,2021 年 6 月 14 日,http：//iitb. hainan. gov. cn/iitb/fzsxwj/202106/7cc4c81299214729b2fc8f02f6cd6b23. shtml。

《四大行动培育高质量市场主体》,海南省人民政府网,2022 年 1 月 23 日,https：//www. hainan. gov. cn/hainan/5309/202201/5e4395e555934206a34ad7e09129a3fd. shtml。

《关于支持民营经济发展的若干措施》,海南省人民政府网,2023 年 3 月 31 日,https：//www. hainan. gov. cn/hainan/flfgxzgfxwj/202304/73660c243b1e4db088aeb94e57986970. shtml。

《助力上市公司高质量发展十条措施》,人民网,2022 年 11 月 17 日,http：//hi. people. com. cn/BIG5/n2/2022/1117/c231190-40197650. html。

《海南自由贸易港进一步优化营商环境行动方案 (2022—2025 年)》,海南省人民政府网,2022 年 6 月 1 日,https：//www. hainan. gov. cn/hainan/szfbgtwj/202206/e919993c128c4862b2540280200f42ca. shtml。

《海南省 2022 年营商环境改革创新重点工作任务》,海南省人民政府网,2022 年 6 月 1 日,https：//www. hainan. gov. cn/hainan/tjgw/202206/ebd49d09bb534331863f743594eb0a50. shtml。

B.13

2022年海南康养产业高质量发展报告

杨兹举　罗璠　孙刚*

摘　要： 康养产业是一种综合业态，依据不同标准可以划分出不同类型。海南具备发展康养产业的气候条件、资源禀赋和政策优势，已有的规划路径明晰、目标明确，稳定的客流为发展康养产业提供了良好基础。海南各级政府、各职能部门，应在已有规划的基础上，充分吸收国内外行业发展经验，进一步构建顶层设计，加强政府引导，平衡各区域、各行业产业布局，延伸全行业产业链，在传统康养旅游服务业高质量发展基础上，补齐康养农业、康养制造业的发展短板。同时，也要加大配套基础设施和产业服务投入力度，培育行业发展专门人才，制定严格的行业标准和市场准入制度，充分利用自由贸易港建设的有利契机，推动全域性康养产业发展。

关键词： 养老　康养产业　森林康养　康养服务业

引　言

"康养"一词很早就已经进入大众视野，20世纪90年代，在南京成立的民营养老机构——南京市同源康养院就已经使用"康养"这一概念。21

---

* 杨兹举，教授，硕士生导师，海南师范大学副校长，主要研究方向为中国现当代文学、海南历史文化、社会工作；罗璠，文学博士，海南师范大学文学院教授，博士生导师，主要研究方向为比较文学与文化、自贸港形象；孙刚，历史学博士，海南师范大学文学院副教授，硕士生导师，主要研究方向为文献学与文字学。

世纪以来，随着人们对健康的重视，康养的观念逐渐深入人心。一般认为，康养不仅包括传统意义上的"养老"，也包括能够改善人们身心健康状态的一系列环境、场景以及行为活动。随着行业的发展，人们已经意识到"康养既可以是一种持续性、系统性的行为活动，又可以是诸如休息、疗养、康复等具有短暂性、针对性、单一性的健康和医疗行为"①。康养的行为主体不再局限于老人，"全生命周期"特点越来越突出。"康养产业"是不同行业围绕"康养"所形成的产品开发制造、服务提供等方面的业态总和。根据消费对象、关联业态、市场规模、资源类型和地形状况的不同，又可以划分出不同类型。例如，从年龄阶段划分，可以分为"妇孕婴幼康养（孕婴相关产业）""青少年康养（健身、美体、心理诊疗）""中老年康养（养老、医疗旅游、慢病管理等）"；从精神丰富层面划分，可以分为"养身康养（保健、养生）""养心康养（心理咨询、休闲产品和服务）""养神康养（安神养神产品、宗教旅游、艺术鉴赏）"；从服务对象的活动能力划分，可以分为"健康状态保养（体育、健身）""亚健康状态疗养（养生、中医药保健）""临床状态医养（医疗服务、药械研发制造）"；从关联产业划分，可以分为"康养农业（绿色农业产品、乡村休闲）""康养制造业（药物、食品、装备制造）""康养服务业（健康服务业、养老服务业和养生服务业）"；从资源类型划分，可以分为"森林康养（森林度假、食疗）""气候康养（气候条件及养老、养生产品和服务）""海洋康养（海水和沙滩理疗、运动、度假庄园）""温泉康养（温泉汤浴、度假、庄园）""中医药康养（中医养生、针灸推拿、中医药调理）"等②。

康养不仅涉及现代农业、服务业和制造业等多种行业，还具有投资大、回报周期长等特点。不同区域可以根据自身地理环境特点、文化优势、气候特征、经济规模、资源禀赋等，发挥自身优势，融入不同产业链，提供具有

---

① 何莽主编《康养蓝皮书：中国康养产业发展报告（2017）》，社会科学文献出版社，2017，第 5 页。
② 以上分类根据何莽的《中国康养产业发展现状及趋势分析》（载何莽主编《康养蓝皮书：中国康养产业发展报告（2017）》）相关意见整理。

鲜明特色和个性特点的康养服务和产品。康养产业发展不仅能够补齐基础医疗服务业的短板，而且能够带动全产业链的良性发展，为化解老龄化社会出现的"老有所养、老有所医"问题，提供切实可行的解决路径。

一 海南发展康养产业的政策优势及基础条件

（一）海南发展康养产业的政策优势

随着老龄化问题的凸显、健康中国战略的稳步推进，全民健康已经成为社会的共同目标，国家和各省份纷纷出台一系列政策、文件，为全民健康和老年人健康养老需求提供保障。国家层面，2016年10月，中共中央、国务院印发《"健康中国2030"规划纲要》（以下简称《纲要》）。《纲要》指出，"未来15年，是推进健康中国建设的重要战略机遇期。经济保持中高速增长将为维护人民健康奠定坚实基础，消费结构升级将为发展健康服务创造广阔空间"，同时强调要"健全医疗卫生机构与养老机构合作机制，支持养老机构开展医疗服务。推进中医药与养老融合发展，推动医养结合，为老年人提供治疗期住院、康复期护理、稳定期生活照料、安宁疗护一体化的健康和养老服务"。《纲要》同时指出，预计到2030年，我国健康服务业经济规模将达到16万亿元。2017年8月财政部、民政部、人力资源和社会保障部共同印发《关于运用政府和社会资本合作模式支持养老服务业发展的实施意见》，2019年4月国务院办公厅印发《关于推进养老服务发展的意见》，2019年6月自然资源部印发《关于加强规划和用地保障促进养老服务发展的意见（征求意见稿）》等文件，进一步强化了养老产业的制度建设。习近平总书记在党的十九大报告中明确提出要"医养结合""加快老龄产业发展"，在党的二十大报告中进一步指出要"实施积极应对人口老龄化国家战略，发展养老事业和养老产业，优化孤寡老人服务，推动实现全体老年人享有基本养老服务"，再一次强调发展养老产业，并将其作为应对人口老龄化国家战略的重要举措。2020年6月，中共中央、国务院印发《海南自由贸易港建设总体方案》（以下简称《总体方案》），提出要"推动旅游与文化体育、健康医疗、养老养生等深度融合"。与此同时，康养产业被多地列入"十三五"规划，"森林康养"纳入《林业发展"十三五"规划》，我国还制定出台了《国家康养旅游示范基地标准》等规范性文件。

海南自然条件优越、旅游资源丰富，发展康养产业具有得天独厚的条件，政府和各部门重视发掘自身禀赋，出台了一系列政策规划，为旅游、健康、养老等康养产业发展提供了制度保障。2018年12月，海南省卫生健康委员会、海南省旅游和文化广电体育厅联合印发了《海南省健康医疗旅游实施方案》，明确了海南医疗康养发展的目标、服务项目、空间布局、重点任务和实施路径、保障措施等，为医疗康养发展制定了详细规划。2019年5月，海南省卫生健康委员会、海南省发展和改革委员会联合印发了《海南省康养产业发展规划（2019—2025年）》（以下简称《发展规划》），从而明确了海南发展康养产业的路径、区域布局、特色领域和拟推进的重点工程和重大项目。2022年4月，海南省第八次党代会报告指出，海南自由贸易港建设要"全力做好高端购物、医疗、教育'三篇境外消费回流文章'，打造国际知名度假、康养、购物天堂"，进一步明确发展康养产业的目标。2022年12月，海南省林业局印发了《海南省森林康养产业发展纲要（2023—2030年）》，明确了打造国际森林康养胜地的发展方向，确立了森林保健、森林康复、森林运动、森林文化、森林饮食五个类型的发展布局，制定了康养与旅游、医药、养生、体育健身、健康教育等产业相融合的发展策略。其中，《发展规划》明确了发展思路，阐明了产业布局，确定了康养产业发展的重点领域、重点任务和重点工程，同时强调了康养产业发展保障措施的重要性，制定了近期行动计划。《发展规划》对海南发展康养产业做了顶层设计，指出要在健康养生、康复疗养、医疗保健、旅游观光、现代农业等产业融合发展基础上，使康养产业成为海南健康产业的重要组成部分。"形成以博鳌、海澄文、大三亚为先导，中西部协同发展的东、西、南、北、中五大康养主题片区，气候康养、中医药康养、温泉康养、森林康养和康养旅游五大重点领域取得突破"，同时制定了康养小镇建设、精品康养旅游线路开发、重点企业及协会培育、康养品牌打造、行业标准完善等五项任务，实施康养机构引育、气候康养中心建设、特色康养小镇打造、森林康养产业提升、康养学科建设和人才培养等五大工程。到 2025 年，要建立起体系健全、结构合理、康养主题突出的产业体系，使海南成为国内首屈一指的康养目的地，初步建成亚洲康养中心雏形和全球重要的康养旅游目的地。《发展规划》计划打造 20 个左右特色康养小镇，开发完成至少 3 条康养旅游精品路线，培育至少 5 家龙头康养企业，建立至少 3 个气候康养中心，建成 15 家全国森林康养基地。与此同时，在海南省旅游和文化广电体育厅推动下，成立了国内首家以发展康养旅游产业为目标的行业协会——海南省康养旅游协会。协会和海南大学联合编制的《康养旅游基地服务质量规范》于 2022 年 10 月 8 日被正式批准，现已公布实施。相关政策、规划的出台，明确了海南发展康养的目标定位和发展路径，为海南康养产业的健康有序发展提供了制度保障。

海南具有发展康养产业的独特政策优势，离岛免税政策不仅加速了境外购物游客的回流，也促进了购物旅游的蓬勃发展，保证了游客的数量。独特的税收政策、人才免税政策以及投资便利政策，为境内外养老服务机构落户海南提供了政策遵循，对养老机构以及行业人才都将具有极大吸引力。与此同时，借助独特的国外医疗药械引入政策，海南具备发展医疗旅游的独特优势。《总体方案》明确指出，要支持海南大力引进国外优质医疗资源。总结区域医疗中心建设试点经验，研究支持海南建设区域医疗中心，提升博鳌乐城国际医疗旅游先行区发展水平。海南博鳌乐城国际医疗旅游先行区是经国务院批准设立，被国家赋予九条优惠政策，具备发展国际医疗旅游、康养的独特优势。海南各级医疗管理部门还积极推动异地就医结算政策落地，目前已有 235 家定点医疗机构实现住院费用跨省直接结算，100 家医院同步开通门诊费用跨省直接结算，保证各市县至少有一家定点医疗机构的住院及门诊费用实现跨省直接结算，为患者特别是"候鸟人群"提供了就医便利。独特的政策优势，为海南发展康养产业提供了优良条件，相关政策的制定和落地，有利于海南康养产业全产业链的布局和发展，为海南康养产业的全域发展提供了先决条件。

（二）海南发展康养产业的基础条件

海南属热带海洋性季风气候，自然生态条件优良，热量充足、日照时间长，全省空气质量总体优良，优级天数比例为99.3%，年平均温度22℃~26℃，全年暖热无冬，是著名的避寒养老、度假疗养、购物旅游胜地。海南地表水质总体优良率为90.1%。绝大部分近岸海域处于清洁状态，一、二类海水占97.7%。海洋面积占全国总海域面积2/3以上，海洋药物资源、矿产资源丰富。海岸景观带长达1500公里，沙岸占50%~60%，沙滩宽数百米至1000米不等，坡度较缓，沙质优良。温泉泉质多样、水量丰富、开发潜力巨大，已探明温泉将近40处，主要分布在三亚、海口、儋州、陵水、万宁、琼海、保亭、东方等市县，比较知名的有三亚南田温泉、海口观澜湖温泉、儋州蓝洋温泉、万宁兴隆温泉、琼海官塘温泉、保亭七仙岭温泉6处医疗热矿泉。海南森林总面积达3296.44万亩，森林覆盖率达62.1%，森林蓄积量达1.61亿立方米。热带雨林面积近1000万亩，拥有全国唯一的热带雨林国家公园，公园区划总面积为640.35万亩，涉及五指山、琼中、白沙、保亭、乐东、东方、昌江、陵水、万宁9个市县。还拥有国家级森林公园9个，其中8个主要森林景区的空气负离子浓度在4130个/厘米^3~11630个/厘米^3，均超过世界卫生组织规定的清新空气中负氧离子浓度应大于1500个/厘米^3，对人体健康极为有利。森林植被类型复杂，野生动植物十分丰富，生物多样性显著，素有"热带植物大观园""生物物种基因库"等美誉。黎医黎药是我国民族医学的重要组成部分，海南南药黎药资源丰富多样，素有"天然药库"之称，可入药的植物有2462种，药典收载的有500种，南药有30多种，其中以槟榔、益智、砂仁、巴戟天这四大南药最为著名。海南民族特色鲜明，黎族与苗族文化是海南本土文化的代表，"三月三"、黎家婚俗等传统节庆活动，习俗、美食独具特色，黎锦、陶瓷、印染等民间工艺蜚声海外。

　　海南独特的气候条件、自然资源、植被资源、医药资源和民族风情，是其发展森林康养、海洋康养、气候康养、温泉康养、中医药康养等资源类型康养的先决条件。2022年，全年接待游客6003.98万人次，实现旅游收入1054.76亿元，收入较2020年提高20.8%，游客数量及结构较为稳定，为海南康养产业的发展提供了充足的客流保障（见表1）。

表1　2022年海南省旅游产业发展统计

接待游客数量（万人次）		
国内过夜游客	4262.88	
入境过夜游客	外国人　　11.29	
	香港同胞　2.31	15.22
	澳门同胞　0.42	
	台湾同胞　1.20	
一日游游客	1725.88	
总计	6003.98	
旅游收入		
国内旅游收入（亿元）	1050.52	
国际旅游（外汇）收入（万美元）	6314.02	
旅游收入总计（亿元）	1054.76	

　　数据来源：海南省旅游和文化广电体育厅网站，http://lwt.hainan.gov.cn/。

二　国内外康养产业的发展路径

（一）国外康养产业的发展路径

　　康养产业已经成为全球经济发展的重要组成部分，美国、德国、法国等欧美国家以及日本、韩国、泰国等亚洲国家，已经在康养产业发展方面积累了比较丰富的经验。

1.欧美地区康养产业的发展

　　现代康养产业兴起于欧美地区。为了应对工业革命带来的一系列环境问题、气候问题，海滨森林疗养、农场休闲等许多康养服务项目迅速兴起。19世纪40年代，世界上第一个森林康养基地在德国巴特·威利斯赫恩镇成立。森林康养产业促进了当地经济发展，森林康养与餐饮、住宿、交通等产业相融合，也催生了康养导游、康养理疗师等职业。德国政府还制定了一系列政策鼓励康养产业的发展，规定"森林向全民开放"，公民到森林公园的费用列入国家公费医疗范围。德国康养产业集群效果显著，也使康养的从业人员更加专业化。德国西南部的黑森林康养基地独具特色，不仅拥有森林、湖泊、温泉、葡萄酒农庄、水疗、乡村民宿等康养内容，还提供远足、越野行走、山地骑行、骑马等康养项目，为游客提供了绝佳的康养体验。法国康养旅游以庄园康养为特色，借助酿酒文化体验来吸引各地游客。瑞士小镇蒙特勒被誉为"世界医疗养生之都"，借助地中海气候、温泉等资源，凭借抗衰老羊胎素、活化细胞免疫等世界先进医疗技术，成为世界著名医疗康养胜地。匈牙利依托自己卓越的牙科诊疗技术优势，发展形成"牙齿观光产业"，吸引了大量外国游客。

美国的康养产业已经高度产业化、市场化，康养产业内容丰富、形式多样，甚至将康养产业称为全球"财富第五波"。以房屋租金、"倒按揭"方式为内容的以房养老和养老商业保险，解决了养老资金的来源问题。居家养老可以享受运输、家政、膳食等方面的便捷服务，集中养老社区门类成熟多样，提供医疗、休闲、教育等方面的配套设施和服务。太阳城是著名的退休老人康养社区，是CCRC（持续照料退休社区）模式的代表。借助优越气候条件、充足阳光，配备设施完善的综合性医院、专科医疗诊所、疗养院、高尔夫球场等各类娱乐设施为老年人退休生活提供了良好的居住、养老环境。美国还借助科技优势，着力发展智慧康养设备和产业。通过智能康养技术平台，居家养老的老人能够享受到生活辅助、健康管理和医疗护理服务。

2. 亚洲地区康养产业的发展

在德国森林康养模式影响下，日本早在20世纪80年代初就提出"森林浴"的概念，主要是依托优质森林生态环境对人的感官进行刺激，从而达到疗养目的。日本森林康养产业主要包括森林运动休闲、观光、食疗等形式。为了发展森林康养产业，日本政府通过加大财政投资力度等手段，加大了森林覆盖区域的村镇、民宿、步道等基础配套设施建设力度。通过"森林疗法协会"和"森林医学研究会"等团体，建立了严格的康养产业准入制度。为森林康养项目注册了商标，同时对步道坡度、宽度、住宿设施等硬件条件制定了统一行业标准。与此同时，日本还积极培育打造温泉康养产业，制定实施的《温泉法》使日本温泉资源的开发和管理更加规范。此外，泰国的美体养生产业、韩国的医疗康养产业都已发展成为全球知名的医疗、养生康养产业。泰国凭借自身的独特自然资源和世界闻名的泰式按摩水疗护理等特色服务，使游客实现身、心一体养护。韩国的康养产业在注重发展森林康养、整形美容医疗康养的同时，在康养机构运营模式上也有自己的特点。韩国政府主导的康养机构多采取公办民营的管理运营模式，政府负责选址、建造基础设施，财团或社会团体负责管理，政府定期向中标企业收取一定数额的租赁费用。

（二）国内康养产业的发展路径

1. 四川攀枝花康养产业的发展经验

在全国范围内，攀枝花率先制定了支持康养产业发展的战略规划，确立了依靠阳光资源、绿色果蔬资源、气候资源等发展经济的产业布局。2012年制定了"阳光康养产业"规划，启动了《中国阳光康养旅游城市发展规划》编制工作。2016年，攀枝花联合攀枝花学院创办了国内首家康养产业人才培养专门院校——攀枝花国际康养学院，制定并发布了《攀枝花康养产业人才中长期规划（2016—2025）》。2017年攀枝花在全国首先发布了康养产业地方标准《攀枝花市康养产业基础术语》，并制定发布了《攀枝花市康养产业发展规划》等相关政策文件。正是由于攀枝花市政府具有长远性、发展性的战略目光，对康养产业发展制定了科学合理、长远而立体的规划，加之对康养市场需求的敏锐洞察力，从而使攀枝花康养产业实现快速发展。攀枝花制定了"康养+农业""康养+医疗""康养+养老""康养+旅游""康养+体育"五个领域发展战略，将资本与相关技术深度结合，形成了综合性的产业融合体。2021年，攀枝花康养产业增加值为144.7亿元，占全市地区生产总值的比重为 12.8%。预计到 2025 年，攀枝花康养产业增加值将突破 500 亿元。

2. 河北秦皇岛康养产业发展经验

秦皇岛着力打造中国康养名城名片，以北戴河生命健康产业创新示范区建设为核心，基于优越的地理位置、气候条件，重点打造康养产业全产业链。北戴河区成立了由区委主要领导组成的康养产业工作专班，制定了"一六五五"行动方案，即坚持以项目建设作为康养产业发展核心；建立完善基础设施、供应链条、联动资源、人才供给、支持政策、营商服务等六项康养产业配套体系；建设康养行业会议会展、国家级康养旅游、国家级中医药健康养生、康养"政—产—学—研—用"、北戴河生命健康产业创新示范区成果展示五大基地，形成市场主体贡献、投资贡献、税收贡献、人才贡献、消费贡献等五项康养产业发展红利。秦皇岛大力促进产业融合，聚焦医疗服务、健康旅游、健康养老、体育健身，重点扶植生物医药、医疗器械、康复辅助器具、健康食品等四大支柱产业，积极打造中药材种植、葡萄种植等健康农业产业，培育健康大数据、健康管理、健康金融新业态。秦皇岛紧紧抓住培疗机构转改契机，充分利用 13 条国家支持政策，推动应急管理部北戴河康复院、河北省康复医院等 74 家培疗机构转型发展健康养老产业，推进中康养、省旅投、天津国兴等高端康养项目。秦皇岛充分鼓励私人投资、激发市场活力，增加服务信息透明度，简化项目行政审批手续，开通康复护理、老年病紧缺医疗机构绿色通道，加大对非公立营业医院的支持力度，与中山大学、燕山大学合作加快康养人才培养。2021 年，秦皇岛康养产业增加值达 180 亿元，占全市地区生产总值的比重为 10% 左右。预计到 2023 年底，康养产业增加值占地区生产总值的比重超过 10%；到 2027 年底，康养产业集群初步形成，预计实现康养产业增加值 400 亿元左右。

三 海南康养产业的发展现状及存在的问题

（一）海南康养产业的发展现状

国家和海南已出台相关规划，加强了对海南康养产业发展的政策引导，整合了相关资源，明确了发展路径，为海南康养产业的发展奠定了坚实基础。

1. 博鳌乐城国际医疗旅游先行区医疗康养产业发展

海南博鳌乐城国际医疗旅游先行区（以下简称"先行区"）是2013年2月经国务院批准设立的国际化医疗技术服务产业聚集区。国家赋予先行区九条优惠政策，可以试点开展特许药械、医美整形等国际医疗旅游业务，积极引进国际国内高端医疗旅游服务、国际前沿医药科技成果。2019年9月，国家发展和改革委员会、国家卫生健康委员会等四部门联合发布《关于支持建设博鳌乐城国际医疗旅游先行区的实施方案》，将先行区定位为既是海南自由贸易港建设的先行区，也是海南医疗康养产业发展的先行区。先行区充分利用特许药械核心政策，已经成为国际创新药械引入我国的快速通道，目前准许引入的特许药械产品数量已经由2019年的14种上升到2022年的310余种，提前三年实现药械与国际先进水平同步的目标。目前先行区已有25家医疗机构开业运营，初步形成了"公立+民营+国际"的产业结构。公立医院方面，上海交通大学医学院附属瑞金医院海南医院（博鳌研究型医院）已正式运营，为加快建设国家区域医疗中心、实现"大病不出国"做出了实质贡献。由海南省发展控股有限公司投资建设、四川华西医院医疗团队负责运营的华西乐城医院计划于2023年第二季度开业，海南医学院第一附属医院乐城医院也已经实现公立医院特许经营合作。先行区积极支持民营医院发展，已引进树兰医院、彼爱疼痛、爱尔眼科、华韩整形等一批优质的品牌化、连锁化社会办医资源，通过提供高端医疗服务，满足人民群众不同层次的健康需求。博鳌一龄生命养护中心，下设9中心、1医院，引进国际先进检测仪器设备，针对特定用户开展新型医疗技术、康复理疗、美容医疗、医疗旅游度假等业务，进行全生命周期的养护，行业美誉度不断提升，年均产值接近4亿元。

先行区同时加快国际医疗合作，通过引进新加坡莱佛士医疗集团、韩国JK整形外科医院、日本永远幸医疗集团及日本佳能体检中心等加速出国就医人群的健康消费回流。为了减轻医患用药经济负担，先行区联合多家国内外商业保险机构，创立了"医保+商保"机制，探索多层次医疗保障服务体系，消费者以几十元的普惠价格就可获得 100 万元特药费用保障，2022 年累计投保人数达 2114.45 万人，为民众享受高质量医疗服务提供了可行的支付手段。相关政策的有效实施，加速了先行区医疗康养产业的发展，2021 年、2022 年，先行区医疗机构接待医疗康养人次分别达到 12.73 万、18.90 万，年均增长率分别为 90.6%、48.5%；医疗机构营业收入年均增长率分别为 83.7%、35.4%；使用特许药械患者分别为 9963 人次、17853 人次，年均增长率速度分别为 483.3%、79.2%。

按照相关规划，海南医疗康养产业未来将充分利用海南"长寿之乡"的良好口碑、"天然药库"的资源条件以及"先行先试"的优势政策，大力发展现代科技与传统中医药相结合的国际医疗康养产品和服务。依托海口、三亚中医健康旅游示范基地建设，瞄准国际市场打造以特色体检、健康医疗服务、特需医疗等为特色的产业链，打造集医疗、休闲、疗养于一体的康养品牌。

2. 五指山等地森林气候康养产业发展

森林康养是利用森林生态环境，通过生态气候资源与养生相结合，以达到保健疗养目的的休闲服务活动。海南森林资源丰富，全省森林总面积达 3296.44 万亩。其中，天然林面积为 925.36 万亩，占森林总面积的比重为 28.07%，主要分布在琼中、乐东、白沙、三亚、五指山等 5 个市县；人工林面积为 2371.08 万亩，占森林总面积的比重为 71.93%，主要分布在儋州、琼中、琼海、澄迈、文昌等 5 个市县。海南是全国热带森林面积最大、热带雨林资源最丰富的省份，自然禀赋十分优越，具备发展森林康养产业的业态基础。截至 2022 年 12 月，海南森林公园和生态旅游单位合计拥有森林旅游步道长度为 173.83 公里，床位数为 4326 张，餐位数为 11834 个，职工和导游人数分别为 4912 人和 357 人，社会从业人员数为 1304 人。2021 年，全年共接待国内外游客 688.9 万人次，森林康养旅游产业总收入已经超过 7 亿元。

海南森林康养产业发展已经初具规模。2020 年，国家林业和草原局等部门联合公布了第一批国家森林康养基地名单，海南共有乐东永涛花梨谷森林康养基地、南岛森林康养基地、仁帝山雨林康养基地、霸王岭森林康养基地等4家基地入围。其中，仁帝山雨林康养基地位于海南生态核心区五指山，五指山海拔1867米，是海南的最高点，年降水量1887毫米，年均日照时数1897小时，素有翡翠山城、天然氧吧等美誉。五指山市的森林覆盖率高达90%，是全省森林覆盖率最高的市县，同时热带雨林国家公园占五指山市域面积的2/3。近年来，五指山持续加大森林步道等配套设施建设，出台一系列政策鼓励森林康养旅游项目发展，积极谋划雨林特色康养产品，注重医养结合，着力打造"养老+养病+养生"的森林气候康养产业，做足气候康养和林下经济大文章。2022年11月，五指山市政府发布《五指山市气候康养产业发展白皮书》，进一步谋划了五指山未来气候康养产业的发展方向与布局，努力将其建成国际四季康养胜地。

海南现有全国森林康养基地试点建设单位25处，主要分布在三亚、五指山、昌江、乐东、保亭、琼中等市县。根据《关于促进海南森林康养产业发展的指导意见》中的规划，到2025年海南将按照森林保健型、森林康复型、森林运动型、森林文化型、森林饮食型等5个类型重点建设27家基地（见表2）。

表2　2022年海南省森林康养基地建设统计

市县	基地名称	类型
三亚	亚龙湾热带森林旅游区森林康养基地	森林保健型
	南岛森林康养基地	森林康复型
	海南省三亚天使·净心谷国家森林康养基地	森林康复型
	凤凰谷森林康养基地	森林保健型
儋州	海南莲花山生态文化景区森林康养基地	森林文化型
	儋州兰洋大皇岭共享农庄森林康养基地	森林饮食型
	嘉禾现代农业观光园森林康养基地	森林饮食型
五指山	仁帝山雨林康养基地	森林康复型
	红峡谷森林康养基地	森林康复型
	五指山红明森林康养基地	森林康复型
陵水	吊罗山森林康养基地	森林运动型

续表

市县	名称	类型
琼中	海南省琼中百花岭雨林森林康养基地	森林保健型
	琼中热带花果南药园森林康养基地	森林饮食型
	海南琼中黎母山森林康养基地项目	森林保健型
保亭	毛瑞森林康养基地	森林保健型
	保亭呀诺达雨林国家森林康养基地	森林保健型
	海南省保亭县神玉岛森林康养基地	森林文化型
	药溪谷森林康养基地	森林文化型
	茶溪谷森林康养基地	森林保健型
	海南仙安石林国家地质公园森林康养基地	森林保健型
乐东	乐东永涛花梨谷森林康养基地	森林文化型
	海南尖峰岭森林康养基地	森林保健型
屯昌	海南省屯昌·宝树谷森林康养基地	森林文化型
昌江	霸王岭森林康养基地	森林保健型
	昌江黎族自治县燕窝山森林康养	森林运动型
	昌江黎族自治县七叉镇森林康养基地	森林运动型
白沙	南高岭森林康养基地	森林运动型

数据来源：《海南省森林康养产业发展纲要（2023—2030年）》。

海南森林康养产业集群效应正在形成，各具特色的康养基地依托各地森林康养资源和旅游目的地，融合森林康养与旅游观光、休闲度假，发展森林浴、日光浴、温泉疗养等康养产品，积极参加各类旅游节庆、展会等活动，不断提升森林康养的影响力。把森林康养产业与全域旅游、健康旅游、药品开发、林业产品深加工相结合，将森林康养纳入康养全产业链之中。

3. 屯城镇卫生院、琼海长养乐园"医养结合"产业发展

长期以来，乡村基层养老产业的发展主要依托公立普惠式养老院等机构，形式较为单一，医疗保障等配套服务相对滞后。与此同时，很多基层乡村卫生院也存在财政困难、医护人才流失严重等问题，基层医疗保障工作面临巨大挑战。在这一背景下，海南屯昌县屯城镇卫生院建立的基层"医养结合"模式，为基层康养产业的转型与发展提供了宝贵经验。屯城镇卫生院与广青农场医院两家医院相距约4公里，服务半径约13公里，服务人口

约2万人。整合前，医院运行困难，效益欠佳，医院面临的负债较多，病员较少，医务用房陈旧，医院病房基础设施老化，已达到危房级别。职工组织纪律观念淡化，人才流失严重，缺少康复、中医、营养师等专业技术人才。2019年11月，在县卫生健康委员会推动下，屯城镇卫生院与广青农场医院整合，更名为屯昌县屯城镇屯城卫生院。整合以后，卫生院开始实施以"医养+康复+护理+照料"相结合的公益医疗机构战略，开拓创新，积极发挥基层乡镇卫生院整体功能，推行"医疗+养老"的新型医疗服务模式，着力打造医养结合的乡镇卫生院。卫生院试点设置医疗区和疗养区，医疗区主要为住院患者提供更优质、更便捷的医疗服务，疗养区主要为老年人提供康复训练、日常活动、日常饮食、生活养老服务，为不能自理、半自理患者制定护理服务计划，进行专项陪护，以优质医疗服务吸引社会养老人群。2022年，该院全年门诊急诊接诊量达到55132人次，同比增长了222.76%；收治住院治疗老年人875人次，其中接受康养老年人为116人次，同比增长31.77%；住院收入为597.97万元，康养收入为18.71万元，同比增长34.80%。2022年全年医疗收入为756.03万元，同比增长90.37%；2022年床位使用率为47.43%，同比增长13.84%。整合前广青农场医院职工年平均收入为34317.43元，月平均收入为2859.97元。整合后广青农场医院职工年平均收入为67933.34元，月平均收入为5661.11元。改革效果显著，初步破解了乡村基层"养老院不能医、医院不能养"难题。截至2022年底，海南共有乡镇卫生院274个、床位8327张、卫生技术从业人员10993人、执业医师4083人、注册护士4316人、药师691人、技师575人，试点并推行乡村基层"医疗+养老"的新型医疗服务模式具备人才硬件基础和广阔发展前景。

琼海长养乐园位于琼海市嘉积镇境内，该机构属于"公建民营"性质的民办非企业单位。该机构同样积极探索"医养结合"养老模式，内设一级综合医院琼海长养康宁医院。自2020年12月开诊以来，对入住琼海长养乐园的近百位老人进行健康体检，体检项目包括内外科常规检查、血尿常规、血液生化化验检查、重要脏器B超、彩色经颅多普勒、DR胸片等系列检查，并为入住老人建立健康档案，实施电子化病案管理，同时聘请国内专家进行远程会诊。目前医院已经具备诊治老年性精神异常、老年性营养不良、轻中度贫血、低蛋白血症、阿尔茨海默病、帕金森病、各种慢病等多种老年性疾病的能力。目前该院拥有床位150余张，由于其民营非企业性质，其收费综合当地消费水平，既保证了居住环境和高质量的医疗服务，同时也要求其稳定在低利润运营状态，以便使更多入住老人享受到康养资源。

屯城镇卫生院、琼海长养乐园代表了基层不同的康养运营模式，现有管理经验和运行方式有利于发挥基础医疗机构的医疗服务效能，有助于基层康养产业提质增效，值得进一步推广。

（二）海南康养产业存在的问题

海南康养产业在借助得天独厚的自然环境、优良禀赋形成规模性效益的同时，也存在一些阻碍康养产业良性发展的不利因素。如部分康养项目在发展过程中存在违规圈地等房地产化倾向，康养产业标准不够完善，康养特色不够鲜明，同质化低水平重复建设问题突出，从业人员数量质量难以适应市场需求等。与此同时，一些制度性不利因素的存在也制约着康养产业的发展。

1. 康养产业布局不够均衡，行业发展需要更强有力的推动

《发展规划》明确指出，在健康产业"一核两极三区"格局下，构建以博鳌、海澄文、大三亚为先导，中西部协同的五大片区康养产业发展格局，即东部以博鳌为中心的医疗康养高地，北部以海口为中心的运动康养文化区，南部以三亚为中心的中医药养生旅游区，中部以五指山为中心的森林医药康养区和西部以儋州为中心的生态康养生活区。从目前发展实际情况来看，各功能区发展并不均衡。北部以海口为中心的运动康养业态发展并不明显，西部儋州生态康养生活区推进缓慢。康养产业在发展上要构建医养融合的发展模式，完善高质量的医疗资源建设是康养产业能够发展的最重要内核。从目前的产业布局来看，五指山、保亭等地重点发展森林康养产业，但

由于相应配套医疗资源的缺失，民营资本更多偏好发展酒店式旅游康养，离真正意义上的森林康养还颇有距离。与之相反，以博鳌为中心的医疗康养高地已建成和规划在建医疗服务体有 50 余家，医疗资源充盈，但康养配套餐饮、酒店、娱乐休闲等设施不够完善，医疗康养产业发展医疗有余、康养不足的问题较为突出。

从行业发展主导者的角度来看，旅游康养、医疗康养、森林康养等不同形式的康养产业分别涉及不同的政府主体。相关部门由于政策原因，各司其职，各自制定规划，从而出现"人人有责又难履责，人人谋划又难规划"的现象。究其原因，在于行业发展缺乏更强有力的推动，行政决策存在壁垒，造成了权责有限与产业融合之间的矛盾。

2. 康养产业链分工不够明确，需要政府有效引导

从关联产业来看，康养农业所涉及的农产品和农业观光等项目，主要满足消费者绿色健康农产品和乡村体验的需要。康养制造业涉及食品药品加工，医疗器械、辅助仪器设备制造，智能穿戴产品研发等内容。康养服务业涵盖医疗卫生、美容美体、旅游产品和服务等更为广泛的内容。三者互为依托，从而构成了完整的康养产业链。从海南康养产业发展现状来看，康养农业发展特色不够鲜明，缺少明确规划，乡村旅游、共享农庄、水果采摘、农家乐等形式的康养旅游产品市场供应不足。食品药品加工，医疗器械、辅助仪器设备制造等行业工业基础薄弱，制造业专门人才匮乏，产学研转化能力不足。各级政府未能对康养产业链长周期布局进行有效引导，致使产业分布过于集中在康养服务业中的旅游、酒店、餐饮等业态，从而既造成康养农业、康养制造业和康养服务业上、中、下游产业链不协调，也导致康养服务业内部不够均衡。

3. 居家、社区康养配套保障服务尚不完备，需要政府加大基础投入力度

康养产业虽然涉及全生命周期，但与养老相关的传统养老产业、医疗旅游、慢病管理、健康检测、营养膳食、老年文化等相关产品及服务始终是康养产业的重要内容。随着老龄化社会的到来，养老事业发展已经成为国家重要发展战略。从目前发展状况来看，普惠性托管养老以及民营养老机构只是

整个养老业态的一小部分，更多的老年人选择居家或社区养老。普惠性托管养老、民营养老机构的养老行业制度建设已经逐渐成熟，行业规范逐渐确立，政府监管和服务能够有效覆盖。与之相比，居家康养、社区康养配套服务还不够完善，甚至还是"真空地带"。随着空巢老人增多以及子女忙于工作等，很难做到全周期陪护，上门医疗服务、生活照护等服务的需求愈加迫切。相关的服务行业标准、从业人员资格准入等制度亟须有效建立，家庭病床尚未纳入医保报销范围，社区、乡镇医院等基础医疗设施建设不足等问题亟须得到有效解决。

四 海南康养产业发展的对策与预测预警

（一）海南康养产业发展的对策

1.建立健全康养产业发展管理机制，促进康养产业均衡良性发展

海南康养产业发展既要目标高远、具有国际视野，努力打造成国际知名度假、康养、购物中心和国际康养示范区，也要脚踏实地、立足现实，走体系化、规模化、产业化发展道路。海南省委、省政府要坚定发展康养产业的信心，成立由省主要领导牵头的工作专班，建立健全长效管理机制，组织协调各部门合理调配资源，理顺思路，做好康养产业发展顶层设计；同时要均衡各区域产业布局，尤其注重强化西部康养产业布局和发展；进一步强化儋州生态康养生活区建设，积极引导海花岛康养产业布局，利用海花岛已有的餐饮娱乐、温泉理疗等服务资源，完善配套服务，补齐医疗资源短板，积极打造具有中国特色的高端养老社区，加快建设环新英湾区域康养产业带；促进海口康养产业提质增速，着重推进南渡江沿岸康养产业布局；加强博鳌乐城配套服务建设，努力推动中部五指山等地森林康养产业规划落地，加快医疗资源配套建设步伐。

2.加强康养产业长产业链建设，积极引导国有企业加入康养产业

海南康养产业发展要尽力扭转只见旅游不见康养的局面，结合乡村振兴战略，补足康养农业发展短板，探索海口、三亚周边农业观光、休闲渔业、鲜果采摘等产业发展路径，制定详细规划加快康养制造业发展；努力借鉴国外康养产业发展模式，积极探索以政府为主导、以市场为主体、资本有序参与的良性发展模式；着重引导国有企业参与康养产业发展，通过加大基础设施、医疗资源投入力度，积极构建适应不同群体、不同需求的康养产业格局，打造多层次养老市场，做到普惠性与中高端康养协调发展。

3.加快康养服务业及配套发展，推动全域性康养产业落地

康养产业发展，医养结合是核心，基础医疗服务、公共健身、老年教育、体育娱乐、健康文化等相应配套要继续完善，促进旅游、文化体育、健康医疗、养老养生等深度融合，不断夯实经济基础，增强产业竞争力；同时，利用5G和"互联网+"技术加快实现医养产业服务智慧化、数字化发展；制定强制性行业规范，建立从业人员资格准入制度，积极探索现有民居、民宿向康养公寓过渡转型的发展路径；结合乡村振兴战略，先行先试全力打造若干"康养小镇""康养村落"，为发展全域性康养经济积累经验。

（二）海南康养产业发展的预测预警

1.海南康养产业发展的预测

海南具备康养产业发展的各种必备条件，在康养产业发展中具有不可替代的区位优势。长期以来，海南以旅游产业为主导，形成了独特的支柱产业。旅游业的发展在促进消费，带动房地产、餐饮、酒店、医疗、景区、交通消费的同时，对海南普通居民收入水平的提高、生活质量的提升并未产生良性影响。旅游产业带来的高物价在某种程度上增加了本地居民的生活成本，人民群众的获得感不强。康养产业的融合发展，将在基础设施、医疗卫生、生命全周期养护等配套服务方面重点布局，全产业链发展将提供大量就业岗位，同时也将促进海南基础医疗产业换代、升级，全面提升全岛医疗水平。高端康养产业营收可以通过政策手段反哺中低端康养产业和普惠性养老产业，从而减轻政府负担，促进产业有序发展，也将增强人民群众的幸福感和获得感。

海南康养产业的发展，预期良好，前景广阔，康养产业与金融、教育、旅游、地产、卫生等其他产业融合发展，将重塑产业发展能力，是海南经济发展产业升级的重要机遇。

2. 海南康养产业发展的预警

海南康养产业的发展，除了加强制度建设，还要积极健全相关法律法规，建立"黑名单"制度，加大对不合规场所和机构的打击力度；要营造良好营商环境，既要"引进来"，又要"留得住"；要加快推进民生保障制度建设，平抑物价，营造舒心愉悦的康养环境；要积极突破康养产业、康养经济发展中的瓶颈，重视康养人才培养，做到精细化、平台化发展；要建立完善的各业态监控体系，全面掌控、合理调节，防止产业间过冷或过热，避免出现变相房地产化；要建立预警机制，完善纠错机制和干预机制，设立产业发展基金、完善康养产业保险制度，借助自由贸易港建设的有利政策条件，举全省之力，发展好海南省康养产业。

参考文献

陈才、赵广孺：《海南森林康养基地发展困境与对策研究》，《养生大世界》2020 年第 10 期。

孟祥林：《康养产业发展之路：经典模式、国外经验与对策选择》，《郑州师范教育》2022 年第 4 期。

柯杰等：《新时期海南康养专业建设问题、方向与路径研究》，《卫生职业教育》2023 年第 8 期。

何莽主编《康养蓝皮书：中国康养产业发展报告（2021）》，社会科学文献出版社，2021。

苗雨婷：《世界康养旅游的发展历程及经验启示》，《西部旅游》2022 年第 22 期。

B.14
2022年国家南繁硅谷高质量发展报告

陈冠铭　孙继华　周文豪*

摘　要: 高质量建设国家南繁硅谷是深入贯彻落实习近平总书记重要讲话精神的重大工程。海南以只争朝夕的毅力、十年磨一剑的定力和勇于创新的魄力,全力加速南繁硅谷的规划与建设,各项正向指标高速提升,加速孕育系列新嬗变。海南充分发挥国家战略导向作用、快速推进政策落地、全力优化营商环境、大力推进教科文卫事业、兴建交通与安居房,为南繁硅谷高质量发展创造了良好的、有引力的外部条件。以中央管理的新型科研事业机构崖州湾实验室为代表的国之重器挂牌落地,以中国种子集团为代表的头部企业搬迁落户,海南种子创新研究院等7个重大平台项目建成投入使用,国际玉米技术创新与成果转化中心等15个重大平台项目全力建设,夯实了南繁硅谷高质量发展的内生动力。通过分析南繁硅谷运行情况和同类园区案例,发现南繁硅谷在规划建设过程中也面临一些诸如政策培育、区域融合、开放态势、就业拉动等关键问题,本文在产业结构、园区功能、治理服务、园区建设、产业发展等方面进行了预测,在优势培育、产研融合、协同治理等方面进行了预警,在政策层面、规划层面、产业层面和治理层面提出了一系列的对策与建议。

---

* 陈冠铭,海南大学南繁学院(三亚南繁研究院)三级研究员,南繁科技文化与战略研究创新团队领衔人,南繁种质资源创制与诱变育种创新团队骨干,全国创新争先奖获得者;孙继华,海南省社会科学院自由贸易港研究所所长、二级研究员;周文豪,海南省南繁管理局办公室副主任、农艺师,全国南繁工作先进个人。

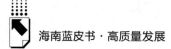

关键词： 南繁硅谷　高质量发展　崖州湾实验室　种业　海南

习近平总书记视察海南时，曾三次强调南繁是国家宝贵的农业科研平台，一定要建成集科研、生产、销售、科技交流、成果转化于一体的服务全国的南繁硅谷。建设国家南繁硅谷已上升为国家战略。海南深入贯彻落实习近平总书记重要讲话和重要指示批示精神，打造海南自由贸易港科技创新高地的核心战略支点，布局"一体两翼"①和"一城两地三园"②，全力加速规划建设国家南繁硅谷。国家南繁硅谷自 2019 年正式启动建设以来，得到了国家顶层指引与全力支持。经过 4 年的规划与建设，为海南高质量建设自由贸易港积累了经验，同时与国内同类园区相比，既有特色也有差距。

一　政策分析

（一）以制为先，高起点构建南繁硅谷的管理体系

1. 搭好扁平化组织，实现高效运转

南繁硅谷在规划建设、运营管理上建立了较为通畅的科层制，实现了政策的快速制定与双向传导。在国家部委层面，成立了"国家南繁工作领导小组"，协调全国南繁科研育种工作。在省级层面，成立了由省长任组长的"南繁科技城建设省级推进领导小组"、由省委常委三亚市委书记任组长的"南繁科技城建设落地工作专班"、由分管副省长任组长的"海南省南繁工作领导小组"。

---

① 一体两翼，"一体"是指以南繁科技城为中心，涵盖三亚国家南繁科研育种保护区；"两翼"是指以乐东抱孔洋和陵水安马洋配套服务区为主体，涵盖陵水和乐东国家南繁科研育种保护区。

② 一城两地三园，指南繁科技城，国家南繁科研育种基地、全球动植物种质资源引进中转基地，以及作物、畜禽、水产种业产业园。

在实操层面，批复设立了机制灵活的法定机构"三亚崖州湾科技城管理局"、具体承接国家南繁工作领导小组日常工作和全国南繁管理服务工作的"海南省南繁管理局"以及县（区）南繁管理局或服务中心。针对具体项目与行动，组建攻坚工作专班，力促资源统筹，现场办公解决问题，确保项目如期完工。发布《海南省南繁登记办法（试行）》《国家南繁生物育种专区试验监管办法（试行）》，支撑国家南繁科研育种基地有效运行。

2.建立协同化制度，导向均衡发展

落实"大三亚"一体化战略部署，以"三统一"①发展思路增强"一体两翼"协调联动。发布《推进南繁"一体两翼"协同发展的实施方案》，建立"一体两翼"协调机制，共同推进"三平台一屏障"②建设，做大"种源+种业+市场"的南繁产业，协调多主体协同推进南繁硅谷高质量发展。

统一模式建设了乐东县抱孔洋南繁服务站、三亚市坡田洋南繁服务站、陵水县安马洋南繁服务站，配备专职的服务引导人员，促进"一体两翼"资源共享、功能互补、共同发展，让南繁机构享受同质的、便捷的优质服务。

（二）以规先行，高水平谋划南繁硅谷的项目蓝图

1.坚持一张蓝图绘到底，锁定前进方向

绘就蓝图，久久为功。通过省部会商，出台或编制了《国家南繁科研育种基地（海南）建设规划（2015—2025年）》《国家热带农业科学中心建设规划（2020—2035年）》《国家南繁硅谷建设规划（2022—2030年）》《南繁科技城暨全球动植物种质资源引进中转基地产业规划》③《全球动植物种质资源引进中转基地生物安全体系规划》《海南自由贸易港促进种业发展若干规定》《海南省支持培育建设崖州湾实验室的保障措施》，提出了《全

---

① 三统一，指统一规划、统一标准、统一政策。
② 三平台一屏障，指功能互补的科研平台、互联互通的成果转化平台、错位发展的交流平台，以及协同合作的农业生物安全屏障。
③ 陈符周、贾彩娟：《坚决打赢种业翻身仗　推动"南繁硅谷"再出发》，《今日海南》2021年第5期。

球生物谷（三亚）项目控制性详细规划》。

这些规定、规划或措施表明了建设国家南繁硅谷的主要模式是政府主导型，该模式依赖于政府自上而下的支持，对于南繁硅谷初创期建设意义重大，指明了南繁事业跨越式发展的新路径；同时也强调了作为生产力基础的产业体系、作为发展主线的供给侧结构性改革和作为高质量发展的长效机制在南繁硅谷建设发展中的关键作用，逐步构建和夯实国家南繁硅谷的"四梁八柱"。

2. 坚持大项目支撑发展，夯实成长底盘

重大平台项目新建数量、质量和规模远超国家"一城多区"①。国家队纷纷落户，实现了创新要素快速汇集，科技创新底盘扎实。集群建设国家耐盐碱水稻技术创新中心、国家耐盐碱水稻技术创新合作平台、中国科学院海南种子创新研究院、热带作物生物育种全国重点实验室、农业农村部基因编辑创新利用重点实验室、国际玉米技术创新与成果转换中心、国家南繁作物表型研究设施、国家精准设计育种中心、国家（三亚）隔检中心等多学科综合性创新平台，打造高能级科技自立自强引擎。2022年9月，国家最高能级战略平台"崖州湾实验室"正式落地三亚崖州湾，实现了海南科技创新跨越式发展，为自贸港科技创新高地建设注入源源不断的顶流资源。

建设国家级非人灵长类种质资源与模型研发中心、国家南繁生物育种专区、三亚南繁众创中心、海南全健康（兽医公共卫生）研究中心、南繁作物成果展示园、三亚种业创新中心、作物多维组学研究平台、三亚崖州湾科技城生物育种专区安全评价实验室、三亚崖州湾科技城离岸科研综合楼、国家野生稻种质资源圃、热带大农业生态系统长期观测研究中心、隆平生物遗传转化实验室和分子生物学实验室等特色科技创新平台，打造更多不同层次和不同来源但相互支撑的高层次人才载体。

---

① "一城多区"创建工程，多区不断扩容，目前为"一城九区"，建有山西晋中国家农业高新技术产业示范区、河南周口国家农业高新技术产业示范区、吉林长春国家农业高新技术产业示范区、黑龙江佳木斯国家农业高新技术产业示范区、蒙古巴彦淖尔国家农业高新技术产业示范区、新疆昌吉国家农业高新技术产业示范区以及本文第二部分中的4个案例。

（三）以人为本，高品质打造南繁硅谷的服务环境

1. 重视治理现代化，升级营商环境

南繁硅谷主体"崖州湾科技城"已从行政管理传统转向公共治理理念，从官僚转向服务，从政务 OA 升级到智慧园区。经三亚市人民代表大会常委会授权设立市场化运作和企业化管理的法定机构——三亚崖州湾科技城管理局，园区的行政管理发生质的变化，执行"城小二+首席服务专员+三级服务专员"制度，出台《三亚崖州湾科技城政务服务事项"秒批"实施方案》，纳入"秒批"审核服务事项 60 个，主动精准地服务企业、服务民众。

科技赋能园区规划建设管理，制定《三亚崖州湾科技城智能化项目管理工作指引（试行）》《三亚崖州湾科技城智能化系统建设标准（试行）》，依托 CIM 平台[①]完善园区智慧管控，数字底座初步建成，已基本建成满足园区运营管理、安全防控、交通服务与园区治理等功能的"人工智能+智慧应用"体系。园区数字孪生项目荣获"2022 智慧城市先锋榜优秀案例"一等奖和"2022 世界智慧城市大奖·中国区"基础设施和建筑大奖入围奖。

2. 重视工作细节化，做精办事指南

出台了一系列方案、规范、指南和细则等实施性文件，落实规划和执行政策。涉外文件《全球动植物种质资源引进中转基地实施方案》《进境农业植物品种隔离检疫与 DUS 测试同步开展试点方案》《进境植物繁殖材料隔离种植场所考核互认工作实施方案》，生物安全文件《国家南繁生物育种专区试验监管办法（试行）》《国家南繁生物育种专区服务指南（试行）》《海南省转基因生物实验和加工规范管理指南（试行）》[②]，南繁基地管理文件《南繁省租用核心区新基地土地流程规范》《南繁核心区新基地土地经营权

---

① CIM（City Information Modeling）平台：设计建筑物、基础设施等三维数字模型，进行城市规划、建设、管理、运行工作的基础性操作平台。

② 何琼妹：《扎实推进南繁硅谷建设 夯实种业振兴行动基石》，《农村工作通讯》2022 年第 16 期。

流转合同书》，产业政策文件《海南自由贸易港农业植物新品种保护指引》《海南自由贸易港农业植物新品种审查协作中心工作手册》《三亚崖州湾科技城产业发展优惠政策实施细则（修订版）》《三亚崖州湾科技城种业 CRO 模式发展实施方案》。

（四）以创为根，高标准构筑南繁硅谷的开放基础

1. 关注知识资本化，引导创新聚集

颁布《海南自由贸易港植物新品种保护管理办法（试行）》。设立崖州湾科技城知识产权特区审判庭，打造我国首个集种业法治研究、宣传教育、纠纷解决等专业功能于一身的综合性"法治服务保障中心"。全国首创种业（南繁）知识产权特区，首构"五合一"综合管理体制①和知识产权快速响应保护机制，设立三亚知识产权保护中心、技术与创新支持中心（TISC）、海南自由贸易港农业植物新品种审查协作中心、国家林草植物新品种崖州测试分中心，并成立三亚崖州湾知识产权海外保护联盟。

创新建设了国家授权植物品种 DNA 指纹库、海南热带特色动植物种质资源 DNA 指纹库，利用 MNP（多核苷酸多态性）等分子技术创建具有唯一性的"种子身份证"。首创育种材料存证与惠益分享平台，完成多家种业主体的 17 种作物品种、共计 273 份种质资源入库鉴定存证工作和 7532 份水稻授权品种信息入库工作，建设数据基础。建设全球动植物种质资源鉴定评价及确权交换中心，完成首单植物新品种权质押融资贷款。

2. 关注产业全球化，培育开放高地

海南从制度层面到硬件层面，打造我国种业对外开放新高地的底盘。面向全球热区和共建"一带一路"国家，协调统筹国家南繁硅谷与全球热带农业中心规划，绘制我国种业"走出去"的新路径。出台《关于支持海南自由贸易港建设放宽市场准入若干特别措施的意见》《海南自由贸易港种子

---

① "五合一"综合管理体制：专利、商标、版权、地理标志、植物新品种"五合一"兼具行政管理和综合执法职能的综合管理体制。

进出口生产经营许可管理办法》，简化了办证准入条件、申请程序等的审批，并将种子进出口许可权限下放海南，将非主要农作物生产经营许可证发放授权给三亚崖州湾科技城管理局。

加快建设高度开放的全球动植物种质资源引进与中转基地，筹建国际互认种子检测 ISTA 实验室和设立农业农村部科技发展中心—崖州湾分子检测实验室（持 CASL 证书①），服务我国种子引进来和走出去，共 8 家涉外种业公司进驻南繁。开创海洋水产种质资源跨省协同跨国引育新路径，走出种质资源引进的新路子。发扬"首单精神"，一是协助中种集团、隆平发展、拜耳、科沃施等公司从国外引进种子开展隔离试种；二是协助上海种业公司实现"特许引种"业务落地。

二　经验借鉴

（一）国家一城多区农业创新工程

1.首都政经优势——北京国家现代农业科技城

北京国家现代农业科技城依托首都的区位优势、科教优势和总部经济优势，高起点、高定位、高标准建设"农业中关村"，以"一城多园"的模式打造"种业之都"，包括建设了通州于家务国际种业科技园、平谷国家畜禽种业产业园、小汤山现代农业科技园等多个特色产业园。其中，于家务国际种业科技园着力打造"两区两中心"②，为吸引企事业单位入驻，采取"点状供地"制度，保障农业科研的私密性和安全性。重视搭建国际种业交流平台，举办一年一度的世界农业科技创新大会。

2.先发示范优势——杨凌国家农业高新技术产业示范区

杨凌国家农业高新技术产业示范区主要面向干旱半干旱地区农业，是

---

① CASL 证书：国家农作物种子质量检验机构资质。

② 两区两中心，指国家战略物种种源安全先行区、国家现代种业产业集群发展示范区、国际生物育种前沿技术创新中心、国际种业创新成果汇聚转化中心。

我国首个举全国之力兴建的农业高新示范区，国家22个部委参与了共建，2020年仅中央部委和省财政就投入资金达26.01亿元。① 国务院多次下发文件支持示范区建设，融合资源组建了我国唯一的部、省、院共建的农林类985高校以及杨凌职业技术学院，夯实了示范科教融汇的基础。在对外开放和国际合作方面，是我国首个农业特色自贸片区和全国唯一农业特色的综合保税区，建设了"一带一路"现代农业国际合作中心，成立了"丝绸之路农业教育科技创新联盟"，打造了国际知名的会展品牌——中国杨凌农业高新科技成果博览会。

3.区域特色优势——黄河三角洲国家农业高新技术产业示范区

黄河三角洲国家农业高新技术产业示范区是区域特色较为鲜明的功能性园区，锚定盐碱地高效生态农业。在整合国营广北农场的基础上，示范区总面积达350平方公里，布局"四个功能分区、四大新兴产业"②。集中力量办大事，山东与科技部省部会商，山东14个省直部门联合建设示范区。获批建设国家重大科技创新平台——国家盐碱地综合利用技术创新中心。

4.产业聚集优势——南京国家农业高新技术产业示范区

2009年12月，江苏瞄准农业生物技术和绿色智慧农业，依托白马镇创建了江苏南京白马现代农业高新技术产业园。十年磨一剑，2019年11月，经国务院批复，南京白马国家农业科技园区正式升格为南京国家农业高新技术产业示范区，示范区总面积达145.86平方公里，规划布局"两核三轴四片"③，构建了"1+3+1"④ 产业发展体系。

---

① 于琦等：《杨凌农业高新技术产业示范区发展历程、经验及启示》，《西北农林科技大学学报》（社会科学版）2022年第6期。

② 四个功能分区：科技创新区、滨海新动能产业区、乡村振兴样板区、海洋生态保护区；四大新兴产业：特色种业、农业智能装备制造业、大健康及功能性食品产业、农业高端服务业。

③ 两核：城乡综合服务核、商务科研服务核；三轴：白朱路生态景观展示轴和贯穿园区的宁杭铁路轴、宁杭公路轴；四片：21.79平方公里的科技研发片、4.07平方公里的产业加工片、11.13平方公里的农业生产示范片、11.8平方公里的生活服务片。

④ 1主导产业"生物农业"，3特色产业"农产品特色加工、农业智能装备制造、农业科技服务业"，1战略产业"未来食品"。

（二）豫湘鄂种业科技创新大平台

1. 资源整合优势——河南中原农谷

河南中原农谷是近年规划面积最大的农业主题园区，规划布局1313平方公里的"一核三区"①，已落地建设我国农业领域首个国家产业创新中心②，并对标国家实验室所新建神农种业实验室。河南从省级层面，跨行政区足额保障种业基础研究用地，确保发展空间充足。

2. 产教聚集优势——湖南岳麓山实验室

2022年7月，湖南基于岳麓山国家大学科技城所奠定的良好科技创新基础，基于隆平高科、华智生物等成长于本土的原生头部企业产业基础，对标国之重器国家实验室创建"岳麓山实验室"。实验室（一期）建成农大农科院片区、隆平片区、林大林科院片区、岳麓山大科城四大片区，创新人才自由流动的体制机制，打造人才高地。

3. 产学研用优势——湖北洪山实验室

2021年2月，湖北围绕"武汉·中国种都"战略，利用中国武汉光谷创建经验，同样对标国家实验室建设"湖北洪山实验室"。湖北洪山实验室由华中农业大学、武汉大学、湖北大学、湖北省农科院、先正达集团中国、中国种子集团、中国科学院水生所与武汉植物园、中国农科院油料所、武汉科前生物、湖北金旭农业、安琪酵母等单位联合发起，并获批建设"国家生物育种产教融合创新平台"。

---

① 一核指342平方公里农科"芯"城，三区指498平方公里的东区"粮油产业经济集聚地"、473平方公里的西区"高新技术转化集成地"、298平方公里的南区"食品加工产业示范区"。

② 国家产业创新中心主要面向集成电路、生物育种等战略性新兴产业，通过整合行业内创新资源、构建高效协作创新体系，强化技术系统集成、中试验证和推广应用能力，服务和支撑关键核心技术攻关。

三 发展现状

（一）成效

1.海纳百川，服务全国有效率

南繁立足海南，服务全国 29 个省（区、市）①。1.787 万公顷的南繁保护区基本建成高标准农田，"一体两翼"科研育种和生产生活设施也达到"拎包入住"标准。自 2019 年正式启动建设国家南繁硅谷以来，南繁科研与服务能力不断提升，南繁检疫对象数量和被巡检南繁机构数量分别增加了 66.6% 和 59.1%，南繁检疫面积和综合巡检面积分别增加了 20.2% 和 1240.0%（见表 1）。2022 年南繁市县服务数量如表 2 所示。

表 1 2019~2021 年南繁服务工作量及增幅

指标	2019 年	2020 年	2021 年	2022 年	增幅（%）
南繁检疫对象数量*（个）	518	623↑	720↑	863↑	66.6
南繁检疫面积（万公顷）	1.813	1.133↑	1.533↑	2.180↑	20.2
南繁种子调运量（万吨）	5.057**	2.787↓	3.182↑	3.874↑	-23.4
南繁综合巡检面积（万公顷）	0.10	0.08↓	0.38↑	1.34↑	1240.0
被巡检南繁机构数量（个）	416	272↑	699↑	662↑	59.1

* 检疫对象包含课题组。

** 2019 年海南种子加工能力不足，缺少烘干和精选设备，以粗加工的种子出岛。2020 年之后，种子加工能力增强，进行了有效去杂。

数据来源：海南省南繁管理局提供。

表 2 2022 年南繁市县服务数量

指标	三亚	陵水	乐东	东方	昌江	临高
南繁省份的服务数量（个）	29	17	28	10	7	7
南繁单位的服务数量（个）	663	151	343	39	21	20

数据来源：海南省南繁管理局及市县南繁主管部门提供。

---

① 暂不涉及西藏自治区、宁夏回族自治区及港澳台地区。

南繁服务工作日趋标准化、规范化，编印《南繁服务清单》，推进"一窗受理、集成服务"新模式，涉及登记、植物检疫、转基因监管、有害生物防控、生物专区准入等南繁服务事项。落实种业安全制度，设立"国家南繁基地植物检疫联合巡察办公室"，创立"全国联巡联检、轮流值守、直派驻守"南繁生物安全监管模式。开发并上线试运行南繁硅谷云 App，方便南繁单位与人员进行南繁登记与交流。

2. 筑链接网，协同发展有起色

一是在岛内实施"一体两翼"协同发展，对标国家高新示范区筑牢南繁硅谷核心，制定南繁种业全产业链培育行动方案，致力于打造国家优势特色产业集群。二是在国内构建"南繁北育"体系，建立与各南繁省份的合作关系，做好服务全国的工作，如中原农谷提出了将神农种业实验室打造成为崖州湾实验基地的设想；举办中国种子大会暨南繁硅谷论坛、中国（陵水）南繁论坛、中国（海南）国际西甜瓜产业发展大会等大型会议会展活动，促进行业的交流与合作，提高南繁硅谷的影响力；海南与甘肃两省举办了首届南繁北育产业职业培训班，促进优秀种业工人流动。三是在国际上与国际组织合作，如筹建国际种子检验协会（ISTA）认证实验室；举办三亚国际种业科学家大会暨国际种业科技博览会、国际植物遗传资源合作研讨会。四是在学术上扩大交流圈，与 Maximum Academic Press 合作，创办英文学术期刊《种子生物学》（*Seed Biology*），组办"崖州湾国际大师讲坛""崖州国际青年学者论坛"，为南繁硅谷建立良好的学术影响力和知名度。

3. 着力新城，魅力轮廓有张力

海南省委、省政府高度重视国家南繁硅谷的规划建设工作，围绕创新驱动、环境开放、生态宜居、产业扶持、结构升级和教科文卫交通住宿设施，进行系统布局和建设，投资强度逐年增大，税收对园区的支撑作用也逐步增强（见表3）。国家南繁硅谷核心区"崖州湾科技城"立足产城融合协调发展，基础设施全速建设，城市配套功能加快形成，"15分钟生活圈"基本成型，有温度的崖州湾新城正以崭新的面貌呈现。

表3 2019~2022年崖州湾科技城建设体量、税收及增幅

指标	2019年	2020年	2021年	2022年	增幅(%)
新开工项目数(个)	35	58↑	54↑	108↑	208.6
固定资产投资(亿元)	60.57	106.00↑	173.69↑	206.00↑	240.1
园区企业税(含建安)(亿元)	7.48	9.50↑	17.83↑	20.86↑	178.9

数据来源：三亚崖州湾科技城管理局。

　　崖州湾科技城已建成4923套安居房，累计筹措2280套租赁房源，可满足近2万名人才的住房需求。引入寰岛、世外、南开等优质教育资源，提供义务教育阶段学位7103个。建设国康、急救站等"家门口"医疗体系，为人才量身提供年度体验服务。高规格组织中央公园方案设计国际竞赛和科技城公共艺术创作大赛，建设南繁博物馆和体育文化设施，丰富社区生活。

　　4.融汇科教，科技创新有突破

　　中国科学院、中国农科院、中国热科院等12家和5家重点涉农高校等国字号科教机构，落地崖州湾科技城，构筑南繁硅谷高质量发展的新格局。在教育部的支持下，引入浙江大学、中国农业大学、南京农业大学等6所涉农领域知名高校院所，采用"小学院+大共享"模式搭建创新研学谷公共教学平台，实施研究生教育，研究生数量逐年增加（见表4），2022年崖州湾科技城在培硕博士研究生3299人（其中海南专项研究生2955人）。

表4 2019~2022年崖州湾科技城部分指标

指标	2019年	2020年	2021年	2022年	增幅(%)
南繁科技城注册企业数(家)	106	274↑	500↑	970↑	815.1
当年专利授权数(个)	118	348↑	516↑	508↑	330.5
当年植物新品种权数(个)	—	8	46↑	48↑	5000.0
认定南繁高层次人才数(人)	—	8	175↑	504↑	6200.0
其中:A类人才	—	0	6↑	7↑	16.7
B类人才	—	0	35↑	35↑	0.0
C类人才	—	0	49↑	79↑	61.2
D类人才	—	0	26↑	67↑	157.7

指标	2019 年	2020 年	2021 年	2022 年	增幅（%）
E 类人才	—	8	54 ↑	292 ↑	440.7
F 类人才	—	0	5 ↑	24 ↑	380.7
海南专项研究生新生数（人）	—	706	964 ↑	1372 ↑	94.3
其中：硕士生	—	563	741 ↑	1041 ↑	84.9
博士生	—	143	223 ↑	331 ↑	131.5
入驻研究生实际数*（人）	—	—	—	3299	—

＊注：崖州湾科技城科研设施设备吸引了越来越多的课题组研究生在此学习和科研。

数据来源：三亚崖州湾科技城管理局提供。

加大科研项目支持，全社会研发（R&D）经费投入超过 15 亿元。崖州湾科技城在人才、机构、平台等方面优惠政策在三线、四线城市中较具吸引力，加速了人才、资本、技术、制度等要素汇集，并开始产出成果，创新指标稳定上长（见表 4）。入驻园区的院士达 13 人，设立了曹晓风、贾银锁、李松、朱健康、范云六、邹学校等 9 个院士工作站或院士团队创新中心，新设博士后工作站 2 个，入驻单位成立创新团队已超 200 个。

5.联合科企，产业发展有潜力

南繁产业开始萌动。众多国内细分领域知名头部企业落地科技城，共计引进 114 家种业企业入驻。培育了波莲基因、海南广陵、海亚南繁、优旗农业、农乐南繁、晨海种业、斯玮迪种业等本土原生种企。在中国人保财险制种保险的支持下，截至 2022 年，南繁制种面积达 1.859 万公顷，其中水稻 1.516 万公顷、玉米 0.020 万公顷、大豆 0.015 万公顷。

引进大北农科技孵化器，设立总规模 10 亿元的崖州湾国际南繁科技创新基金、首期规模 6 亿元的南繁育种产业投资基金。支持科企联合发布科研项目，崖州湾实验室分别与中国种子集团、三亚华大生命科学研究院、九圣禾种业等联合实施"揭榜挂帅"项目，解决企业科研生产中的现实难题。举办"崖州湾杯"科技创新大赛，培育"企业命题、院校答题、市场评估"的成果转移转化机制。

（二）问题

1.政策优势培育不足

南繁硅谷的产业与科技发展不均衡，处于科技强、产业弱的离散局面，产业基础较弱，市场准入规则、市场交易规则和市场竞争规则等市场规制创新不足，在种业领域政策优势不显著，制度创新尚达不到充分释放企业创新风险、有效赋能产业价值链和加速孵化创新价值的要求，缺乏对初创企业的扶持政策，尚不能有效解决大生产与大市场"两头在外"的内生性问题。而且，国家南繁硅谷高质量发展统计评价与绩效考核不足，"一体两翼"未建立指标体系与统计制度，无法统计监测和评估，难以对标对表，不利于缩小劣势和扩大优势。

2.一体两翼融合不易

与北京国家现代农业科技城、河南中原农谷等相比，海南打造国家南繁硅谷的土地资源不足；与陕西杨凌国家农业高新技术产业示范区、江苏南京国家农业高新技术产业示范区相比，南繁硅谷融合机制不足；与湖南岳麓山实验室、湖北洪山实验室相比，南繁硅谷缺少本土原生优质科教资源和产业资源。南繁"一体两翼"没有建立强有力的相互协同的一体化制度。"两翼"内生动力不足和外部条件有限，发展远不及"一体"，总体上不充分、不平衡、不协调。作为南繁硅谷核心引擎的三亚崖州湾科技城受行政和资源约束，不能充分发挥统筹与牵引的作用。

3.产业聚集态势不明

2022年，在种业新政的刺激下，我国持证经营的种企从4000多家增长到7000余家，全国种业大市场碎片化，种业处于重新洗牌的重要机遇期。2022年，全国为7000多家种企发放了8890张种子经营许可证，但海南仅有77张，其中南繁区仅有25张。虽然有华大基因、迈维代谢、舜丰生物等分支机构入驻，但是以研发服务业为代表的"南繁CRO"新产业新业态仍在培育之中。南繁产业企业数量屈指可数、规模有限，无法成团，缺乏上市企业等龙头企业带动。同时，南繁硅谷缺乏科技孵化器、大学科技园、众创空间、专业科技中介等创新型孵化加速器。总体而言，南繁硅谷处于初创阶段，尚未形成产业聚集的态势。

4. 对外开放格局不定

海南属于岛屿经济体，需要自建为种业开放辐射源。但跨境合作才刚刚开始，目前只是小步引进来，仍没有迈出去。全球动植物种质资源引进与中转基地的潜力没有挖掘出来，大豆、玉米、黑麦草等作物引种业务数量仅完成 400 余单，水产种苗只完成了首单。依托中国热带农业科学院与国际热带农业中心（CIAT）合作，实施了"全球代表性木薯种质资源 DNA 分子身份证构建"项目。

5. 就业拉动嵌入不深

南繁相较于冬种瓜菜产业，就业拉动有限。"一体两翼"目前主要吸纳了保安、保洁等低层次就业，对本土居民就业拉动不强。离让南繁区老百姓"打上南繁工，吃上南繁饭"的目标还存在一定的距离。新疆昌吉、甘肃张掖、甘肃酒泉的种业深嵌于地方，大西北种业发展模式造就了一批农民专业制种户，真正实现了以种发家。2022 年，昌吉市持有效种子生产经营许可证 43 张、张掖市 89 张、酒泉市 196 张，均远远高于南繁硅谷企业 25 张的持证量。

四 预测和预警

（一）预测

1. 产业结构趋于高端化

国家种业创新力量聚集南繁硅谷，势必推动产业结构向高级化发展。以"生物技术+数字化"为特征的组学大数据正推动种业革命，南繁硅谷的规划建设积极响应了这一趋势，将重点发展以研发服务为主的"南繁 CRO"，培育位于微笑曲线前端的南繁科技服务业。

2. 园区功能走向平台化

《国家南繁硅谷建设规划（2021—2030 年）》《国家热带农业科学中心建设规划（2020—2035 年）》所涉及的项目基本为科技平台类或者产业平

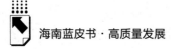

台类项目。深入进行平台的机制设计与平台的机构重塑，将是南繁硅谷下一步的工作重点。参照平台经济模式，发展种业大数据和基因大数据经济。

3. 治理服务立足智慧化

园区从"开发主导"进入"运营为王"的新时代，园区运营效率与服务质量成为城市竞争的关键。国家高新示范区纷纷进入数字赋能阶段。南繁硅谷将依托崖州湾科技城智慧园区建设和南繁硅谷云的上线试运行，拓展开发市场监管信息系统、种子供应链追溯系统、种子质量检测服务系统，提升数字治理能力。

4. 园区建设需要城市化

城市是高质量发展的重要空间载体。南繁硅谷核心"三亚崖州湾科技城"正加速配套城市综合性功能，高标准发展教科文卫事业，高品质建造安居房，高起点建设立体交通网络，引导商务生活服务配套，以人为本优化社区治理，全力推进产城融合发展，打造宜学、宜创、宜业、宜居的崭新生态城区。

5. 产业发展转向综合化

陕西、湖南、河南、湖北、江苏、山东、安徽、四川、北京等省（市）均以种业为主题打造产业综合体和科技综合体，丰富产业结构，优化产业生态，基于集群打造适合区域发展的全产业链模式。全球种业市场 CR5[①] 深耕农资产业综合体，占全球种业市场 51%。我国种企行业 CR5 仅占 11%，且产业综合化能力有限，综合化潜力巨大。

（二）预警

1. 势差未成，合成优势存在被稀释风险

通过上述案例分析可知，我国的种业产业出现同构现象，可谓百花齐放、百舸争流。南繁"两头在外"，在种业大省强省面前，不易突围。南繁硅谷从要素汇集到产业聚集需要逐步嬗变，但目前条块分割，阻碍融合，影

---

① CR5：业务规模前五名的公司所占的市场份额。

响区位优势的充分发挥，限制了政策优势的培育与形成势差。而且，全国各区域均在政策创新、资源整合、环境优化、产业扶持、产城整合、园区治理等方面做相近的战略部署和行动方案，南繁硅谷现有的合成优势易被追赶，甚至可能被超越。

2. 产研分离，投入产出存在不对等风险

我国种业基础研究与产业创新关联不紧密，产学研用一体化严重不足，这是困扰我国建立商业化育种体系的困难所在。科技创新从投入到产出存在明显的时滞，成果产出更需要积累，这增加了对科技投入等资源配置进行评估和实施修正的难度。就南繁硅谷现有阶段的建设而言，重点在（应用）基础研究和发挥国家队的作用，但对企业支持力度有限，头部企业"有形少实"试探性入驻，小企业"浅尝辄止"少见实质性工作，这种产研分离的现状将动摇南繁硅谷高质量发展的基础。

3. 条块切割，总体态势存在不协调风险

北京、江苏、河南和陕西的经验表明，科学城的协同发展离不开对资源强有力的统筹，重点解决好土地资源整合、创新资源整合、行政资源整合。南繁硅谷总体布局横跨多个市县，同一市县还涉及垦地融合，今后面临更大的用地供给压力和市县经济不平衡压力。目前没有一个强有力的法定机构获得授权，以整合协调多方利益，实现南繁硅谷的统筹发展与协同治理，现有的制度设计尚未从根本上解决这种不协调风险。各类平台间协同关系不明晰，存在科研设备设施利用率不高的风险。

五　对策和建议

（一）政策层面

1. 聚焦产业痛点，创新适应新时代的新型种业市场体系

技术创新和制度环境是实现我国种业产业化的核心条件，需要种业技术创新、企业规模扩大、外部资金支持以及制度环境、市场环境、同行竞争等

多条件因素共同推动，才能实现种业产业化。① 利用自贸港的制度与政策优势，为海南发展种子商贸保驾护航，突破时空界限、资源隶属界限以及机构界限与人才界限，从根本上解决"两头在外"的问题。以种植户为中心，铸造种子生产经营许可—植物新品种权保护—品种市场准入—种子（质量）认证"四位一体"的自贸港种业市场体系。重点完善种业市场准入制度和企业征信评价机制；行政赋能种子交易平台，构建透明可靠的种业平台直销模式，减少流通环节，桥接种子品种、种子销售商与种植户。夯实硬件基础，扶持种子质量检验认证机构，设立国家农作物品种展示评价基地，扩容 DUS 测试②中心，建设品种 VCU 测试③基地，建设种子精选加工中心。

2. 布置孵化重点，利用绿箱工具设立种业政策金融制度

种业属于高投入、高风险的高新技术产业，但与其他高新技术产业相比，又是低收入、低回报的产业。大力培育市场主体需要帮助其降成本、减风险、增效率和有效融资。加码南繁科技金融、人才授信和知识产权资本化，包括设立和引入政策性基金、执行财政贴息政策。从生产端到销售端全过程设计南繁产业保险，重点优化制种保险和植物新品种权被侵权保险，设立种子运贮保险、种企责任保险、南繁 CRO 委托保险和国外投资保险。

3. 瞄准治理难点，进行顶层设计实现南繁硅谷一体制度

南繁硅谷跨越三个市县，并涉及大量农垦土地，导致"一体两翼"难以统筹和协调发展。南繁硅谷服务全国，公益特性明显，需要体现政治担当、责任担当。通过加强顶层构建，经省、市（县）两级人民代表大会及其常委会授权现有的法定机构，深化一体化布局与部署，加快构建"一体两翼"一体化的制度体系，提高融合能力。同时通过国有资产的划转划拨，加快垦地融合和资产整合，支撑起南繁硅谷高质量发展的治理基础。

---

① 刘福江、林青宁：《中国种业产业化路径的实证研究》，《统计与决策》2023 年第 8 期。

② DUS 测试：Distinctness（特异性）、Uniformity（一致性）、Stability（稳定性）测试。

③ VCU 测试：（Value for Cultivation and Use）栽培适应性和利用价值测试。

（二）规划层面

1. 贯彻新发展理念，共享共建共赢南繁北育体系

围绕"创新、协调、绿色、开放、共享"的新发展理念，打造服务全国的南繁硅谷。我国建立起由 3 个国家级育制种基地（海南、甘肃、四川 3 省）、57 个国家级"两杂"① 种子生产基地、96 个国家级制种大县和 87 个国家级区域性良种繁育基地等构成的国家种子基地，批复创建了"一城九区百园"国家农业高新技术产业示范区体系。依托崖州湾实验室"总部+基地+网络"的优势，通过省部会商从规划层面串联起与国家种子基地和高新示范区的合作关系，建立干部交流关系，设立自贸港 CRO 模式先行示范区，编织合作网络，促进全国种业协同发展。

2. 锚定未来科技城，高标准高品质推进产城融合

打破"条块分割"，解决碎片化，实施资源整合实现"一体两翼"协调均衡发展，进一步优化空间布局，整合和吸附更多、更优质的资源。争取依托国家南繁硅谷，绘制标准制表格，创建国家大学科学城、国家农业高新技术产业示范区、国家经济开发区、未来科技城，实现多功能区叠加，形成"先行先试"政策汇集优势，深度推进产学研用合作和一体化，重视企业在创新生态中的主体作用，让城市产业内涵丰满，让科技创新更具实力。

3. 面向全球热作区，创全球热带种业命运共同体

夯实高水平对外开放的硬件和软件条件，构筑种业涉外安全体系。加快国家热带农业科学中心综合实验室项目立项。创建国家农业开放发展综合试验区、上海合作组织农业技术交流培训示范基地。加强与我国境外产业园、境外农业合作示范区、境外热带农业科技研发中心的合作，在重点国家（地区）和重点城市派驻招商机构，引入国内外优质企业、龙头企业、潜力企业。招收共建"一带一路"国家留学生，加速融入"一带一路"建设。依托第二届三亚国际种业科学家大会暨 2022 国际种业科技博览会，利用海

---

① 两杂，指杂交水稻和杂交玉米。

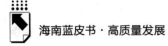

南热区优势，全力推进在种业领域的国际交流与合作，促成我国种业外循环，建设南繁硅谷高质量发展的新格局。

（三）产业层面

1. 筑牢崖州湾实验室，促进南繁全产业链式发展

依托崖州湾实验室和国家南繁科研育种基地，进一步筑实南繁硅谷高质量发展的基础，加速从当前政策驱动、投资驱动向创新驱动转变，强化无可替代的区位优势、形成显著势差的政策优势、培育特色的产品优势和增强高能级的科技优势，支持中小型种业 CRO 模式发展，实现聚集式的南繁全产业链发展。

2. 抓住大数据化趋势，开辟南繁产业发展新道路

早在 2019 年，我国涉农学科论文发表总量就跃居全球第一，在全球顶刊 CNS[①] 上发表论文的机构数量就位列全球第二。利用科研投入优势、市场优势和成本优势，不断积累大数据，加速推进种业大数据化、基因大数据化，从大数据中寻找南繁产业发展的新机。支持开发智慧育种系统，赋能中小种企和科研机构，降低机构使用智慧育种系统的成本，提高我国育种科研的总体效率。

3. 做精做优制种产业，引导实现"打上南繁工、吃上南繁饭"

制种等种子种苗产业大有可为。与传统的种植业相比，制种属于劳动密集型技术型产业。国外的荷兰、智利属于制种强国，国内的甘肃、四川属于制种强省，海南与甘肃、四川同属国家级育制种基地，有条件、有基础让本地居民发展制种产业、种苗产业。通过设立专项资金支持本土居民从事南繁制种业，包括带薪职业培训、种业基地建设、设备农机补贴、金融服务支持等，联农带农让老百姓共享南繁硅谷发展成果。

（四）治理层面

1. 加快创建高效智慧园区，实现集群服务

以数字化推动南繁硅谷治理结构现代化，实现资源最大化聚集与利

---

① CNS：学术期刊 *Cell*、*Nature*、*Science*。

用，实现服务智慧化。受政策趋同性的影响，政策绩效水平易被追赶甚至被超越，因此要坚持效率优先，优化组织，快速培育产品优势。对三亚崖州湾科技城管理局进行授权和扩权，打破行政壁垒，解决部门利益冲突，为南繁硅谷产业聚集提供制度保障，引导要素汇集向产业聚集方向快速转变。学习江浙两省建立投资热力图、政策计算器，创建更高效、更接地气的数字园区。

2. 快速实施监测考核评估，实现科学发展

指标构建要围绕新发展理念，着重分析南繁硅谷经济发展方式、结构、动力状态。可参照《国家高新技术产业开发区综合评价指标体系》《建设创新型城市指标体系》，尽快研究建立《国家南繁硅谷高质量发展评价体系》，并尽快做好纳统工作，以监测评价南繁硅谷高质量发展成效，为修订政策和制定政策提供依据，服务于治理能力提升和南繁硅谷的良性发展。优化事后监管，完善多层级的绩效考核与评价体系，促使行动体系高度匹配战略战术，保障南繁硅谷高质量科学可持续发展。

3. 有效争取部委双向挂职，实现能力提升

建设国家南繁硅谷是贯彻落实《种业振兴行动方案》的战略部署。通过与国家有关部委的人事交流和双向挂职，锤炼党性，增强本领，培养一大批视野开阔、思想解放、知行合一、行动有力的中青年干部。通过与部委的双向挂职，争取更高层次的理解与支持，实现超前部署，强化南繁硅谷的综合功能，加快重大事项、重大项目、系列政策落地生根。同时实现"一体两翼"内部及与省直单位干部间的双向交流，提高南繁硅谷协调推进的能力。

后　记

　　《海南高质量发展报告（2023）》是由海南省社会科学界联合会、海南省社会科学院组织协调，海南师范大学具体实施，汇聚海南省内有关领域专家、学者和政府工作人员的智慧力量共同完成的一部反映 2022 年海南社会经济高质量发展状况的智库咨政性成果。

　　参加本书撰写和管理人员共计 40 余人，主要来自海南省重点高校、党政机关，都是各领域学养丰厚、术业专攻的专家学者，对海南相关领域、相关产业的发展状况十分熟悉，既能洞见各领域发展过程中存在的瓶颈问题，也能针对相关症结提出极具针对性的政策建议和预测预警，保证了本书的专业性、学术性和权威性。同时，专家学者锚定海南省重点领域高质量发展问题，深入基层开展调研，取得第一手翔实数据和材料，为本书的撰写打下了坚实基础。

　　《海南高质量发展报告（2023）》在前期调研过程中得到了海南省发展与改革委员会、国有资产监督委员会、卫生健康委员会、旅游和文化广电体育厅、民政厅、教育厅、营商环境建设厅、自然资源与规划厅、统计局、林业局等部门以及各地方政府的大力支持。海南省社会科学院严把专家遴选关和学术质量关，并积极组织协调。海南师范大学作为本课题执行单位，承担了本书的撰写任务和出版组织事宜，同时协调课题组同步推进各项工作，为本书的按时完成提供了保障，在此一并感谢。

　　《海南高质量发展报告（2023）》立足海南发展现实与未来，集思广益、精心谋篇，但因各种条件限制，疏漏之处在所难免，敬请各位专家和读者批评指正！

编委会

2023 年 7 月 12 日

320

Abstract

Hainan should focus on comprehensively and coordinately promoting moderni-zation, take high-quality development as the primary task and comprehensively promote economic modernization, social modernization, ecological modernization and human modernization.

The Industrial Improvement section mainly focuses on the four leading industries of Hainan Free Trade Port, and believes that the quality of Hainan's high-tech industry should be further improved, the industrial structure should be optimized, technology investment should be increased, factor allocation and park supporting facilities should be improved, high-tech enterprise services should be strengthened, and policy implementation should be promoted. We should empower the shared foundation for high-quality development of the tourism industry through multiple technological means, construct shared resources to accelerate high-quality development of the tourism industry through multiple scenarios, expand the shared platform for high-quality development of the tourism industry through multi-channel marketing, and tap the wisdom of shared governance through the participation of multiple entities to achieve high-quality development of the tourism industry. We should improve the design of Hainan's agricultural product trade, deeply integrate into the global agricultural product value chain, and build a diversified trade pattern to enhance the level of agricultural product trade. We should benchmark against international first-class standards, integrate Hainan's characteristics, place modern service industry development in a more important strategic position, highlight the synergy between effective markets and productive governance, and improve the efficiency of resource allocation in the modern service industry.

The Public Foundation section carries out research and thinking from five dimensions of Hainan culture, education, health care, employment and social security, and business environment. It emphasizes that Hainan strives to tap her excellent cultural resources and promote intangible cultural heritage, which has profound value of our times. It should strengthen top-level design, set up "four beams and eight pillars" for the protection of intangible cultural heritage, and utilize the intellectual power to promote the protection of intangible cultural heritage in Hainan Inheritance and high-quality development. In order to accelerate the high-quality development of education in Hainan, it is necessary to further compensate for the shortage of educational resources, optimize the scale and structure of education, deepen international exchange and cooperation in education, build an international education platform, and promote the construction of Hainan International Education Innovation Island. Although the development of health services in Hainan has achieved positive results, it is still necessary to further improve the grassroots health service, strengthen institutional operation and management, strengthen the awareness of co-construction and sharing, and put more emphasis on cultivating talents and the training of personnel in the future. Although some evaluation indicators for the employment and social security development level of Hainan Free Trade Port have performed well, there is still a need to carry out institutional innovation to achieve full protection; Enhancing people's well-being and sharing development achievements; Strengthen employment priority and promote high-quality and full employment. Although the business environment of Hainan Free Trade Port has pressed the "accelerator button" to enhance Hainan's comprehensive competitiveness and economic soft power, it is necessary to continue to improve the legal system of the business environment, benchmark the highest international economic and trade rules, formulate a first-class international business environment action plan, and provide full service to the people and enterprises in a fast and efficient manner.

The Special Themes section focuses on the development of Hainan's digital economy, high-quality cultivation of Hainan's "Top 500 Enterprises in China", the development of Hainan's health industry, and the development of the national "Nanfan Silicon Valley". It clearly indicates that in order to promote the high-quality development of Hainan Free Trade Port's digital economy, it is necessary to accelerate the deep integration of the digital economy and the real economy, and promote the external circulation of the economy through high-quality internal circulation of the digital economy, taking the digital economy as the starting point to promote the construction of a dual circulation. In order to cultivate high-quality listed companies in Hainan Province, supporting policies should be further improved to ensure the stable development of traditional industry listed companies in Hainan Province, and non-traditional industry listed companies should be given the opportunities to blossom. To accelerate the healthy and balanced development of Hainan's health industry, we should strengthen top-level design and establish a sound management mechanism for the development of the health industry; strengthen the construction of a long industrial chain in the health and wellness industry, and actively guide state-owned enterprises to join the health and wellness industry; accelerate the development of the health and wellness service industry and supporting facilities. To further promote the high-quality development of "Nanfan Silicon Valley", comprehensive reforms should be carried out at the policy, planning, industry, and governance levels.

Keywords: High-quality Development; Industrial Improvement; Public Foundation; Special Development; Hainan Province

Contents

I   General Report

B.1   Process Assessment Report on Hainan's High-quality
Development to Promote Chinese Path to Modernization
Yang Zhongcheng, Xiong Anjing and Chen Yuruo / 001

Abstract: This report focuses on the research of Chinese Path to Modernization, on the basis of analyzing the concept of modernization at home and abroad, evaluation experience, and the status quo of economic and social development in medium-developed countries, in connection with China's national conditions and the actual situation of economic and social development, the connotation of China's basic realization of modernization is expounded, and all the indicators are scientifically and reasonably selected. The modernization level of the provinces (autonomous regions and municipalities directly under the Central Government) and the cities (counties) of Hainan is assessed. The results show that the overall level of modernization in Hainan is not high, the main reason is that the level and mode of economic development need to be upgraded and improved. In the future, Hainan should pay more attention to the comprehensive and coordinated promotion of modernization, take high-quality development as the primary task, and coordinate the economic modernization, social modernization, ecological modernization and human modernization.

Keywords: High-quality Development; Chinese Path to Modernization; Hainan Province

II Industrial Upgrading

B . 2 Development Report on the High-tech Industry
in Hainan Province in 2022

Chen Jiang, Yuan Yana, Wang Bin, Shao Bing,

Gan Xiaojun and Wu Dan / 034

Abstract: The high-tech industry, as one of the four leading industries in the construction of the Hainan Free Trade Port, is not only an important component in the construction of a Chinese characteristic free trade port in Hainan, but also an important pillar in the realization of Hainan's high-quality economic and social development. In recent years, the development of Hainan's high-tech industry has shown a positive trend, making it the driving force of the province's economic development and the mainstay of industrial innovation and upgrading. However, the development of Hainan's high-tech industry still faces challenges such as incomplete industrial structure, insufficient innovation input, and high production cost. To promote the high-quality development of Hainan's high-tech industry, based on the analysis of its development environment, overall situation, and existing problems, this report draws on the development experience of high-tech industries in other provinces in China, and takes into account Hainan's existing environmental conditions, evaluates the development trends of Hainan's high-tech industry, and provides an important reference for improving and reflecting the high-quality development level and phase-specific characteristics of Hainan's high-tech industry.

Keywords: Hainan Free Trade Port; High-tech Industry; High-quality Development

B.3   High-quality Development Report on the Agricultural Trade
in Hainan Province in 2022

Zhang Haidong, Wang Junfeng and Hu Xiaochan / 057

Abstract: As a demonstration of China's reform and opening up in the new era, the Hainan Free Trade Port gives full play to the unique advantages of the experiment of the highest level opening-up policy and makes great efforts to build the regional advantages of the important intersection of domestic and international double cycles. Hainan is striving to build a flagship of high-efficient tropical agriculture. This report draws on the agricultural products trade experience of the world Free Trade Port (Area), Hainan's agricultural product trade in 2022 which agricultural products imports showing a trend of rapid growth, the import categories of agricultural products showing a diversified pattern, and the main markets of import and export are different. Which combined with high concentration of export products, high volatility of export trade, low growth of potential industries of advantageous products, and unstable export of major markets, it is pointed out that the actual situation of agricultural trade in Hainan is not consistent with the advantages of RCEP superimposed by the free trade port policy. It is proposed to improve the design of Hainan's agricultural trade, build a diversified agricultural trade pattern, attach great importance to the construction of trade platforms, deeply integrate into the global agricultural value chain, and promotes the transformation and upgrading of agricultural trade forms. It is significance to the high-quality development of tropical agriculture and rural revitalization in Hainan.

Keywords: Tropical Agriculture; Agricultural Trade; High-quality Development; Hainan Province

B.4 Research Report on Promoting High-quality Development
of Hainan Tourism Industry Through Digitalization

Zhang Beier, *Jia Yan* / 077

Abstract: Digital technology plays a important role in promoting the recombination of the tourism industry, it also promotes upgrading and iterating of tourism products, comes to three-dimensional/integrated from flat surface/single. Relying on National strategy of "Internet plus", the electronic layout, digital economy, Virtual imaging, electronic tourism and new intelligent elements will be form a boosting effect on the clients of the tourism market. The effect including idea of thinking, social values, diversification behavior, which will change the consumption mode and achieve high-quality development of the tourism industry though affect the supply chain of this field. We want to achieve several goals though this research in Hainan province. After reviewing policies on digital tourism, Learning from domestic and foreign experience, and analyzing the current status of industrial development. we want to find Multi-technical means, build multi-scenario construction resources, establish multi-channel marketing platform, emphasizes the participation of multi-subjects with Common idea, These jobs help us achieve high-quality development of the tourism industry. Conclusively, constructing a four-dimensional integration strategy of "subject-scene-effect-technology" for digital tourism is our ultimate goals.

Keywords: Digitization; Tourism Industry; High-quality Development; Hainan Province

B.5 High-quality Development Report on the Modern Service
Industry in Hainan Province in 2022 *Hao Dajiang* / 098

Abstract: To build a modern socialist country, a solid modern industrial system is necessary. As an important part of the modern industrial system, the modern service industry is an indispensable support for building a modern socialist country. In 2022, the proportion of the value-added of modern service industry in GDP of Hainan steadily increased, the overall revenue of enterprises of Hainan maintained growth, and investment in research and development continued to increase. However, the development of modern service industry trade in Hainan Province still faces various difficulties and challenges such as economic factors and non-economic factors, intra-industry and inter-industry, soft environment and hard environment, domestic and foreign. In the future, against the backdrop of a complex and severe international environment, Hainan should use a global vision and a forward-looking perspective, based on its development stage and the general trend of the development of the modern service industry, to plan the high-quality development of the modern service industry, making it more in line with the law of development and the conditions of the province and the country, to better serve the construction of the new development paradigm with the internal circle as the main body and the dual circulation promoting each other.

Keywords: Modern Service Industry; Dual Circulation; Efficient Market; Well-functioning Government

Ⅲ Public Foundation

B.6 Protecting and Inheriting Intangible Cultural Heritage and
Promoting High-quality Development Report of
Hainan Public Culture   *Sun Jihua* / 124

Abstract: Intangible cultural heritage is an important part of China's outstanding traditional culture and an important part of the new form of Chinese civilization. Its protection is an important part of the construction of contemporary public cultural system. Since the 18th CPC National Congress, the CPC Central Committee has attached great importance to the protection of intangible cultural heritage. At the forum on Cultural Inheritance and Development in 2023, it was emphasized to do a good job in the study and interpretation of the origin of Chinese civilization, and promote the creative transformation and innovative development of fine traditional Chinese culture. Hainan is one of the regions with more intangible cultural heritage in the country. The province has implemented the important speeches made during the investigation in Hainan and the spirit of the Eighth Provincial Party Congress, and strives to tap Hainan's excellent cultural resources and promote the value of intangible cultural heritage in the process of vigorously promoting the free trade port with world influence. This report studies the current situation of intangible cultural heritage protection and inheritance in Hainan, analyzes existing problems, and puts forward suggestions on strengthening top-level design, integrating into major national strategies, attaching importance to digital system construction and Marine intangible cultural heritage protection, guaranteeing talents and funds, integrating resources to activate intangible cultural heritage industry, etc., so as to promote the protection and inheritance, creative transformation and innovative development of Hainan intangible cultural heritage.

Keywords: Intangible Cultural Heritage; Public Culture; High-quality Development; Hainan Province

B.7 High-quality Development Report on the Education in Hainan Province in 2022

Wang Biao, Duan Huidong, Lai Xiulong and Xie Junjun / 146

Abstract: The high-quality development of education is a dynamic process, which is not only a quality view, but also a development view. Based on the actual development of education in Hainan, a high-quality education development index system can be constructed from five aspects: extensive coverage, excellent quality, optimization of structure, strong guarantee and distinctive characteristics. In 2022, Hainan's education popularization level has created a new height, comprehensive quality improvement has jumped to a new level, structural optimization has shown new highlights, support capacity has reached a new level, and the school mode has shown new characteristics, but there are still problems such as insufficient total educational resources, quality needs to be greatly improved, structure needs to be further optimized, security needs to be strengthened, and characteristics need to be more prominent. Therefore, it is necessary to make up for the shortage of total educational resources, optimize the scale and structure of education, deepen international exchanges and cooperation in education, consolidate the foundation for development, promote the construction of Hainan international education Innovation Island, and build a new pattern of high-quality education development in Hainan.

Keywords: Hainan Education; High-quality Development; International Education Innovation Island

B.8 High-quality Development Report on the Health Undertakings in Hainan Province in 2022

Ma Dong, Duan Yuliu, Gong Yanhua and Feng Wen / 168

Abstract: In order to explore the high-quality development status of Hainan's health sector in 2022, this report constructs a high-quality index evaluation system of Hainan version, and uses the entropy method to analyze the four dimensions of input, operation, support and output, and combines vertical and horizontal comparisons. The study found that health in Hainan Province has been further developed, the quality of health output is high, and the score of health services is low. Compared with other provinces, the health input index of Hainan Province is better, but there is still a big gap in operation and output. Suggestions are put forward to promote the high-quality development of Hainan's health cause by improving the grassroots health service ability, improving the operation and management ability of institutions, promoting the co-construction and sharing of health care, and further stimulating the role of health talents.

Keywords: High-quality Development; Health Undertaking Input; Health Undertaking Operation; Health Undertaking Support; Health Undertaking Output

B. 9 High-quality Development Report on the Employment and Social Security in Hainan Province in 2022

Chen Lin, Jin Xiufen and Liu Guojun / 187

Abstract: Employment and social security, as livelihood projects and popular support projects, are important components of people's well-being. The policy dividend of Hainan Free Trade Port continues to be released, and positive progress has been made in employment and social security work. The model of the employment and social security development level index of Hainan was constructed by establishing 14 indicator systems with 6 dimensions, including social insurance protection level, labor market, labor compensation, employment structure, employment capacity, and financial security. The measurement results show that the employment and social security development level index of Hainan Free Trade Port has been increasing year by year, the development level of employability and social insurance has increased significantly, the most significant drop in the development level of the labor market was mainly due to the negative impact of the COVID-19 pandemic on the labor market. Overall, the model of the employment and social security development level index of Hainan shows an upward trend of "M" shape.

Keywords: Employment; Social Security; Hainan Province

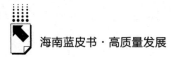
B.10   Optimizing the Business Environment to promote the

High-quality Development Report of Hainan

Zhang Yunhua / 210

Abstract：In 2022，Hainan pressed the "accelerator button" to optimize its business environment and took many innovative measures，achieving certain results in assisting the implementation of relevant policies in Hainan and promoting high-quality development. However，there are still many problems and challenges. Compared with the target positioning of Hainan Free Trade Port，the benchmark of the World Bank's B-READY evaluation index system，and the first batch of pilot cities for business environment in China，Hong Kong and Singapore，there is still a certain gap. This report aims to promote the effective eruption of market vitality and promote high-quality development in Hainan. Based on summarizing the important measures and achievements of Hainan's business environment in 2022，it deeply analyzes existing problems and proposes countermeasures and suggestions for optimizing the business environment from three dimensions：firstly，we should continue to improve the legal system of the business environment to ensure high-quality legal protection in Hainan；Secondly，we should develop an international first-class business environment action plan that aligns with the highest international economic and trade rules；We should focus on key areas，address weaknesses，and strengths，and provide efficient and efficient services to the people and enterprises.

Keywords：Business Environment；Legalization；Internationalization；Facilitation

Ⅳ   Special Topic

B.11   High-quality Development Report on the Digital Economy

in Hainan Province in 2022   *Li Xin* / 231

Abstract: The rise and prosperity of the digital economy have brought new fields, tracks, driving forces, and advantages to economic and social development. Developing the digital economy has become an important choice for grasping the strategic highland of the new era. In 2022, Hainan's digital economy is rapidly developing, and the scale of digital industrialization and industrial digitization is further expanding. The province actively promotes the development of the digital industry and vigorously promotes the digital transformation of the real economy and government governance. However, compared to major digital economy provinces such as Guangdong and Zhejiang, Hainan's digital economy still faces problems such as weak information infrastructure, a shortage of high-end digital talents, and incomplete policies and regulations related to data security. The digital economy is an important development opportunity for Hainan Free Trade Port. In the future, Hainan should accelerate the deep integration of the digital economy and the real economy, promote the external circulation of the economy with high-quality internal circulation of the digital economy, and promote the construction of a new development pattern with the digital economy as the driving force.

Keywords: Hainan Free Trade Port; Digital Economy; Digital China; Digital Government

B.12   Report on High-quality Cultivation of Hainan

Listed Enterprises in 2022   *Xu Mei, Li Xin* / 256

Abstract: Based on the policy document "Jianfengling" Listed Company

Cultivation Special Action Plan （2021-2025） issued by Hainan in 2022, this report analyzes Hainan from four dimensions: regional balanced development, industry concentration, profitability, and innovation ability. The comparative analysis of the existing 28 listed companies indicates that the regional concentration and industry concentration of listed companies in Hainan are relatively high. More than 90% of the listed companies are concentrated in Haikou City, and more than one-third of the listed companies are concentrated in the traditional agriculture, forestry, animal husbandry, fishery and non-ferrous metal industries, while the number and scale of high-tech industries that are more profitable and innovative are still relatively small. In the future, Hainan should further increase investment, optimize the business environment, improve supporting policies and other measures to build a new environment for the steady development of listed companies in traditional industries, "diversifying bloom" for listed companies in non-traditional industries, and the high-quality development of listed companies in high-tech industries pattern.

Keywords: Listed Enterprises; Regional Balanced Development; Industry Concentration; Profitability; Innovation Ability

B.13 High-quality Development Report on the Health Industry in Hainan Province in 2022

Yang Ziju, Luo Fan and Sun Gang / 279

Abstract: The health industry is a comprehensive business format, which can be divided into different types according to different standards. Hainan has the climatic conditions, resource endowment and policy advantages to develop the health care industry. It has a clear planning path and clear goals. The stable passenger flow provides a good foundation for the development of the health care industry. Governments at all levels and functional departments in Hainan Province should, on the basis of existing plans, fully absorb domestic and foreign industry development experience, further build top-level design, strengthen government guidance, balance the industrial layout of various regions and industries, and extend the industrial chain of the entire industry. On the basis of the high-quality development of the traditional health tourism service industry, it will make up for the shortcomings in the development of health agriculture and health manufacturing. At the same time, it is also necessary to increase investment in supporting infrastructure and industrial services, allocate specialized talents for industry development, formulate strict industry standards and market access systems, make full use of the favorable opportunity of the construction of the free trade port, and promote the development of the global health industry.

Keywords: Old-age Care; Health Industry; Forest Health Care; Health Service Industry

B.14 High-quality Development Report on the "Nanfan Silicon Valley" in China in 2022

Chen Guanming, Sun Jihua and Zhou Wenhao / 299

Abstract: The high-quality construction of the National Nanfan Silicon Valley is a major project to thoroughly implement the spirit of the important speech of Xijinping. Hainan has been speeding up the planning and construction of the Nanfan Silicon Valley with the perseverance of seizing the day, the determination of honing a sword for ten years, and the courage to innovate. All positive indicators have been improved rapidly, accelerating the evolution of a series of new transformations. Hainan has given full play to the role of national strategic guidance, rapidly promoted the implementation of policies, made every effort to optimize the business environment, vigorously promoted the cause of education, science, culture and health, and built transportation and housing facilities, creating favorable and attractive external conditions for the high-quality development of the Nanfan Silicon Valley. The state's key instruments represented by the new scientific research

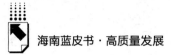

institution "Yazhou Bay Lab" under the Central Government management were listed and landed, leading enterprises represented by China Seed Group were relocated and settled, 7 major platform projects such as Hainan Seed Innovation Research Institute were completed and put into use, and 15 major platform projects such as the International Corn Technology Innovation and Achievements Transformation Center were under full construction, which consolidated the internal driving force for the high-quality development of the Nanfan Silicon Valley. At the same time, the Nanfan Silicon Valley is also facing some key issues in the planning and construction process. This article provides forecasts and early warnings and proposes countermeasures and suggestions for these issues.

Keywords: Nanfan Silicon Valley; High-quality Development; Yazhou Bay Lab; Hainan Province

社会科学文献出版社

皮 书

智库成果出版与传播平台

❖ 皮书定义 ❖

皮书是对中国与世界发展状况和热点问题进行年度监测，以专业的角度、专家的视野和实证研究方法，针对某一领域或区域现状与发展态势展开分析和预测，具备前沿性、原创性、实证性、连续性、时效性等特点的公开出版物，由一系列权威研究报告组成。

❖ 皮书作者 ❖

皮书系列报告作者以国内外一流研究机构、知名高校等重点智库的研究人员为主，多为相关领域一流专家学者，他们的观点代表了当下学界对中国与世界的现实和未来最高水平的解读与分析。截至2022年底，皮书研创机构逾千家，报告作者累计超过10万人。

❖ 皮书荣誉 ❖

皮书作为中国社会科学院基础理论研究与应用对策研究融合发展的代表性成果，不仅是哲学社会科学工作者服务中国特色社会主义现代化建设的重要成果，更是助力中国特色新型智库建设、构建中国特色哲学社会科学"三大体系"的重要平台。皮书系列先后被列入"十二五""十三五""十四五"时期国家重点出版物出版专项规划项目；2013~2023年，重点皮书列入中国社会科学院国家哲学社会科学创新工程项目。

皮书网

（网址：www.pishu.cn）

发布皮书研创资讯，传播皮书精彩内容
引领皮书出版潮流，打造皮书服务平台

栏目设置

◆**关于皮书**
何谓皮书、皮书分类、皮书大事记、
皮书荣誉、皮书出版第一人、皮书编辑部

◆**最新资讯**
通知公告、新闻动态、媒体聚焦、
网站专题、视频直播、下载专区

◆**皮书研创**
皮书规范、皮书选题、皮书出版、
皮书研究、研创团队

◆**皮书评奖评价**
指标体系、皮书评价、皮书评奖

◆**皮书研究院理事会**
理事会章程、理事单位、个人理事、高级
研究员、理事会秘书处、入会指南

所获荣誉

◆2008年、2011年、2014年，皮书网均
在全国新闻出版业网站荣誉评选中获得
"最具商业价值网站"称号；
◆2012年，获得"出版业网站百强"称号。

网库合一

2014年，皮书网与皮书数据库端口合
一，实现资源共享，搭建智库成果融合创
新平台。

皮书网

"皮书说"
微信公众号

皮书微博

权威报告·连续出版·独家资源

皮书数据库
ANNUAL REPORT(YEARBOOK)
DATABASE

分析解读当下中国发展变迁的高端智库平台

所获荣誉

- 2020年，入选全国新闻出版深度融合发展创新案例
- 2019年，入选国家新闻出版署数字出版精品遴选推荐计划
- 2016年，入选"十三五"国家重点电子出版物出版规划骨干工程
- 2013年，荣获"中国出版政府奖·网络出版物奖"提名奖
- 连续多年荣获中国数字出版博览会"数字出版·优秀品牌"奖

皮书数据库

"社科数托邦"
微信公众号

成为用户

　　登录网址www.pishu.com.cn访问皮书数据库网站或下载皮书数据库APP，通过手机号码验证或邮箱验证即可成为皮书数据库用户。

用户福利

- 已注册用户购书后可免费获赠100元皮书数据库充值卡。刮开充值卡涂层获取充值密码，登录并进入"会员中心"—"在线充值"—"充值卡充值"，充值成功即可购买和查看数据库内容。
- 用户福利最终解释权归社会科学文献出版社所有。

数据库服务热线：400-008-6695
数据库服务QQ：2475522410
数据库服务邮箱：database@ssap.cn
图书销售热线：010-59367070/7028
图书服务QQ：1265056568
图书服务邮箱：duzhe@ssap.cn

社会科学文献出版社 皮书系列
SOCIAL SCIENCES ACADEMIC PRESS (CHINA)

卡号：179687398517
密码：

S 基本子库
UB DATABASE

中国社会发展数据库（下设 12 个专题子库）

紧扣人口、政治、外交、法律、教育、医疗卫生、资源环境等 12 个社会发展领域的前沿和热点，全面整合专业著作、智库报告、学术资讯、调研数据等类型资源，帮助用户追踪中国社会发展动态、研究社会发展战略与政策、了解社会热点问题、分析社会发展趋势。

中国经济发展数据库（下设 12 专题子库）

内容涵盖宏观经济、产业经济、工业经济、农业经济、财政金融、房地产经济、城市经济、商业贸易等 12 个重点经济领域，为把握经济运行态势、洞察经济发展规律、研判经济发展趋势、进行经济调控决策提供参考和依据。

中国行业发展数据库（下设 17 个专题子库）

以中国国民经济行业分类为依据，覆盖金融业、旅游业、交通运输业、能源矿产业、制造业等 100 多个行业，跟踪分析国民经济相关行业市场运行状况和政策导向，汇集行业发展前沿资讯，为投资、从业及各种经济决策提供理论支撑和实践指导。

中国区域发展数据库（下设 4 个专题子库）

对中国特定区域内的经济、社会、文化等领域现状与发展情况进行深度分析和预测，涉及省级行政区、城市群、城市、农村等不同维度，研究层级至县及县以下行政区，为学者研究地方经济社会宏观态势、经验模式、发展案例提供支撑，为地方政府决策提供参考。

中国文化传媒数据库（下设 18 个专题子库）

内容覆盖文化产业、新闻传播、电影娱乐、文学艺术、群众文化、图书情报等 18 个重点研究领域，聚焦文化传媒领域发展前沿、热点话题、行业实践，服务用户的教学科研、文化投资、企业规划等需要。

世界经济与国际关系数据库（下设 6 个专题子库）

整合世界经济、国际政治、世界文化与科技、全球性问题、国际组织与国际法、区域研究 6 大领域研究成果，对世界经济形势、国际形势进行连续性深度分析，对年度热点问题进行专题解读，为研判全球发展趋势提供事实和数据支持。

法律声明

"皮书系列"（含蓝皮书、绿皮书、黄皮书）之品牌由社会科学文献出版社最早使用并持续至今，现已被中国图书行业所熟知。"皮书系列"的相关商标已在国家商标管理部门商标局注册，包括但不限于 LOGO（📱）、皮书、Pishu、经济蓝皮书、社会蓝皮书等。"皮书系列"图书的注册商标专用权及封面设计、版式设计的著作权均为社会科学文献出版社所有。未经社会科学文献出版社书面授权许可，任何使用与"皮书系列"图书注册商标、封面设计、版式设计相同或者近似的文字、图形或其组合的行为均系侵权行为。

经作者授权，本书的专有出版权及信息网络传播权等为社会科学文献出版社享有。未经社会科学文献出版社书面授权许可，任何就本书内容的复制、发行或以数字形式进行网络传播的行为均系侵权行为。

社会科学文献出版社将通过法律途径追究上述侵权行为的法律责任，维护自身合法权益。

欢迎社会各界人士对侵犯社会科学文献出版社上述权利的侵权行为进行举报。电话：010-59367121，电子邮箱：fawubu@ssap.cn。

社会科学文献出版社